개정판

얘기 좀 할래요?

대화의 기술

개정판

얘기 좀 할래요?

대화의 기술

펴 낸 날	1판 1쇄 2002년 2월 28일
	1판 3쇄 2005년 8월 16일
	2판 1쇄 2008년 3월 3일
	2판 7쇄 2020년 8월 20일
지 은 이	전정예 · 허재영
펴 낸 이	민상기
기획총괄	유상우
편 집	임경희
펴 낸 곳	건국대학교출판부

주 소: 05029, 서울특별시 광진구 능동로 120
전 화: 도서주문 (02) 450-3893 / 팩스 (02) 457-7202
편 집 실 (02) 450-3892
홈페이지 : http://press.konkuk.ac.kr
전자우편 : press@konkuk.ac.kr
등 록 : 제 4-3 호(1971. 6. 21)

찍 은 곳 (주)동화인쇄공사

정가 12,000원

ISBN 978-89-7107-486-2 03710

♠ 이 도서의 국립중앙도서관 출판시도서목록(CIP)은 e-CIP 홈페이지(http://www.nl.go.kr/cip.php)에서 이용하실 수 있습니다.(CIP제어번호: CIP2008000586)

개정판

얘기 좀 할래요?

대화의 기술

전정예 · 허재영 공저

건국대학교출판부

재판 머리말

"이제 끝내고 보니 아쉬움뿐입니다. 훗날 꾸준히 더 보태고, 깁고, 고칠 것을 우리 함께 여러분께 약속드립니다."라고 약속한 지가 6년이 지났습니다. 그 동안 이 책을 사랑해 주신 많은 분들께 진심으로 감사드립니다. 저희가 생각했던 것보다 넘치게 많은 책들이 세상에 나갔고, 또 다시 많이 부족하지만 그 동안에 수정하고 싶었던 부분들을 조금 고쳐 세상에 내보냅니다. 앞으로도 계속하여 '더 보태고, 깁고, 고칠 것'을 약속드립니다.

2008년 2월

전정예, 허재영

초판 머리말

"전공이 뭐지요?"

"언어학인데요."

"아, 그래요? 그럼, 말을 참 잘하겠네요?"

"……"

사람들은 흔히 나에게 이와 같이 얘기한다. 그럴 때마다 나는 마음속으로 참 부끄럽다. 그것은 나는 항상 사람들과 얘기를 나눌 때 잘못을 많이 하고, 그리고 후회를 많이 하는 사람이기 때문이다.

아침에 눈을 뜨면 우리는 뭔가를 얘기하기 시작해서 하루를 마칠 때까지 사람들과 많은 얘기를 나눈다. 우리는 이러한 일이 너무 일상화되어 어떤 때는 거의 무의식적이고 상투적인 자세로 얘기하고 있는 우리 자신을 발견한다. 그런데 얘기의 결과는 뜻하지 않게 큰 파문을 불러일으키기도 하고, 때로는 남에게 지우지 못할 상처를 안겨다 주기도 한다. 이렇듯 우리가 저지르는 말의 실수나 말의 상처가 우리 삶에 끼치는 영향은 의외로 크다는 것을 알 수 있다. 그렇다면 '어떻게 하면 얘기를 잘할 수 있을 것인가'라는 문제는 우리에게 중요한 화두로 대두된다.

지금까지의 언어학 연구는 말의 논리적인 규칙을 연구하는 데에 주력해 왔으며, 실제 상황에서의 말의 사용에 관한 규칙은 과학화하기가 힘들다는 이유로 언어학의 주변에 머물 수밖에 없었다. 그러나 우리가 실제로 얘기할 때에 우리가 알고 싶은 것은 말의 규칙이 아니다. 우리는 이미 그것을 잘 알고 사용하고 있다고 볼 수 있다. 우리가 진정으로 관심을 갖는 것들은 따로 있다. 즉, '어떻게 나를 전달하고, 남의 얘기를 어떻게 해석하며, 또한 그 상황에서 어떻게 얘기를 잘 이끌어 나갈 것인가?' 등이다.

우리는 지금부터 이러한 문제들에 대하여 얘기해 볼 것이다. '우리들이 갖는 관계 속에서 우리가 갖는 의미는 무엇이며, 또한 그 관계와 의미 속에서 우리는 어떻게 갈등하며, 그 갈등의 핵은 무엇으로 존재하는가? 그리고 우리가 행복해지기 위해서는 어떤 얘기를 어떻게 할 수 있는 것인가?' 우리는 여기에 대한 답을 나와 가장 가까운 사람들 — 가족, 연인, 친구들 — 로부터 낯선 사람에 이르기까지, 우리들 삶 속에서 만나는 사람들과의 얘기 속에서 찾아 볼 것이다. 그리하여 우리는 우리의 삶을 구성해 나가고 우리가 갖는 의미의 주체가 되는 것이 바로 이 '얘기'라는 사실을 이해하게 될 것이다. 그러므로 우리는 여기서 여러분에게 정중하게 제의하고 싶은 것이다.

"얘기 좀 할래요?"라고.

올 겨울 방학은 온통 이 '얘기 꽃'을 피우느라 '눈꽃'에 곁눈 한 번 못 주고, 벌써 마음은 '매화' 향기로 가득하다. 컴퓨터 자판 앞에서 오른쪽 어깨 통증에 여러 번 절망도 하면서, 그야말로 무정한 모니터 앞에서 나는 나를 많이 반성했고, 잘못된 얘기 습관을 고치겠노라고 여러 번 다짐도 하였다. 그리고 그 동안 내가 저지른 말의 실수와 말의 상처에 마음 다친 많은 이들에게 마음속으로 깊은 사죄도 하였다. 이제 이러한 값진 나의 경험을 여러분에게도 전하고 싶다.

이 책을 함께 만드느라 애쓴 허재영 선생에게 깊이 감사한다. 그처럼 진지하고 스마트한 사람과 함께 책을 만든다는 사실이 이 책을 쓰는 동안 내가 맛본 행복감이었다. 그 동안 내가 그에게 주었던 스트레스는 이 책이 나오는 날 모두 날려 버릴 수 있을 것으로 기대한다. 그리고 또 한 사람, 이 책의 자료를 수집해 주고 편집회의에 매번 참석해 사실 이 책을 함께 만든 김정호 선생에게 깊이 감사한다. 우리 모두는 찾을 수 있는 자료는 모두 찾는다는 각오로 작업에 임했다.

이제 끝내고 보니 아쉬움뿐입니다. 훗날 꾸준히 더 보태고, 깁고, 고칠 것을 우리 함께 여러분께 약속드립니다.

2002년 2월

전정예

차 례

제3장 대화의 요건

제4장 대화의 걸림돌

제5장 대화의 기술

제9장 친구 사이의 대화

제10장 사회적 대화

제11장 드라마와 대화

제12장 인터넷상의 대화

제13장 언어 장애와 언어 치료

제1장

대화의 원리

1. 얘기 좀 할래요?
2. 대화 요소와 구조
3. 대화의 목적
4. 걸림돌과 디딤돌

1

얘기 좀 할래요?

얘 기

우리의 삶은 '너'와 '내'가 만나서 서로를 알아가는 과정이다. 너와 내가 서로를 알아간다는 것은 서로가 '말'을 사용하여 '얘기'를 나눔으로써 가능하다. 우리는 주고받는 얘기를 통하여 서로의 생각과 느낌을 전달하고, 이해하면서 세계에 대한 의미를 키워 나간다. 그런데 말에는 '말의 법칙'이 있듯이, 말을 사용하여 이루어지는 얘기에도 얘기의 법칙이 있는 것은 아닐까? 우리가 늘 주고받는 얘기는 항상 유동적이고 다양하여 규칙화하기가 어렵기 때문에 이에 대하여 논리적으로 설명하거나, 얘기 속에 일정한 법칙이 있다고 생각하는 사람은 많지 않다. 우리는 이 책에서 얘기 속에 들어 있는 보이지 않는 원리나 규칙을 찾아보고, 궁극적으로는 바람직한 얘기 문화를 만들어 가는데 우리의 노력을 모두 기울이게 될 것이다.

'얘기'는 사전에서 '이야기'의 준말로 풀이되어 있다. '이야기'는

'얘기'에 비해 흔히 우리가 들어온 '서사적인 이야기'의 뜻을 더 많이 가지고 있지만, 여기에서 우리의 관심사는 서사적인 이야기가 아니라 가장 보편적으로 흔히 주고받는 **일상의 얘기**이므로 우리는 여기서 '얘기'라는 용어를 사용한 것이다. 이와 같은 '얘기'를 연구한다는 것은 '여러 가지 얘기와 관련된 과학적인 연구'를 함을 뜻한다. 무릇 어떤 학문이 성립되기 위해서는 연구 대상과 연구 방법 그리고 연구 목적에 대한 기본적인 틀이 마련되지 않으면 안 된다. 그렇기 때문에 얘기 연구에서도 무엇을 어떻게 그리고 왜 연구하는가에 대한 좀더 신중한 검토가 이루어지지 않으면 안 될 것이다.

일반적으로 '얘기'와 관련된 용어로는 '대화, 회화, 담화' 등의 용어가 있다. 우리의 용어 '얘기'는 이 모두를 포함하며, 이 중 **대화**라는 용어와 가장 가깝다고 할 수 있다. 곧 '얘기'란 일상생활에서 두 사람 이상이 서로의 생각과 느낌을 나타내고 이해하는 상호적인 언어활동을 말하며, 사람의 언어활동 가운데 가장 기본이 되는 언어 사용의 형태가 되는 것이다.

얘기 좀 할래요?

우리는 흔히 '얘기를 하다'를 '얘기를 주고받다' 혹은 '얘기를 나누다'라는 다른 동사를 사용하여 표현하기도 한다. 이는 '얘기'를 '어떤 의미를 함께 공유하기 위하여 서로 주고받고, 나누는 과정'으로 이해할 때 이들이 서로 통하는 것으로 알 수 있을 것이다. 즉, '주고받는다'는 것은 '나눈다'는 것이고, '나눔' 속에는 '공유'라는 의미가 들어 있는 셈이다. 얘기(대화)는 공유라는 점을 주목한 부버(Martin Buber, 1978)는 말로 하든지 침묵으로 하든지, 얘기의 참여자가 상대를 있는 그대로의 현존과 본질에서 인정하며 그들의 의도에 귀를 기울이며 그 사이에 생동하는 상호성이 있는 얘기만이 '진정한 얘기'라고 불렀다. 이렇듯 얘기는 단순히 하는 '말'의 문제가 아니라 서로의 '의미를 나누는' 문제이며, 서로의 삶 속에 관여하게 되는 바로 삶의 문제이며 우리의 삶의 질까지도 결정할 수 있는 문제인 것이다. 우리는 왜 얘기를 하고, 주고받고, 나누는가? 그것은 '너'와 '내'가 서로에게 서로의 의미를 전달하고 공유하고 싶기 때문이다. 대화란 서로를 인정하면서도, 공유하는 부분을 넓혀 나가는 중요한 수단이 되는 것이다.

이렇게 우리는 대화를 통하여 삶을 공유함으로써 '너'와 '나'는 서로 관계를 맺게 되고 또한 유지해 나갈 수 있는 것이다. 또한 이러한 행위는 진공 상태에서 일방적으로 이루어지는 것이 아니고, 실제적이고 구체적인 삶의 상황 속에서 누군가를 대상으로 이루어지는 역동적인 활동이다. 그러므로 언제 누구와 무엇을 얘기함으로

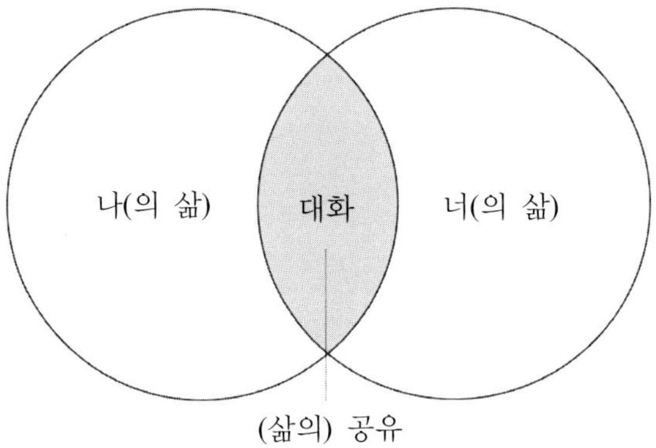

써 우리는 언제고 세계 속에서 새로운 관계를 정립하고, 또한 세계의 의미를 새롭게 해석하고 확대해 나갈 수 있는 것이다. 따라서 성공적인 얘기(대화)는 항상 고정되지 않고 역동적인 관계를 형성하고 새롭게 유지시키며, 서로를 확대 발전시키는 삶의 중요한 과정으로서 우리에게 소중한 의미를 갖는다고 할 수 있다. 가장 자연스런 인간관계는 우리들의 얘기를 통하여 형성될 수 있음을 우리는 이미 잘 알고 있다.

예문 1

내가 그의 이름을 불러주기 전에는
그는 다만
하나의 몸짓에 지나지 않았다.
내가 그의 이름을 불러주었을 때
그는 나에게로 와서
꽃이 되었다.
내가 그의 이름을 불러준 것처럼
나의 이 빛깔과 향기에 알맞은
누가 나의 이름을 불러다오.
그에게로 가서 나도
그의 꽃이 되고 싶다.

우리들은 모두
무엇이 되고 싶다.
너는 나에게 나는 너에게
잊혀지지 않는 하나의 눈짓이 되고 싶다.

— 김춘수의 '꽃' 전문

위의 시는 우리가 사람들과 관계를 맺음으로써 서로 나누게 되는 의미로 해석해 볼 수 있다. '나'와 '그'는 '이름을 불러줌'으로써 즉, 언어(얘기)로써 관계를 맺게 되며, 관계 속에서만 '너는 나에게' '나는 너에게' 서로 의미를 갖는 '무엇'이 되고, '꽃'이 되고, 영원한 의미인 '하나의 눈짓'이 될 수 있는 것이다. 즉, 우리는 말(얘기)을 함으로써 비로소 관계를 맺게 되고 의미를 공유하게 되며, 서로에게 의미 있는 존재가 되는 것이다.

그러므로 얘기를 연구한다는 것은 '너'와 '나'의 관계 속에서의 의미를 연구하는 것이기 때문에 사람이 분석의 대상에 포함된다. 또한 말 자체의 의미보다는 발화된 맥락 속에서 사용된 의미 해석에 비중을 둔다. 그러나 사람이라는 대상을 일관적이고 객관적으로 분석하기란 매우 어려운 일이며, 맥락 속에서의 발화의 의미를 정확히 분석하기도 어려워서 우리는 단지 추론할 수 있을 뿐이다. 이렇듯 얘기에 대한 연구는 우리에게 매우 매력적인 분야이기는 하지만 사람과 사람들의 마음속에 지닌 의미들을 연구하는 일이기 때문에 힘들고 어려운 작업이다.

얘기의 법칙

사람들이 말을 사용하는 데 있어서, 즉 얘기를 할 때에는 어떤 법칙을 가지는 것일까? 말에 일정한 규칙 즉 문법이 있다는 것은 잘 알고 있다. 우리가 지금 관심을 가지는 것은 말의 사용에 있어서도 어떤 규칙성을 발견할 수 있는가의 문제이다. 다행스럽게도 대부분의 사람들은 사회 구성원으로서 그 사회 집단에서 기대되는 행동 유형을 따르려는 경향이 있기 때문에, 그들이 얘기하는 중에도 말의 사용에 관한 어떤 규칙을 따르려는 경향이 있고 또한 규칙성을 찾을 수도 있을 것이다. 여기에는 사람들의 마음이나 상황, 비언어적 요소들이 함께 작용하기 때문에 규칙화하기가 어려운 것은 사실이지만 꼭 불가능하다고만 할 수는 없을 것이다.

사람이 태어나 말을 익히면서 자동적으로 말의 규칙을 배우듯이, 또한 사람들은 말을 사용하면서 자연스럽게 말의 사용에 관한 다음과 같은 보편적이고 일반적인 법칙들을 배울 수도 있을 것이다.

> -누가, 누구에게, 어떤 말을, 어떤 때, 어떻게, 얼마만큼 할 것인가?
>
> -누가, 누구에게, 어떤 말을, 어떤 때, 어떻게, 얼마만큼 하지 말아야 할 것인가?

실제 사람들의 얘기에서 중요한 것은 문법과 같은 말의 법칙보다는 말의 사용에 관한 법칙, 즉 얘기의 법칙을 찾아내는 일이다. 20세기 언어학의 대가 촘스키(N. Chomsky)는 말을 '말의 능력'과 '말의 수행'으로 구분하였다. **수행**은 실제 상황에서 실제 행해지는 말의 행위로, 능력은 이 수행을 생성해 내는 생성 체계로 설명하면서 말의 능력에 대한 법칙만을 문법이라고 하였다. 그러나 우리는 그가 제외한 말의 수행에 대해서도 어떤 규칙을 말할 수 있으며, 이러한 규칙을 우리는 '얘기의 법칙'이라고 부르고자 하는 것이다. 즉, 얘기의 법칙이란 '주어진 상황에 적합한 얘기의 유형을 알고, 그 지식을 사용할 수 있는 능력'으로 정의 내릴 수 있다. 그러므로 얘기(대화) 능력이란 한 개인이 가지고 있는 신체적 · 심리적 능력이며, 사회적 · 문화적 지식이라고 할 수 있을 것이다.

얘기의 법칙은 적절한 상황에서 적절한 내용으로 말을 하는 규칙을 말한다. 그렇기 때문에 얘기의 법칙 속에는 '언제, 어떻게, 얼마만큼'뿐만 아니라 '무엇을'도 포함되어 있다. 또한 특정한 상황에서 그 말을 해야 할지, 아니면 하지 말아야 할지를 판단하는 능력도 포함되어 있다. 이 모든 것은 화자가 얘기의 법칙을 제대로 알고 있는지에 따라 형성되는 것이다.

'열 길 물 속은 알아도 한 길 사람 속은 알 수 없다'는 말이 있듯이 사람의 마음(심리)을 정확히 헤아려 얘기하기가 어렵고, 주어지는 상황은 유동적이고 복합적이어서 우리가 얘기의 법칙을 찾는 일은 쉬운 일이 아니다. 또한 분노의 감정을 이기지 못하고 있을 때, 우리가 논리적이고 이성적으로 얘기의 법칙을 따라서 말을 사용하기는 어려운 일임에 틀림없다. 그러나 이렇듯 불확실하고 상황의존적이고 다양한 얘기의 구도 속에도 바람직하고 튼실한 '얘기의 법칙'이 존재한다고 우리는 믿는다. 그러한 신념 속에서 이 책은 쓰여졌으며, 우리는 지금부터 조금은 성근 어망을 던질 수 있는 데까지 멀리 던져 우리가 먹을 고기를 잡으러 망망한 얘기의 바다로 나갈 것이다. 우리가 투망하여 잡는 그 고기는 우리 몸속에 들어가 얘기하는 법이라는 좋은 영양분을 공급할 것이다.

2

대화 요소와 구조

대화의 요소

무엇이 얘기를 만드는가? '얘기 좀 하자'면 무엇이 필요한가? 이 '무엇'이 바로 얘기의 요소, 즉 대화의 요소가 된다.

얘기 속에는 우선 '말하는 이(**화자**)'와 '듣는 이(**청자**)'가 있다. 또한 얘기가 오고 갈 때 전달되는 의미 혹은 내용(**메시지**)이 있다. 전통적으로 이 세 요소는 의사소통 과정에서 3대 요소로 일컬어지고 있는데 이를 바탕으로 대화의 과정을 그려 보면 다음과 같다.

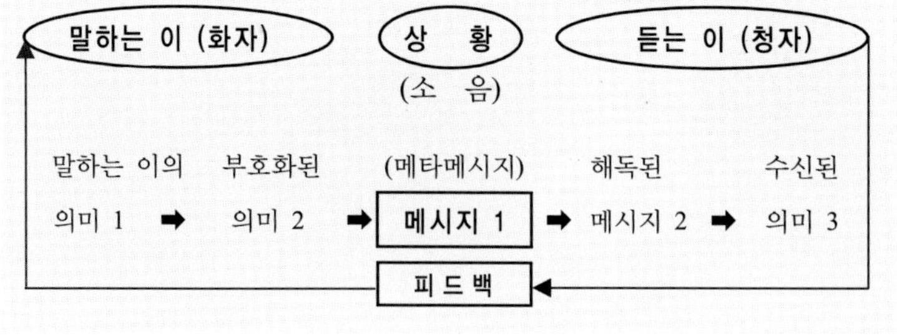

그러나 실제 얘기가 이루어지는 **상황**은 소음이나, 끼어들기 등 여러 가지 요인들이 복합적으로 작용할 수 있는 매우 유동적인 것이다. 의미 역시 '말하는 이'의 의미가 그대로 고스란히 '듣는 이'에게 전달되는 것이 아니다. 여러 번의 굴절(의미1 → 의미2 → 의미3)과 피드백(되돌림 효과)을 통하여, 원래 의도된 의미가 아니고 전달 과정에서 새롭게 창조된다. 그리고 '메시지'의 내용에도 순수한 언어적 수단만이 아니고 목소리나 억양, 얼굴 표정, 몸짓과 같은 비언어적 수단(**메타메시지**)이 포함될 수 있다. 메타메시지는 주로 화자가 메시지를 전달하는 데에 도와주는 수단이 되지만 이 둘이 서로 어긋날 때에 청자는 흔히 메타메시지를 더 신뢰한다. 예를 들어 '나는 네가 좋아'(메시지)라고 말하면서 목소리나 억양, 얼굴 표정이나 몸짓(메타메시지)이 '나는 네가 싫어'라고 표현하고 있다면 청자는 '싫어' 쪽을 택한다. 이처럼 대화는 실로 많은 것들이 포괄적으로 작용하여 이루어지는 행위인 것이다. 그러므로 우리가 말로 대화를 나눌 때에는 화자, 청자, 메시지, 상황, 피드백 등의 다섯 가지 요소가 복잡한 상호작용을 함으로써 이루어진다고 볼 수 있다.

그러나 이러한 요소들은 단순히 나열될 수 있는 성질의 것이 아니다. '말하는 이'와 '듣는 이'가 서로 다른 입장을 갖고 있거나 지적 수준이 다르다고 가정한다면 대화의 내용은 달라질 수 있으며, 상황에 따라 화자와 청자의 관계가 달라지며 상황도 변한다. 그러므로 우리가 하는 말의 의미는 제한된 특정 상황과 공간 안에서 이해되어야 한다. 화자가 모든 수단을 다 사용하여 정확하고 분명한 '메시지'를 전달한다고 하더라도 청자가 이를 다르게 해석하고 반응할 수 있기 때문에 이해가 아닌 오해가 있을 수 있는 것이 의사소통의 본질인 것이다.

또한 사람들은 외부로부터 메시지를 전달받을 때 자신의 경험에 비추어 특정한 것에만 관심을 갖는다. 즉, 사람들은 특정 메시지를 자신이 선택하는 것이다. 이렇게 자신의 경험에 비추어 의미 있는 것만 재조직하는 의사소통 과정을 지각이라고 한다. 가치관을 포함한 문화는 이러한 선택적 지각에 커다란 영향을 미친다. 이것이 바로 문화의 차이이며, 이러한 차이는 작은 범위의 개인 간에서부터 큰 범위로 확대되어 다양하게 존재한다. 예를 들어 서양에서는 대화를 할 때 유머를 중요시하는가 하면, 동양 사람들은 겸손함을 중요시한다.

이렇듯 대화의 전달 과정은 대화에 참여하는 사람들 사이의 관계에서 이루어지는 상호작용이며, 언어적 · 비언어적 수단이 다 동원되어 상대와 더불어 **협력**하여 의미를 구성하고 이를 공유해 나가는 유동적이고 복합적인 과정으로 이해되어야 할 것이다. 우리는 또한 메시지의 의미는 바로 사람들의 마음에 달려 있다는 것을 염두에 두고 대화를 하여야 하는 것이다.

예문 2

어른들은 숫자를 좋아한다. 어른들에게 새 친구에 관해 얘기하면 그들은 중요한 것은 묻지 않는다. '친구의 목소리는 어떻니? 어떤 놀이를 좋아하니? 나비를 수집하니?' 하는 말은 절대로 묻지 않는다. 그들은 '나이가 몇이니? 형제가 몇이니? 몸무게가 얼마나 되니? 그 애 아버지는 얼마나 버니?' 하고 묻는다. 그래야만 어른들은 그 친구를 알게 된다고 믿는 것이다.

— 생떽쥐베리의 『어린왕자』에서

생텍쥐베리의 ‘어린 왕자’에서는 순수한 동심과 세속에 묶여 있는 어른들과의 대화가 잘 이루어질 수 없음을 얘기하고 있다. 그것은 그들이 완전히 다른 세계에서 다른 가치관으로 살고 있기 때문이다. 그래서 그들은 친구에 대하여 알고 싶은 것도 다르며, 그들 사이의 관계에서 상호 작용은 이루어지지 않고 있는 것이다. 아무리 대화의 요소들이 다 갖추어져 있고 전달 과정이 충실하다고 해도 얘기가 서로 통할 수 없다. 이럴 때에 만약 어른들이 동심으로 돌아가 어린이의 입장에서, 어린이와 협력하여 의미를 구성하고 공유해 나간다면 비로소 대화가 통할 수 있을 것이다.

대화의 구조

이상적인 대화법은 필요한 내용을, 필요한 만큼, 적절한 때, 적절한 곳에서, 정확한 말과 방법으로 주고받음으로써 이루어진다. 또한 이러한 대화의 내용이나 양, 때와 곳, 방법 등을 가지고도 대화의 구조를 잘 구성해 나가지 못한다면 얘기는 처음부터 성립되지 않거나 비록 성립되었다고 할지라도 중단되고 만다. 그러므로 우리는 대화가 어떤 구조를 가지고 구성되어 가는가를 이해할 필요가 있는 것이다.

두 사람 이상이 얘기를 나눌 때에는 먼저 얘기하는 사람의 주는 말이 있고 이 말을 받아서 상대방이 하는 받는 말이 있다. 어떤 때에는 두 사람이 동시에 말을 하여 얘기가 겹쳐지는 중복 상황이 잠시 있을 수도 있으나 곧 두 사람의 말은 순서를 잡아가게 마련이다. 이처럼 주고받는 말로 형성되는 얘기를 **짝말**이라고 한다. ‘주는 말'과 '받는 말'은 인접하여 존재하며, 서로 다른 사람에 의하여 발화된다. 또한 주고받는 말은 대응쌍을 이룰 수 있으며, 이러한 **대응쌍**은 질문과 대답, 인사와 인사, 명령과 응답 등의 유형화가 이루어지는 특징이 있다. 이러한 대응쌍의 사용은 대화 참여자들 사이에서 거의 기계적이고 자동적으로 이루어진다.

대화 1

가 : 안녕하세요?
나 : 아, 네, 안녕하세요?

가 : 날씨가 참 좋지요?
나 : 네, 제법 따뜻한 게 봄이 온 것 같아요.

위의 얘기는 '주는 말'과 '받는 말'이 인접하여 대응쌍을 구성하며, 의례적인 인사말이나 날씨 얘기에 대한 일반적인 유형을 갖춤으로써 다음 얘기로 발전될 수 있는 좋은 얘기틀을 구성하고 있다. 그러나 다음의 얘기는 이러한 구조를 갖추지 않음으로써 더 이상 얘기를 계속할 수 없게 된다.

대화 2

가 : 안녕하세요?
나 : 안녕하긴요? 밤새 한 숨도 못 잔걸요.

가 : 날씨가 참 좋지요?
나 : 좋긴요? 그저그렇네요.

그 다음으로 얘기의 구조에서 또한 중요한 것이 **순서 교대**이다. 얘기는 반드시 '말하는 이'와 '듣는 이'로 구성되며 이 역할은 고정되어 있는 것이 아니고 서로 순환되는 것이다. 이는 어느 한 사람이 얘기를 독점해서는 안 됨을 말하기도 한다. 쉬글로프와 제퍼슨(Sacks ScheegloffS & Jefferson, 1974)에서는 이러한 '순서 교대의 원리'를 다음과 같이 설명하고 있다.

> 모든 대화 참여자는 말할 기회를 갖게 되며, 순서 교대의 차례는 사전에 결정된 것이 아니다.
>
> 또한 순서 교대는 대화의 중복이나 중단 없이 일어나는 것이 보통이며, 중복이 일어난 대화나 누군가 끼어들어 간섭이 생겨난 대화의 경우에도 교정 장치가 작용되어 순서가 정해진다.

다음 대화의 예를 보자.

대화 3

기 자 : 대학생으로서 학교생활은 어떤가?
학 생 : 한마디로 재미있어요.
기 자 : 뭐가 그리 재미있지?
학 생 : 수업도 자유롭고 변화가 많으니까요. 누가 나에게 강요하지도 않고요.
기 자 : 숙식은 어떻게 하고 있나? 집 떠나니 고생이 많지?
학 생 : 아무 문제가 없어요. 기숙사 생활을 하고 있는데, 친구들끼리도 서로 친하게 지내구요.

위의 대화의 구조는 순서 교대가 순조롭게 이루어지며 대화의 중복도 나타나지 않으며 좋은 얘기틀을 마련하고 있다. 이를 다음 얘기와 비교해 보자.

대화 4

기 자 : 대학생으로서 학교생활은 어떤가?
학 생 : 한마디로 재미있어요. 헤헤. 수업도 자유롭고 변화가 많으니까요. 누가 나에게 강요하지도 않고요.
기 자 : 숙식……
학 생 : ↑숙식에도 아무 문제가 없어요. 기숙사 생활을 하고 있는데, 친구들끼리도 서로 친하게 지내구요.

위의 대화의 구조는 한 사람이 대화를 독점하고 있어 다른 사람이 순서 교대에 어려움을 겪고 있으며 또한 대화의 중복이 일어나고 있다.

정상적인 순서 교대가 이루어지는 얘기에서는 적절한 대응쌍이 형성되는데, 대응쌍이 갖는 특징은 인접성과 순차성이 있다는 점이다. **인접성**은 말하기와 듣기가 인접하여 있음을 뜻하며, **순차성**은 두 사람의 얘기가 차례대로 이루어짐을 뜻한다. 그런데 이런 대응쌍을 형성해 나가는 가장 중요한 원리는 **협력의 원리**이다. '말하는 이'와 '듣는 이'가 서로 협력하고자 하는 의도가 없다면 얘기가 순조롭게 이루어지지 않기 때문이다. 즉, 어느 한 사람이 얘기를 독점하려 한다거나 또 다른 사람은 얘기에 잘 대응하지 않으려 할 때에는 좋은 **대화의 구조**(얘기틀)가 형성될 수가 없을 것이다.

3
대화의 목적

설명하기

우리는 누구나 대화를 함으로써 상대방에게 온전히 이해받기를 바라고 또한 상대방을 온전히 이해하기를 바란다. 이것이 우리가 대화를 하는 목적일 것이다. 대화의 목적은 세분할 수도 있겠지만 여기서는 설명, 설득, 공감으로 나누어 살펴본다.

상대방에게 무엇인가를 알려 주기 위하여 말을 하게 되는 경우, 이러한 말하기를 '설명하기'라고 부를 수 있다. 설명하기는 소개하기를 비롯하여, 어떤 문제나 상품에 대한 안내, 특정한 사안에 대한 시범과 해설 등을 포함한다. 또한 사적으로 주고받는 대화의 많은 부분이 설명하기로 이루어짐을 알 수 있다. 특히 누구로부터 오해를 받고 있을 때 우리는 그것에 대하여 설명하여야 하고, 잘못을 저지르고도 설명이 있어야 하며, 어떤 변명을 할 때에도 설명하기 화법이 필요하다. 이와 같은 말하기의 공통된 특징은 대화의 상대방에게 정보를 제공한다는 점이다. 곧 상대방이 잘 모르고 있는 내용이나 알고 있더라도 불완전한 내용에 대하여 화자가 충분한 정보를 제공하고자 하는 목적에서 이루어지는 대화이다.

대화 5

가 : 왜 늦었는지 설명해 봐.
나 : 사정이 있어서요.
가 : 무슨 사정?
나 : 그럴 만한 사정이요.
가 : ?? ……

위의 대화에서는 '가'가 묻고 있는 늦은 이유에 대하여 '나'는 아무런 정보를 제공하지 않음으로써 설명화법을 위배함으로써 대화가 단절되고 있다.

정보를 제공하는 말하기에서 가장 일상적으로 사용되는 것은 소개하기이다. 자기 자신을 타인에게 소개하거나 제3자를 상대방에게 소개하는 유형이 이에 해당한다. 소개하기에는 자신의 신분을 밝히기, 상대방 인정하기, 소개 유도하기, 개인에 관한 정보 제공하기 등이 있다. 그 가운데 자신의 신분을 밝히는 경우와 상대방에 대한 인정은 소개하기에서 필수적으로 나타나는 구조이다. 소개화법의 유형은 공식적인 자리와 비공식적인 자리에 따라 다르다. 공식적인 자리에서 우리는 자신이든 타인이든 상대방에게 정보를 제공하고자 할 때에는 격식을 갖추어 정중한 태도로 임한다. 반면 비공식적인 자리에서는 다소 자연스러운 소개가 이루어질 경우가 많다. 어떻든 소개하기는 대화 상대방에게 자기에 관한 정보를 처음 제공하는 행위라는 점에서 유의해야 할 점이 많다. 왜냐하면 상대방에게 정보를 제공하는 것은 관계를 형성해 가는 첫걸음이기 때문이다. 시작부터 좋지 않은 인상을 남긴다면 나머지 단계의 관계 형성도 점점 더 어려워지기 때문이다. 따라서 소개하기에서는 상대방이 느낄 수 있는 자신의 첫인상이라든가, 상대방의 이해 정도 등을 고려하지 않으면 안 된다. 이창덕 외(2000)에서는 사람들의 관계가 형성되는 과정을 다섯 단계로 나누어 제시하였다.

시작 단계 → 시도 단계 → 강화 단계 → 통합 단계 → 결속 단계

설명적 대화에서도 얘기가 성공적으로 이루어지기 위해서는 협력의 원리가 적용된다. 왜냐하면 성공적인 설명은 청자의 이해 여부에 달려 있기 때문이다.

설득하기

설득하기는 청자로 하여금 의견의 변화를 가져오거나 행동을 유도하도록 하는 말하기이다. 설득은 달리 말해 청자에게 어떤 권고를 하거나 충고를 하는 것이라고 볼 수 있다. 이러한 권고나 충고는 논쟁의 여지가 있는 주제에 대해 청자의 의견을 바꾸거나 청자로부터 어떤 행동을 이끌어 내고자 하는 의도를 갖는다. 좀더 구체적으로 말하면, 비호의적인 청자의 의견을 누그러뜨리거나 그것을 매우 호의적인 의견으로 바꾸고자 하는 경우, 또는 청자가 어떤 행동을 하도록 하고자 하는 경우에 설득을 하게 된다. 이와 같이 의견을 변화시키기 위한 '동의를 위한 설득'과 행동을 하도록

유도하는 '행동을 위한 설득'으로 나누어 볼 수 있겠다.

일상적인 설득 가운데 가장 빈번한 사례가 **판매 대화**이다. 어떤 물건을 팔고자 할 때 판매 사원은 자신이 갖고 있는 상품에 대한 정보를 제공함으로써 청자가 그 물건을 사 주기를 기대하는 것이다.

대화 6

가 : 이 창(矛)은 너무나 예리해서 못 찌를 방패(盾)가 없어요. 그리고 이 방패는 너무나 견고해서 못 막을 창이 없지요. 이 창과 방패를 사세요.

나 : 그럼, 당신 창으로 당신 방패를 찌르면 어떻게 될까요?

가 : ……

위의 대화는 자기가 팔 물건에 대하여 정확하지 않은 모순(矛盾)된 정보를 제공하며 물건을 팔려다 실패하는 경우이다. 이처럼 과장된 정보로 상대방을 설득하는 판매 전략도 있을 수 있으므로 판매 사원의 설득 화법을 대할 때에는 그에 대한 충분한 근거를 찾으면서 대화에 응해야 할 것이다.

설득을 위한 대화는 결과적으로 충분한 추론 과정과 증거를 바탕으로 하지 않으면 안 된다. 그렇기 때문에 설득을 위한 대화도 결과적으로 설명하기를 바탕으로 하는 경우가 많다. 다만 설득을 목적으로 한다면, 청자의 의견이나 태도에 변화가 생겨날 수 있는지를 살피는 능력과 행동을 유도할 수 있는지를 적절히 살피는 능력이 필요하다. 예를 들어 어떤 물건을 팔고자 하는데 청자가 이미 같은 종류의 물건을 갖고 있다면 그 대화는 이루어질 수 없을 것이다. 또한 감정적으로 자신의 의견만을 장황하게 늘어놓는다면 청자는 고개를 돌리고 말 것이기 때문이다.

이 점에서 우리는 면접에 대해 일반인들이 생각하는 잘못된 생각 하나를 지적하고 싶다. 면접을 앞둔 구직자나 대학원 진학 희망자들은 간혹 '면접은 면접관을 설득하는 말하기'라고 착각하는 경우가 있다. 그렇기 때문에 '어떻게 하면 면접관에게 잘 보일 수 있을까?' 또는 '다른 지원자에 비해 나를 성공적으로 드러내기 위해서는 어떻게 해야 할까?'를 고민한다. 면접은 설명하기와 설득하기가 복합적으로 작용하는 말하기이다. 구인정보를 제공하는 직업복지 연구회에 따르면 '나쁜 면접'의 대표적인 사례로 '준비 부족'을 꼽는다. 응시자가 지원하고자 하는 회사에 관한 기초적인 정보도 없이 면접실에 들어설 경우, 아무리 기교를 부려 말을 해 보았자 그 응시자를 선호할 면접관은 없다. 결국 면접은 기술이나 기교가 아니라 자신을 성실하게 드러내는 말하기인 셈이며, 드러내야 할 자기를 충실하게 가꾸지 않았다면 성공적인 면접은 불가능할 것이다.

공감을 위한 대화

우리가 행하고 있는 대화 가운데 많은 부분을 차지하는 것은 공감을 형성하기 위한 대화이다. **공감**이란 생각이나 느낌을 공유하는 것을 말하는데, 똑같은 생각을 말하는 **동감**과는 다르다. 일상적인 '수다 떨기'를 포함하여 가벼운 환담류는 대부분 정서적 공감을 목적으로 하는 경우가 많다. 공감을 얻기 위한 대화는 친밀감의 정도에 깊은 영향을 받는다. 예를 들어 친구들끼리 개인의 능력이나 외모에 대한 찬사를 비롯하여, 일상적인 신변잡기, 생활상 등을 자연스럽게 늘어놓는 경우를 생각해 보자. 친밀감은 이러한 잡담류까지도 쉽게 수용할 수 있도록 만들어 준다.

대화 7

가 : 넌 봄, 가을 중에서 어느 계절이 더 좋아?

나 : 음, 낙엽 지는 가을도 좋지만, 역시 꽃 피는 봄이 난 더 좋아. 넌?

가 : 그래, 꽃 필 땐 정말 가슴 설레지. 그래도 난 가을의 단풍을 잊을 수가 없어.

나 : 맞아, 지난 가을 단풍은 유난히 고왔지 않니?

사람은 누구나 자기에게 공감해 주는 사람을 좋아한다. 우리는 위의 대화에서 꼭 동감하지 않고서도 서로 공감할 수 있는 대화법을 볼 수 있다. 서로 다른 대화 상대자가 꼭 같은 생각을 갖기도 어렵고 또한 그럴 필요도 없다. 우리는 상대방을 이해하고 공감해 줌으로써 친밀감을 느낄 수 있으면 되는 것이다.

대화 8

가 : 넌 봄, 가을 중에서 어느 계절이 더 좋아?

나 : 당연히 꽃 피는 봄이 더 좋지, 가을에 뭐 좋을 것 있어? 괜히 맘만 쓸쓸하고.

가 : 야, 꽃보다 더 예쁜 게 단풍이지. 봄엔 몸만 나른하고. 난 봄 싫어.

위의 대화는 서로가 자기에게 동감해주기를 강요하고 상대방에게 공감하지 않음으로써 좋은 대화법이 되지 못하고 있다. 이러한 대화에서 친밀감이 생기겠는가?

위와 같은 대화는 겉으로는 특별한 격식이 필요 없는 것처럼 보이기도 한다. 그렇지만 보이지 않는 **대화의 원리**가 숨어 있다. 이 원리 중에 하나로서, 우리는 우선 **공감성**의 가능성 여부를 판단하며 말하지 않으면 안 된다. 우리는 일반적으로 자신의 신변에 대해 말하고 싶은 욕구를 느끼는 경우가 많고, 그럴 경우 자신의 관심사에 대해 친구에게 자연스럽게 말하게 된다. 이때 친구는 관심밖에 두고 있는 이야기를 화자 자신이 흥미를 느낀다고 하여 화제로 올린다면 공감을 얻기 어려울 것이다. 예를 들어 어떤 남학생에게 여자 친구가 새로 생겼다고 하자. 그럴 경우 이 남학생은 자신의 여자 친구에 대하여 얘기하고 싶은 강한 욕구를 느낀다. 여자 친구의 외모, 성격, 마음씨 등에 대하여 자랑하고, 청자인 친구에게 동의를 얻고 싶어 하는 심리가 발동하게 될 것이다. 그런데 그 친구가 만약 이성 교제에서 마음의 상처를 입은 사람이라면 어떻게 되겠는가? 대화란 너와 나의 의미가 아닌 우리의 의미를 만들어 가는 노력의 과정이다. 그러므로 우리가 누구와 어떤 대화를 한다면 서로의 입장에 서서 공감할 때 그 전의 의미와는 다른 새로운 의미를 갖게 된다고 볼 수 있다.

4

걸림돌과 디딤돌

우리는 지금까지 '얘기'란 무엇이며, '얘기(대화)를 나눈다'는 것은 무엇을 의미하며, 특히 '얘기(대화)의 법칙'을 찾을 수 있는가에 대하여 생각해 보았다. 좀더 구체적으로 말하면 일상에서 흔히 사용하는 '얘기'는 의사소통을 위하여 서로 주고받는 대화를 의미하며, 대화는 인간관계를 형성하고 유지하는 중요한 수단이 된다는 것이다. 또한 상대방을 전제로 하는 대화에서는 '나눔'의 의미가 중요하며, 상대방과 서로 '공유하고자 하는 마음'이 대화의 첫걸음임을 설명하였다.

우리의 대화에 대한 관심을 높이고, 좋은 대화로 통하는 길을 함께 통과해 봄으로써 나를 반성해 보는 계기를 마련해 보는 것이 이 책이 추구하는 목표이다. 이를 위하여 대화 속에 숨어 있는 대화의 원리를 이해하고, 우리 앞에 항상 벌어지는 여러 대화 상황에 잘 적응할 수 있는 대화의 방법에 대하여 공부할 것이다. 가장 일상적이고 사적인 대화를 중심으로 시작하여, 좀더 공적인 사회적 대화와 드라마나 인터넷에서 이루어지는 최근의 대화 문화에로도 관심의 폭을 넓혀갈 예정이다. 우리에게 가장 가까운 관계를 형성하고 있는 남녀 사이, 가족 사이, 친구 사이 — 이들의 대화에서 나타나는 특징은 무엇이고 가장 큰 걸림돌로 작용하는 갈등의 핵은 무엇인가를 이해함으로써, 이러한 걸림돌을 하나하나 걷어 내고 그 자리에 디딤돌을 놓아 가는 작업을 우리는 함께하게 될 것이다

더 읽어보기

구현정(1997), 『대화의 기법』, 한국문화사.
권순희(2005), 『청자 지향적 관점의 표현교육』, 역락.
김숙현 외(2001), 『한국인과 문화간 커뮤니케이션』, 커뮤니케이션북스.
김희수(1994), 『화술의 이론』, 전남대학교출판부.
박용익(2001), 『대화 분석론』, 역락.
성환갑 · 이주행 · 이찬규(2001), 『삶을 함께하는 국어 화법』, 동인.
이창덕 외(2000), 『삶과 화법』, 박이정.
Austin J. L.(1962), *How To Do Things with Words*. Exford : Clarendon Press.
Buhler, Karl(1934), *Sprachtheorie.* Die Darstellungsfunktion der Sprache. Fisher Jena.(translation by D. F. Goodwin, *Theory of Language*. The Representational Function of Language. Benjamins, Amsterdam, 1990.)
Grice H. P.(1975), Logic and Conversation. In P. Cole and J. L. Morgan(eds). *Syntax and Semantics*. Vol. Ⅲ : Speech Acts. Academics Press, New York.
___________(1978), *Understanding Laughter : the working of wit & humour*. Chicago, Nelson-Hall.
John Stewart & Carole E. Logan(1997), *Together: Communicating*

Interpersonally. Fifth Edition. *Mc Graw Hill*. Boston, Massachusetts Burr Ridge, etc.

Leech G. N.(1983), *Principles of Pragmatics*. Longman, London.

Martin, Buber, 이삼열 옮김(1992, 이창덕(2000)에서 재인용).

Renkema, Jan, 이원표 옮김(1997), 『담화 연구의 기초』, 한국문화사.

Sacks H. Scheegloff & Jefferson G.(1974), A simplest systematics for the organization of turn-talking for conversation, *Language* 50.

Scovel Thomas, 성명희 · 한호 · 권나영 옮김(2001), 『심리언어학』, 박이정.

Singre Murray, 정길정 · 연준흠 옮김(1994), 『언어심리학』, 한국문화사.

Sperber D. & Wilson D.(1986), *Relevance, Communication and Cognition.* Blackwell, Oxford.

Stubbs Michael, 송영주 옮김(1993), 『담화 분석』, 한국문화사.

제2장
대화 행위의 유형

1. 대화 행위
2. 간접 대화
3. 침묵의 얘기법
4. 상황과 유형

1
대화 행위

대화의 유동성

우리가 얘기를 나누어 가는 동안 느낄 수 있는 특징 가운데 하나는 어떤 얘기든 고정된 형식대로 진행되지는 않는다는 점이다. 그렇기 때문에 대화는 유동성을 갖는다고 말할 수 있다. 일반적으로 화법을 연구하는 사람들은 대화가 갖는 특성으로 다음과 같은 것을 꼽는다.

① 입말(구어)로 이루어진다. (구두 언어성)
② 화자와 청자 사이에 의미 교환이 이루어진다.(의미 교섭성)
③ 말하기와 듣기가 동시에 이루어지면서 의미를 통합해 간다. (통합 역동성)
④ 자기의 모습을 자각해 나간다. (자기 정체성)

이와 같은 특성 가운데 가장 두드러지는 것은 대화의 통합 역동성이다. 이는 대화에 참여하는 사람들이 여러 가지 장면을 해석하고,

이를 적절히 조정해 가는 특성을 일컫는 말로서, 대화가 역동성을 갖는다는 것은 대화의 상황이 항상 고정적이지 않고 유동성을 갖는다는 뜻이다. 말하는 이 자신이 의도했던 대로 얘기가 이루어지지 않는 경우가 수없이 많으며, 심지어는 듣는 이가 그 얘기에 관심이 없을 경우에는 대화의 중단을 요구하는 경우도 많이 발생한다.

이러한 유동성은 결과적으로 대화가 매우 복합적인 성격을 띠고 있음을 의미하며, 복합성은 대화에 관여하는 요소가 매우 많을 뿐만 아니라 요소 상호간의 작용도 복잡함을 의미한다.

다음과 같은 상황을 살펴보자.

예문 1

> 한번은 학부형회가 있었던 날인데, 우리 엄마는 우리 엄마답게 제일 촌스러웠고, 걔 엄마는 걔 엄마답게 예뻤다. 놀라운 것은 너무도 젊은 거였다. 나는 나도 모르게 탄성을 발하고, '느네 엄마 참 예쁘다. 너는 어쩌면 그렇게 느네 엄마를 닮았냐'고 했다. 그러나 그 애는 좋아하지 않고 이상한 웃음을 웃었다. 그러더니 내 귀에 대고 속삭였다. '내가 무슨 말을 하나 해 줄게 너 아무한테도 말하면 안 돼 알았지?' 했다. 나는 가슴을 다 두근대면서 절대로 말 안 하겠다고 맹세를 했다. 그래도 그 애는 못 믿겠다는 듯이 내 새끼손가락과 자기 새끼손가락을 걸고 흔들면서 종알종알 주문 같은 걸 외었다. 주문이라야 별 것은 아니었다. 그때 우리 아이들 사회에서 유행하던 것으로 이 약속을 안 지키면 무슨무슨 벌을 받는다는 기괴하고도 황당한 것이었지만 어린 마음에 상당히 두려운 것이기도 했다. 나는 엄숙하게 다시 한 번 절대로 아무한테도 말 안 한다고 맹세를 했다. 그제서야 그 아이는 내 귀에다 대고, 저 여자는 자기 친엄마가 아닌 의붓엄마고 친엄마는 쫓겨났고 의붓엄마는 바(bar)에 다니던 나쁜 여

자라고 했다. 나는 바가 뭐 하는 데냐고 물었더니 그것도 모르냐고 아주 나쁜 데라고만 했다. 그리고 다시 한 번 아무한테도 말하지 말라고 했다. 이렇게 해서 생전 처음 나는 아무한테도 말하면 안 되는 엄청난 비밀을 가지게 된 것이었다. 그건 부담스럽기도 했지만 흐뭇한 것이기도 했다. 나는 그 비밀을 통해 그 예쁜 애와 영원한 우정이라도 맺어진 것처럼 느꼈다. 실상 나는 그 전까지는 그 애가 나와 너무 맞지 않게 예쁘고 세련됐기 때문에 언제고 날 버리고 딴 애와 친해질 것 같아 조마조마했던 것이다. 그런데 나는 그 바라는 데가 뭐 하는 덴지 그게 궁금해 영 참을 수가 없었다. 그래서 어느 날 엄마에게 그 바라는 데 대하여 물어 봤다. 엄마는 가르쳐 주기는커녕 그런 못된 소리를 어디서 들었느냐고 야단야단 치면서 그 소리를 들은 곳을 대라고 했다. 나는 그 애와의 엄숙한 맹세를 생각하고 입을 열지 않았다. 엄마는 나중엔 매까지 들면서 그 바라는 소리를 어디서 들었는지 알아내려고 했다. 그래도 나는 끝까지 입을 열지 않았다. 나는 그 비밀 때문에 매까지 맞고도 그 애가 나에게만 그 비밀을 가르쳐 줬다는 걸 감사했고 거기 무슨 보답을 하고 싶어했다. 마치 값진 선물을 받고 그것의 반값이라도 되는 걸로 보답을 하고 싶어 고민하는 만큼이나 진지하게 그 문제를 궁리했다. 마침내 나는 나도 그 애에게 내 비밀을 가르쳐 주리라 마음먹었다. 내 비밀이란 다름이 아니라 주소가 두 개라는 거였다. 실제로 사는 주소를 속이고 이 학교에 들어오기 위해 가짜 주소를 썼다는 엄청난 비밀을 이 아이에게 고백할 것을 결심했다. 나는 그 아이가 나한테 했던 것과 똑같이 새끼손가락을 걸고 주문을 외고 나서 그 애의 귀에다 대고 그 말을 했다. 말을 하고 나서 다시 한 번 아무한테도 말하지 말라고 부탁하고 만일 그 사실이 탄로가 나면 이 학교에서 쫓겨날지도 모른다는 소리까지 덧붙였다. 그러고 나니 빚이라도 갚은 것처럼 속이 후련할 뿐더러 이제야말로 나와 그 애는 떨어질 수 없는 단짝이 되었다는 걸 느꼈다. 그러나 웬걸, 그 다음날로 내가 영천 사는

> 아이란 소문이 파다하게 퍼졌다. 영천 사는 아이는 또 괜찮았다. 감옥소 동네에 사는 아이라는 거였다. 아이들이란 순진한 것 같으면서도 악마처럼 악랄하고 잔혹한 데가 있다. 얼라리꼴라리 누구누구는 감옥소 동네에 산단다, 매일매일 전중이(죄수)만 보면서 산단다 하고 반아이들이 손뼉을 치며 나를 놀렸다.
>
> — 박완서, '도시 아이들' 중에서

우리는 여기서 이야기가 진행되면서 펼쳐지는 여러 가지 대화의 상황을 볼 수 있다. 우선 중심 줄거리를 이루는 '나와 그 애' 사이의 대화이다. 어린 '나'의 입장에서 비밀을 공유하여 관계를 강화할 수 있으리라던 소박한 믿음은 전혀 엉뚱한 상황으로 비약하고 말았다. 또한 '나와 엄마' 사이의 대화에서는 '내'가 의도했던 궁금증을 풀지는 못한 채 매를 맞게 된 것이다. 그럼에도 '그 애'와의 긴밀한 관계를 희망하고 털어 놓은 '나'의 비밀 얘기는 이들 관계를 최악으로 몰고 가면서 반 아이들 전체의 놀림감이 되어 버리고 만 것이다. '나와 그 애' 사이에 이루어진 길지 않은 대화가 '나'에게 그토록 큰 파문을 일으킬 줄은 천만 뜻밖의 일이었던 것이다. 이처럼 대화의 결과가 화자의 의도나 목적과는 거리가 먼 상황으로 전개되거나, 사소한 요인에 의해 대화를 망치는 경우가 발생할 수도 있다. 이렇듯 여러 가지 요인들이 통합되어 역동적이고 복합적으로 작용하여 예측할 수 없이 흘러가는 것이 대화라는 행위인 것이다.

이와 같은 대화의 유동성(역동성)과 복합성은 대화의 특성을 살피고 대화의 유형을 나누는 기준에 접근하려는 우리를 매우 당혹스럽게 만드는 것이다. 그렇기 때문에 대화를 유형화하여 접근하고자 하는 여러 가지 시도는 그 긍정적인 노력에도 불구하고 근본적으로 한계를 지니게 되는 것이다. 대화의 유형을 분류하고자 할 때에는 흔히 대화에 참여하는 사람의 수나 관계, 대화의 목적과 기능, 대화 내용과 화제, 대화 방법 등을 기준으로 삼아 이를 체계화하고자 한다. 이러한 노력 자체가 대화의 성격을 이해하는 데 도움을 주는 것도 사실이지만, 우리는 좀더 실질적이고 살아 있는 대화 분석의 틀을 마련하기 위해 지금까지 어느 정도 이론적인 접근을 보인 대화 행위가 갖는 특성을 다음에서 살펴보고, 여기에 어떤 메커니즘이 작용하는지를 살펴보고자 하는 것이다.

대화 행위

오스틴(Austin, 1962)은 대화란 단순히 말의 차원에 머무는 것이 아니라 인간의 행위라고 보았다. 이는 대화 상황에서 발생하는 **대화 행위**(speech act)는 우리가 무엇인가를 확실히 밝히면서 행하는 실제 현상이라는 것이다. 이 점에서 스텁스(M. Stubbs, 1993)에서 밝히고 있는 담화 분석의 기준을 음미해 볼 가치가 있다. 그에 따르면 대화(담화) 분석이 지니고 있는 매력은 언어, 행위, 지식, 장면이 복합적으로 작용한다는 것을 인식하는 데 있다고 한다. 곧 대화가 이루어지는 과정에서 발생하는 발화는 행위로 규정할 수 있으며, 행위의 어떤 것들은 언어를 통해서만 수행되는가 하면(예를 들어 사죄), 어떤 것은 언어에 의하지 않고서도 수행될 수 있다(예를 들어 협박)는 것이다. 또한 대화는 사회적 상호 작용으로서 '말하는 이'와 '듣는 이' 사이에 공유된 지식과 가정이 있어야 얘기가 성립된다는 것이다. 이러한 요소는 구체적인 장면과 함께 다양한 형태로 표출된다.

이와 같이 대화는 복합성을 띠고 있기 때문에 대화 자체에 진리조건적 의미를 따져 그것이 참인가 거짓인가를 따지는 것은 무의미하다. 오스틴은 이러한 특성을 고려하여 발화를 **진술 발화**(constative utterance)와 **수행 발화**(performative utterance)로 나누어, 수행 발화는 그 자체로서 참과 거짓을 따질 수 없다고 말한 바 있다. 곧 수행발화는 수행하고자 하는 바가 무엇인가에 의미를 부여할 뿐이지 그 자체가 문법성을 띠고 있는가 혹은 진리조건이 참인가 / 거짓인가를 따질 필요는 없다는 뜻이다.

대화 1

가 : <u>안녕하세요?</u> 오랜만이군요.
나 : <u>예, 안녕하세요?</u> 반가워요.
가 : 요즘은 어떻게 지내세요?
나 : 예, <u>사실은</u> 요 며칠간 감기로 고생하고 있어요.

우리는 일상생활에서 위와 같은 얘기를 나누는 장면을 자주 접할 수 있다. 두 사람은 오랜만에 만나 서로 인사를 나누고 있다. 두 사람의 인사에는 의례적인 인사말이 오고 갔으며, 얘기 내용으로 볼 때 '나'는 감기로 인하여 '안녕하지 못한' 상태에 있다. 그럼에도 의례적인 인사말 속에는 '안녕한' 것으로 대답한다. 곧 이 대화에서 발화 행위는 서로의 안부를 묻는 행위로만 기능할 뿐 실제로 편안한지, 안 한지(참 / 거짓)를 따지지는 않는 것이다. 이 점에서 오스틴은 언어 행위를 화자가 무엇인가를 표현하고자 하는 표현 행위

(locutionary act)와 그 표현 행위가 가지고 있는 말의 힘을 나타내는 수행 행위(illocutionary act), 그리고 그 행위들로 인하여 생겨난 영향을 나타내는 결과 행위(perlocutionary act)로 나눈 바 있다. 위의 대화에서 '안녕하세요?'는 인사를 수행하는 언어 행위인 것이다.

표현 행위는 같은 발화라도 서로 다른 의미를 구성해 낼 수 있다. 다음 대화에서 이를 확인해 보자.

대화 2

가 : 너, 지금 몇 살이냐?
나 : 스무 살이요.

위의 대화에서는 '가'가 '나'에게 나이를 묻고 있고 '나'는 그대로 스무 살이라고 대답하고 있다.

대화 3

가 : 너, 지금 몇 살이냐?
나 : 죄송합니다. 다시는 이런 일이 없도록 하겠습니다.

위의 대화는 '가'가 '나'의 나이를 묻는 것이 아니고 잘못된 어떤 일에 대하여 질책하고 있는 것이다.

수행 행위는 표현된 언어 행위가 구체적인 힘을 갖는 것을 말한다. 예를 들어 '문 좀 열어라'라고 명령을 하는 언어 행위를 말한다. 이러한 표현 행위와 수행 행위는 '듣는 이'로 하여금 어떤 결과를 가져오도록 하는 힘을 갖는데, 그 결과를 결과 행위라고 부른다. 위의 '문을 열라'는 명령에 문을 여는 결과를 가져오는 언어 행위를 말한다. 얘기를 하면서 표현 행위와 수행 행위가 반드시 결과 행위를 가져온다고 볼 수는 없겠지만, 세 가지 행위는 서로 긴밀한 관계를 갖는다. 그렇기 때문에 서얼(J. Searle, 1977)에서는 진술 발화든 수행 발화든 모든 발화는 수행성을 갖는다는 입장을 취하고 있다. 이를 발화 행위 이론이라고 한다.

발화 행위 이론에서는 우리가 주고받는 말이 단순한 의미와 소리의 결합체가 아니라 인간 삶의 행동 방식의 하나이며, 서로의 관계를 형성하고, 의미를 구성해 가는 방식임을 강조한다. 그렇기 때문에 대화 참여자들은 말이 갖는 그대로의 의미에만 신경 쓸 것이 아니라 그 말이 의도하는 수행 행위가 무엇인가에 초점을 맞추어야 한다는 것이다.

대화 4

가 : 누구 꼬리가 참 길기도 하네.
나 : 바람이 꽤 차구나.
다 : 어디서 바람이 들어오지?
라 : 어디 문이 열렸나?
마 : 저기 문이 열렸구나.
바 : 문 좀 닫으면 안 될까?
사 : 문 좀 닫아 줄래?
아 : 문 좀 닫아라.
자 : 문 좀 닫으면 어디가 덧나니?
차 : 너, 문 못 닫아?

위의 대화 행위들은 문을 닫지 않고 들어 온 사람에게 '문을 닫아라'라는 명령의 힘을 수반하는 수행 행위 혹은 수행 발화이다. 그것이 진술이든, 의문이든, 명령이든, 협박이든 대화 행위의 의도하는 수행력은 모두가 같은 것이다. 그 표현이 아주 간접적인 진술에서부터 직접적인 명령을 거쳐 비난, 협박에 이르고 있다.

의미와 화용

대화가 행위를 포함한다는 점은 대화가 갖는 기능을 중시하는 입장에서는 타당성이 높다. 그렇지만 좀더 객관적으로 대화를 살펴본다면 대화 속에 나타나는 의미가 어떻게 변용되며, 말을 하는 이와 듣는 이의 관계를 어떻게 형성해 가는가 하는 문제도 따져 볼 필요가 있다. 이러한 문제에 관심을 기울이는 언어학의 한 분야가 **화용론**(pragmatics)이다. 화용론을 통해서 말을 연구할 때의 이점은 사람들이 실제로 의도하는 의미나 목표를 추론해 보고, 말할 때 행하는 행위의 종류에 대해서도 실제로 논할 수 있다는 것이다. 즉, 실제 사용된 말의 숨겨진 의도에 대하여, 말해진 것 이상의 의미에 대하여 접근해 봄으로써 무엇보다도 우리가 연구하고 있는 대화의 분석에 이론적 배경을 제공할 수 있다는 것이다.

대화 5

가 : 네가 어제 그 사람을 만났더구나.
나 : 응, 내가 얘기 좀 했지.

가 : 그래, 넌 정말 잘났어.

'가'의 '그래, 넌 정말 잘났어'가 대화의 맥락 속에서 칭찬인지 비아냥인지(보이지 않는 의미까지)와 그 말이 두 사람의 관계를 형성해 나가는 데에 어떻게 작용하고 있는지에 대하여 화용론적 의미 분석이 가능한 것이다.

화용론의 관심사는 발화의 수행력과 전제, 발화의 맥락, 발화의 수위 등이다. 발화의 수행력은 앞서 말한 바와 같이 표현, 수행, 결과의 행위에 초점을 맞춘 것으로, 특히 수행 행위는 언어로 표현되지 않았더라도 수행력을 갖는다는 점에서, 언어의 의미(meaning)와 구별되는 개념으로 사용된다. 그렇기 때문에 수행력은 **비표현적 수행력**(illocutionary force)이라고 불리게 된다.

화용론에서는 발화가 현실적으로 의미를 갖기 위해서는 충족되어야 할 선행 조건이 있는데 이를 **전제**(presupposition)라고 부른다. 즉, '말하는 이'가 발화에 우선하여 그럴 것이라고 추정하는 것을 말한다. 예를 들어 '문을 좀 닫아 주라'는 발화가 의미를 갖기 위해서는 먼저 현실적으로 문이 열려져 있어야 하며, 듣는 사람이 말하는 사람의 뜻을 바로 알아들었다면 닫아 줄 수 있는 처지에 있어야 한다. 앉아 있는 사람에게 '앉으라'는 말이 무의미하듯이, 이미 닫혀 있는 문을 닫으라고 하는 것은 무의미하다. 그뿐만 아니라 아랫사람이 윗사람에게 명령을 한다든지, 듣는 사람이 없는데 청유를 한다든지 하는 것 등도 전제의 착오에 의해 잘못된 발화가 된다. 이와 같이 하나의 발화가 효과적으로 수행되기 위해 충족되어야 할 선행 조건을 전제라고 한다.

대화 6

(한 여자가 공원 의자에 앉아 있고 그 앞에 큰 개 한 마리가 누워 있다. 이때 한 남자가 다가와 앉는다.)

남 자 : 당신의 개는 물어요?

여 자 : 아니요.

(남자가 개를 쓰다듬기 위해 만지는 순간 개가 그의 손을 문다.)

남 자 : 아야! 당신 개가 안 문다고 했잖아요?

여 자 : 내 개는 물지 않지만 그 개는 내 개가 아니요.

— 율(George Yule, 2001), 『화용론』에서

위의 대화에서 남자는 두 가지의 가정을 하고 있다. '그 여자는 개를 가지고 있고', '그 개가 그 여자의 개'라는 가정이다. 첫 번째 가정은 우연히 맞았는데, 두 번째 가정에 오류가 발생한 것이다. 즉, 남자는 발화된 것 이상을 가정한 것이다. 여자가 '그 개는 내 개가 아니라'는 정보를 좀더 일찍 주었다면 손을 물리지 않았을 것이다. 이때 여자의 대답은 예상되는 정보보다 적었다고 할 수 있다.

다음으로 발화의 **맥락**(context)이란 어떤 얘기가 진행되는 동안 그 속에 존재하는 이야기의 흐름을 포괄하는 개념이다. 대화를 할 때 사고는 맥락에 의존하고 있고, 그 맥락 안에서 움직인다. 얘기는 상황 의존적이라는 점에서 글말의 문장에서보다 맥락에 의존하는 경향이 강하다.

대화 7

미 란 : 요즘 택시비가 너무 올랐다고 야단이야.
경 숙 : 우리 남편은 신발 두 짝이면 경산까지 갔다 와.
미 란 : 그게 무슨 말인데?
경 숙 : 응, 그럴 일이 있었어.
미 란 : 무슨 일?
경 숙 : 언젠가 새벽 세시에 남편한테서 전화가 오더라구. "여보, 난데 조금 있다가 집 앞으로 돈 갖고 나와 있어. 나 돈이 없어 택시 탔는데 이천 원이 전부야. 만 원은 나올 텐데."라고 하더라구.
미 란 : 그래서?
경 숙 : 그래서 돈 만 원을 갖고 나갔더니, 택시는 안 보이고, 남편이 한 발로 콩콩 뛰면서 들어오는 거야. "어찌 된 일이에요?"라고 물었더니, 택시비 대신 신발 한 짝을 주었다더군. 남편의 회사, 위치, 전화번호를 적고 다음 날 찾아가기로 했다나.
미 란 : 그래서 어찌됐는데?
경 숙 : 응, 다음 날 기사 아저씨가 왔었대. 그 헌 신발짝 들고. 남편 얘기가 걸작이지 뭐. 신발 두 짝이면 경산까지 갔다 온다나.

— 김경숙, '어떤 차비(『월간 좋은 책』 2004년 3월호)'를 대화체로 바꿈.

이 대화는 '택시비'에 대한 이야기에서 시작하여 갑자기 '신발 두 짝'으로 화제가 전환되면서 이야기의 흐름이 끊길 수 있다. 그러나 '택시비 대신 준 신발 한 짝'에 관한 일화가 이어지면서 '택시비'에 대한 이야기로 맥락이 복원된다. 이처럼 맥락은 어떤 발화가 계속될 수 있는 이야기의 흐름을 말한다. 이러한 맥락은 언어로 표현될 수도 있고, 비언어적인 상황으로 표현될 수도 있다.

그 밖의 화용론적 관심사로 **발화 수위**(level)가 있다. 이는 발화의 위상적 계층을 의미한다. 예를 들어 국어의 높임법이나 서법의 운용 양상 등은 발화의 수위를 조정하는 데에 긴밀한 역할을 한다. 대화 연구에서는 이러한 수위 조절을 화자와 청자 사이의 심리적 부담감이나 체면 살려주기와 관련지어 연구하기도 하는데, 뒤에 설명할 리치(Leech)의 '**공손성의 원리**'가 이를 반영한 것으로 해석할 수 있다.

2
간접 대화

직접 대화와 간접 대화

대화 행위는 의도하는 수행 행위를 직접 표현하는 직접 대화와 이를 다른 수행 행위로 돌려서 표현하는 간접 대화로 나눌 수 있다. 직접 대화는 말하는 이의 의도를 듣는 이에게 직접 표현함으로써 빠르고 경제적인 의사소통을 가능하게 한다. 이에 비하여 간접 대화는 말을 하는 이가 듣는 이에게 직접 행위를 요구하기 어려울 경우, 이를 에둘러 표현하고자 하는 상황에서 이루어진다.

대화 8

가 : 어제 어디 갔었는지 말해 봐.
나 : 어제 어디 갔었는지 말해 줄 수 있겠니?
다 : 어제 어디 갔었는지 말해 주면 좋겠는데.
라 : 어제는 바쁜 일이 있었나 보더라.

위의 대화는 일상에서 흔히 접할 수 있는 것으로서 상대에게 어제 '어디 갔었는지 말하도록 요구'하는 발화이다. 이를 '가'(명령), '나'(의문), '다'(진술) 등으로 다양한 수행 행위로 표현한 것이다. '라'의 경우는 더욱 간접적인 진술로서 화자의 의도를 표현하고 있다.

간접 대화는 말하는 이와 듣는 이의 관계로 볼 때 직접 행위를 요구할 수 있는 관계가 아니거나, 자신의 소망이나 요구 사항을 돌려서 표현하는 것이 좀더 효과적이라는 판단을 하게 되었을 때 이루어지며, 때로는 불확실한 상황에서 확실한 정보를 획득하기 위한 과정을 거칠 때에도 이러한 간접 대화가 이루어진다. 이러한 간접 대화는 말하는 이가 듣는 이에게 부담을 덜 지움으로써 결과적으로 본인도 상대에 대한 부담을 피할 수 있는 장점이 있다. 그러나 이러한 간접 대화를 상대가 직접 대화로 받아들일 경우에는 대화가 중단될 수밖에 없다.

대화 9

가 : 너구리 잡니?
나 : 아니.

위의 예는 연기를 내며 담배를 피우고 있는 '가'에게 '담배를 꺼 달라'는 요구를 직접적으로 하지 않고 간접 대화를 사용한 것이다. 이에 대하여 청자인 '나'는 이를 직접 대화로 해석하고 응답함으로써, 청자의 요구를 거절하면서 대화를 중단시키고 있는 것이다. 물론 이때에도 직접 대화로 요구한 것보다는 서로가 심리적 부담은 적은 편이다.

간접 대화 행위는 직접 대화에 비하여 여러 가지로 효과적인 대화법이 될 수가 있다. 그것은 말하는 이의 입장에서 듣는 이에 대한 심리적 부담감을 줄일 수 있는 방법이 될 수도 있으며, 듣는 이의 입장에서는 말하는 이의 요구에 대한 수용 여부나, 얘기의 지속 여부를 스스로 결정할 수 있는 권한을 갖는 방법이 될 수도 있기 때문이다. 그러나 간접 대화가 항상 효과적인 것은 아니다. 상황에 따라서는 상대방에게 오히려 부담을 강화할 수도 있으며 심리적인 대립이나 갈등을 야기할 수도 있다.

대화 10

가 : <u>지금, 바쁘세요?</u>
나 : 아니요.
가 : 그럼, 나하고 얘기 좀 할래요?
나 : …… (에잇, 바쁘다고 할 걸) 사실은, 제가 좀 바쁜데, 무슨 얘기죠?
가 : 됐어요, 바쁘시다면서요?

위의 예는 '나'에게 '가'의 간접 대화법이 오히려 심리적 부담을 강화시키고 둘 사이에 갈등을 초래하고 있다.

또한 간접 대화가 오히려 두 사람의 친분 관계에 거리감이 존재한다고 느끼게 하거나, 심하면 조롱이나 비웃는 듯한 태도로 인식될 수가 있다. 더욱이 간접적 표현으로 인해 듣는 이가 정확하게 말하는 이의 의도를 파악하지 못할 경우 의미 전달에 문제가 발생하며, 말하는 이의 강력한 의사를 약화시킬 수도 있다. 예를 들어, 학생들에게 숙제를 해오도록 요구하면서 선생님이 간접 대화를 사용한다면, 간접적일수록 과제를 해오는 사람이 적어질 수도 있다. 또한 대화를 분석하면서 우리가 유의해야 할 점은 앞에서도 밝힌 바와 같이 대화가 갖는 다양성과 유동성이다. 상황에 따라 간접적으로 얘기를 해야 할 경우가 있고, 또 직접적으로 해야 할 경우가 있다.

간접 대화에 있어서 청자도 주의를 기울여야 한다. 즉, 그것이 직접 대화인지 아니면 간접 대화인지를 판단하여 그에 따른 답변을 해야 할 경우가 많다.

대화 11

가 : 혹시, 어린이 대공원으로 가는 길을 알고 계십니까?
나 : 예, 알고 있습니다.

위의 대화는 '가'가 정중함을 나타내 간접 대화를 사용하여 길을 묻고 있는 것이다. 즉, '길을 가르쳐 달라'는 뜻으로 한 말이다. 이때 위의 '나'처럼 대답하고 자기 갈 길을 간다면, 간접 대화에 맞는 답변이 되지 못한 것이다.

대화 12

가 : 혹시, 어린이 대공원으로 가는 길을 알고 계십니까?
나 : 예, 저기 신호등이 보이죠? 그 신호등을 건너서 오른편으로 100미터 정도를 가면 …… (이하 생략)

똑같은 물음에 대하여 위와 같이 구체적인 설명을 해 줄 때 간접 대화에 맞는 답변이 되는 것이다.

자기 방어의 메커니즘

우리가 대화 행위 가운데 간접 대화를 필요로 하는 까닭은 무엇일까? 이에 대하여 태넌(D. Tannen, 1992)은 네 가지 동기가 존재한다는 점을 밝힌 바 있다.

① 여러 측면의 진실 중에서 어떤 것이 직접적인 것인지 판단하기 어려울 때

② 내용의 바탕에 무수한 가정이 깔려 있어 직접적으로 말하는 것이 불충분할 때

③ 의도를 직접적으로 말할 경우 다른 사람에게 상처를 줄 우려가 있을 때

④ 대화 양식이 달라 무엇이 직접적인 것인지 모호할 때

이러한 **동기**들에 공통적으로 흐르는 간접 대화의 **심리적 기제**는 자기 방어로 볼 수 있다. 대화 행위에서 자기 방어란 자신의 주장이나 제안이 호응을 받지 못할 경우 그것을 스스로 철회하거나 자신의 결점을 은폐하려는 심리를 말한다. 대화는 '말하는 이'와 '듣는 이'의 상호 작용을 전제로 하기 때문에 주장이나 제안을 철회하거나 은폐하고자 할 때도 기술이 필요하다. 자신의 주장이 직접적이고 강하게 표현되었을 경우에는 이를 철회하거나 뒤집기가 쉽지 않다.

그렇기 때문에 돌려서 말하는 것이 효과적인 경우가 많다.

대화 13

이사도라 던컨 : 선생님의 뛰어난 머리와 저의 미모가 결합되면 이상적인 2세가 태어나지 않을까요?
버 나 드 쇼 : 그런데 나의 추한 용모와 당신의 그 우둔한 머리가 결합되면 어떻게 되겠소?

위의 얘기는 이사도라 던컨의 청혼에 버나드 쇼가 거절했다는 유명한 이야기이다. 둘 다 간접 대화에 유머를 함께 사용함으로써 청혼과 청혼에 대한 거절을 하고 있다.

우리가 앞으로 살펴볼 여러 대화 상황에서 간접 대화와 자기 방어의 심리적 기제는 상당히 광범위하게 사용되고 있음을 확인할 수 있을 것이다. 대화를 함에 있어서 대중에게 끼치는 영향이 크고 공인으로서 책임감이 막중한 정치인들의 말에서 우리는 흔히 이러한 자기 방어의 **메커니즘**을 발견하게 된다.

대화 14

'선거를 앞두고' — 정치인(1)과 경쟁 구도일 때
정치인(1) : 나는 해가 지는 서쪽 하늘을 벌겋게 물들이고 싶다.
정치인(2) : 그 분은 <u>이미 지는 해다</u>.

대화 15

'선거가 끝나고' — 정치인(1)과 화해 구도를 꿈꾸며
정치인(2) : 지는 해는 다시 뜬다.

우리는 정치인들이 은유적인 표현을 즐겨 쓰면서 말을 바꾸는 경우를 자주 목격한다. 이처럼 말 바꾸기가 가능한 까닭도 직접적인 언급을 피한 채 간접적으로 에둘러 말했기 때문에 가능한 것이다. 이처럼 자기 방어 기제가 앞설 경우, 다시 말해 미리 말 바꾸기를 할 것을 예상하고 말할 경우에는 모호하거나 불완전한 표현을 사용하는 경우가 많다. 특히 정치인의 말이 은유적이거나 불완전한 경우가 많은 까닭은 자기 방어 심리와 밀접한 관계를 갖는다고 볼 수 있다.

대화 16

기　자 : 그럼 이제 그 분과는 결별입니까?
정치인 : 정도를 갈 것입니다.
기　자 : 무엇이 정도입니까?
정치인 : 앞으로 보면 알게 됩니다.

기자가 묻는 '결별'에 대한 정치인의 대답은 '정도'이다. 이는 기자가 물은 '정도'에 대한 대답을 아예 피해 버린 셈이다. 그럼으로써 곤란한 상황을 벗어날 수 있을 뿐만 아니라, 상황이나 맥락을 통하여 제3자가 추론할 수 있는 '결별' 혹은 '정도'에 대한 판단을 뒤집어 버릴 수도 있는 것이다. 그럴 때마다 정치인은 한마디를

덧붙인다.

"내가 언제 그런 말을 했소?"

듣는 이 배려와 정중 화법

간접 대화를 사용하는 또 하나의 동기는 말을 할 때 듣는 이를 배려할 수 있다는 점이다. 즉, 화자와 청자 사이에 존재하는 친밀감이나 심리적 부담감에 따라 우리의 대화는 달라지는 것이다. 청자와의 관계가 친밀하면 심리적 부담감이 적어 어느 정도 정중성을 위배하며 직접적이고 강한 표현을 사용해도 용인될 수가 있다. 그러나 친밀하지 않은 사이라면 심리적 부담감 즉, 거리감이 커서 격식을 차리게 되고 정중 화법을 사용하게 되며 간접적이고 부드러운 표현을 선택한다. 또한 친밀하지 않은 사이에서 심리적 부담감을 줄이기 위해 우리는 여러 가지 언어적·비언어적 장치를 마련하기도 하는데, 대표적인 것이 경어법과 호칭어 또는 반어적 의문이나 담화 표지의 사용이다.

경어법은 사회적 신분이나 가족 관계, 친족 관계, 나이와 성별에 따라 친밀감을 드러내는 표지로 작용한다. 이러한 관계에 따라 친밀감이 달리 형성되는데 화자는 대화의 목적에 따라 적절한 경어법을 선택하게 되는 것이다. 특히 한국과 같은 전통사회에서는 경어법의 사용에 아주 예민하므로 많은 주의를 기울이지 않으면 안 된다. 우리말에 발달한 상대 높임의 등급도 청자와의 거리와 부담의 정도에 따라 알맞게 사용하여야 한다.

또한 **호칭어**의 사용도 듣는 이와의 거리를 고려하여 이루어진다. 특히 직접적인 관계를 맺고 있지 않은 사람에 대한 호칭의 경우에 친밀감과 부담감을 고려한 호칭어가 형성된다는 점도 사회언어학적으로 주목해 볼 필요가 있다. 우리가 흔히 가족이 아닌 사람들에게 '언니'나 '오빠'와 같은 가족 호칭어를 사용한다든가, '아주머니(아줌마)'나 '아저씨'와 같은 친족 관계의 호칭어를 사용하는 것은 친밀감을 더하고 부담감을 덜기 위한 것으로 볼 수 있다. 그러나 이러한 호칭어는 격식을 차려야 하는 상황에서는 어울리지 않으므로 사용을 자제해야 한다.

반어적 의문도 말하는 이와 듣는 이 사이의 거리감이 고려된 정중 화법이다. 다음 예문을 보자.

대화 17

A : Would you mind if I smoke here?

B : No, I don't mind.

C : Yes, I mind.

A는 "**담배를 피우면 혹시 신경에 거슬리시겠습니까?**" 정도의 격식을 갖춘 정중한 표현이다. 이러한 표현법에 흔히 기대되는 대응쌍은 B의 "**아니오, 괜찮아요**"이다. 속으로 담배 피우는 것이 아주 싫더라도 C의 "**그래요, 신경에 거슬려요**"와 같이 대답한다면 아주 무례한 사람으로 평가 받을 것이며, 그러한 표현은 거리감이 고려된 정중 화법에서는 결코 사용될 수가 없다.

담화 표지를 사용하는 경우도 있는데, 담화 표지란 친밀하지 않은 사람에게 조심스럽게 얘기를 시작할 때 사용하는 언어적 · 비언어적 표지를 말한다. 잠시 동안의 머뭇거림이나 '혹시, 저' 등의 부사, 감탄사로 듣는 이의 주의를 끌 수 있는 표현을 함으로써 듣는 이에게 얘기의 시작을 알리는 것이다. 담화 표지가 사용되면 말하는 이의 의도가 듣는 이에게 전달되기까지 시간적인 간극이 발생한다. 이는 상대방에게 불쑥 다가서지 않는 예의를 갖춤으로써 상대방의 심리적 부담을 줄일 수 있으며 듣는 이를 배려한 정중 화법이 되는 것이다.

우리말에서는 이러한 담화표지 외에도 정중 화법을 위해서 '좀', '주다' 등의 단어가 사용된다.

대화 18

가 : 다리를 <u>좀</u> 치워 <u>줄래요</u>?
나 : 다리를 <u>좀</u> 치울래요?
다 : 다리를 치워 <u>줄래요</u>?
라 : 다리를 치울래요?

즉, 위의 표현이 정중한 요청이 되기 위해서는 '좀'이나 '주다' 중 적어도 하나는 사용되어야 하는 것이다.

간접 대화에서 직접 대화로 갈수록 듣는 이의 심리적 부담감은 커지며, 점점 듣는 이를 배려하는 정중 화법에서도 멀어진다.

대화 19

엄마가 나 좀 업어주면 좋겠는데. (자기 진술)
엄마, 혹시 지금 피곤하세요? (담화표지 사용)
엄마, 나 좀 업어줄래요? (기대를 갖는 의문)
엄마, 나 좀 업어줘요. (부탁)
엄마, 업어줘! (명령)
엄마, 빨리 안 업어줘? 응? (협박)

청자에 대한 부담감의 크기는 대체로 '자기 진술 → 담화 표지 → 기대를 갖는 의문 → 명령이나 부탁 → 강압이나 협박의 순서'로 강화된다.

그러나 앞에서도 얘기했듯이 거리감을 두어 듣는 이의 부담감을 줄여주는 대화가 항상 좋은 것은 아니다. 때에 따라서는 부담감을 주어야 할 경우도 있고, 때에 따라서는 거리를 둔 표현을 사용해야 할 경우도 있다. 예를 들어 절박한 처지에 놓여 있어서 상대방에게 간절히 어떤 도움을 요청해야 하는데 '자기 진술' 표현에만 그쳤다면 그 목적을 달성하기는 어려울 것이다.

의사소통 가능성과 관용 표현

대화에서 의사소통 가능성은 청자와의 거리뿐만 아니라 청자와의 의사 공유 가능성과도 밀접한 관련을 맺는다. 우리는 일상생활에서 문법적으로는 모순되지만 널리 사용되는 표현이 매우 많이 존재함을 알고 있다. 예를 들어 '코가 나온다'는 말은 실제 코가 나오는 것이 아니라, '콧물이 나온다'는 뜻이다. 그럼에도 '감기에 걸려서 코가 나오네요'라고 말한다. 이때 화자와 청자는 '코'가 '콧물'을 뜻한다는 사실을 공유하고 있다. '모르는 단어가 있으면 사전을 찾아라'라든가, '우리 집 개는 도둑을 잘 지킨다'라는 표현도 문법적으로 따져보면 적절하지 않은 표현이다. '사전을 찾다'는 일차적으로 사전이 어디에 놓여 있는지 몰라서 찾는 것을 뜻한다. 그러므로 정확한 표현은 '사전에서 단어를 찾다'로 써야 한다. '지키다'라는 단어가 '보호하다'의 뜻을 갖고 있다고 할 때, '도둑을 지키다'는 '도둑을 보호하다'라는 뜻이므로 적절한 구조가 아니다. 그렇지만 이러한 표현을 했다고 해서 의사소통이 이루어지지 않는 것은 아니다. 왜냐하면 화자와 청자는 이미 모순된 표현처럼 보이지만, 그 관용 표현의 의미를 공유하고 있기 때문이다. 만약 이처럼 이미 공유하고 있는 의미를 분석하여 하나하나 다시 따져간다면 대화가 단절되고 말 것이다.

대화 20

남 자 : 제가 어렸을 땐, 선생님의 그림자도 밟지 않는다는 말이 있었죠. 요즘 학생들은 조금만 불만이 있어도 자기 생각을 다 드러냅니다. 예전에 선생님 앞에서 종아리 걷고 매를 맞을 때를 생각하면, 세상이 변해도 너무 변했습니다.

여 자 : 종아리를 걷다뇨? 종아리를 어떻게 걷어요? 말도 안 되는 소리네요. 바지를 걷어 올려 종아리가 드러나게 하는 거죠.

대화의 일차적인 목표는 화자와 청자 사이의 의사소통에 있다. 정확한 표현, 정확한 발음, 그리고 바른 자세로 의사를 공유하고자 하는 태도는 물론 바람직하다. 그러나 때로는 정확성에만 치우쳐 이미 관용적으로 공유하고 있는 의미조차도 따져 묻는다면, 화자와 청자 사이의 심리적인 거리는 좁혀지지 않을 것이며, 아울러 대화에서의 협력은 이루어지지 않을 것이다.

3
침묵의 얘기법

메타 커뮤니케이션

언어는 언어 그 자체로서의 의미를 가질 뿐만 아니라 비언어적 상황을 반영하기도 한다. 언어 행위는 특정 목적을 가지고 실행되는 경우도 있지만 그 밖의 다른 현상을 설명하는 데에도 사용된다. 이러한 행위를 언급할 때 우리는 메타 언어행위라고 이름 붙이며 이를 통해 수행되는 의사소통 행위를 **메타 커뮤니케이션**이라고 부른다. 스텁스(M. M. Stubbs)는 사람들이 사용하는 대화의 자료를 분석하면서, 메타 커뮤니케이션 기능을 수행하는 발화와, 목적 커뮤니케이션을 수행하는 발화로 나눌 수 있다고 한 바 있다. 메타 커뮤니케이션 기능을 수행하는 발화들은 전달 회로에 대한 점검 행위, 화자의 발화 내용이나 태도, 동기 등에 대하여 언급함으로써 소통상의 문제점을 예방하는 행위, 말하는 이가 말하는 것을 그치거나 상대방의 말 순서에 끼어드는 것을 알리기 위한 신호 행위, 전달 효과를 높이기 위한 조정 행위, 메시지가 제대로 수신되고 이해되었는가 등을 점검하는 행위 등이 포함된다.

오늘날 각 학문 분야에서 **메타**(meta)에 대하여 관심을 갖는 까닭은 어떤 학문 분야나 전문화된 특정 영역만을 가지고 자연과 인간의 삶을 모두 분석해 내기는 어렵기 때문이다. '메타'란 어떤 대상의 전후 사정, 혹은 변화하는 모습을 뜻하는 표현으로, 여러 가지 복합적인 요인이 상호 작용하여 특정 현상을 이루어 내는 것을 분석할 때 사용하는 용어이다. 언어 행위가 메타성을 띤다는 점은 말하는 이와 듣는 이 사이의 의사소통 모형이 복합적이고 가변적이라는 의미를 내포할 뿐만 아니라 메시지 자체도 복합적이고 가변적임을 의미하는 것이라고 할 수 있다. 곧 언어 자체로 전달되는 메시지가 있는가 하면 비언어적 요소로 전달하는 메시지가 있다. 이와 같은 요소들의 상호 작용 관계와 변화 모습을 '메타 의사소통'이라고 부를 수 있다.

침묵의 미학

의사소통의 요소로서 우리는 말하는 이, 듣는 이, 메시지를 3대 요소로 제시한 바 있다. 곧 의사소통은 화자의 생각과 느낌을 말로 표현하여 청자에게 전달하는 과정을 통하여 이루어진다. 그런데 전달 매체가 없는 의사소통도 존재할 수 있을 것인가?

비언어적 의사소통에 대하여 관심을 갖는 메타 의사소통의 입장에서는 이와 같은 언어적 상징체계를 갖추지 않은 의사소통을 중시한다. 일반적으로 몸짓이나 자세, 얼굴 표정, 신체적인 접촉 등은 언어로 표현되지 않지만, 의사소통에 깊게 관여한다. 또한 말을 하지 않는 상황, 곧 '**침묵**'도 의사소통의 방법으로 활용될 수 있다. 어쩌면 침묵은 대인 의사소통에서 필수적인 부분으로 작용할 수도 있다. 실제로 의사소통 과정을 자세히 들여다보면 우리는 상당한 시간을 침묵에게 자리를 내주고 있다는 것을 알 수 있다. 침묵은 때로 곤혹스러운 것으로 받아들여지기도 하나 또한 의도적으로 이를 이용하여 효과적인 의사소통을 행할 수도 있다. 간혹 어떠한 얘기보다도 침묵을 지키는 것이 좋은 순간들도 있다는 것을 알고 침묵의 미학을 적용하는 것도 좋은 대화의 방법이 될 수 있을 것이다.

다음과 같은 경우는 말을 하지 않고도 정중한 간접 화행을 실행하고 있는 경우로 이해될 수 있다.

대화 21

가 : (필기를 할 상황에 가방을 뒤적이며 펜을 찾는다)
나 : 이것 쓰세요.
가 : 감사합니다.

— 율(George Yule, 2001), 『화용론』에서

위의 상황에서는 말을 하지 않고도 옆사람에게 펜을 제공받은 경우로 침묵 화법이 성공을 거두고 있다. 그러나 이때 옆사람이 낌새를 알아채지 못하고 펜을 주지 않을 수도 있다.

침묵도 의도적인 경우가 많다는 점은 적절한 상황에서 침묵의 얘기법을 구사할 수 있어야 한다는 뜻이 된다. 일반적으로 침묵을 하게 되는 상황은 극도로 화가 나서 좌절감을 느낄 때, 혹은 더 이상 말해 보아야 소용없다는 판단을 내릴 때처럼 심리적인 반항심

에서 비롯되는 것으로 이해된다. 그렇지만 연인들끼리 두 손을 맞잡고 말없이 공감할 때 또는 종교적·심미적 깨달음으로 인하여 깊은 감동을 느낄 때에도 침묵이 이어지는 경우가 많다. 또한 때에 따라서는 할 말이 생각나지 않을 때처럼 어쩔 수 없이 침묵에 빠지는 수도 있다. 침묵은 또한 상대방의 질문에 긍정의 의미도 될 수도 있고 부정의 의미도 될 수도 있다.

대화 22

남자 친구 : 왜 그래?
여자 친구 : ……
남자 친구 : 화났어?
여자 친구 : ……
남자 친구 : 미안해.
여자 친구 : ……
남자 친구 : 내가 오징어볶음밥 사줄까?
여자 친구 : 아니, 스파게티.

위의 대화에서 여자 친구의 침묵은 남자 친구의 물음에 동의하는 것으로 해석할 수 있다. 그에게 동의하지 않을 때에는 분명한 의사 표시를 했으니까 말이다.

미국의 사회 언어학자 바소(Basso, 1970)는 미국의 인디안 부족 서부 아파치족(Western Apache)에서 행해지고 있는 침묵의 얘기법에 대하여 연구하였다. 그들은 꼭 필요할 때가 아니면 말하는 것에 대한 극도의 거부감을 가지고 있었다. 즉, '침묵은 금이다'라는 철학을 가지고 있는 것이다. 낯선 사회에 들어가는 이방인에게는 언제 말하지 말아야 하는지를 안다는 것은 언제 말해야 할지를 아는 것과 똑같이 중요한 '얘기의 법칙'에 속한다. 바소는 그들이 침묵을 지키는 다음과 같은 상황들을 소개하고 있다.

① 낯선 사람을 만났을 때

그들은 낯선 사람에게 자기를 소개할 필요를 느끼지 않는다. 결국 그 사람이 말을 시작하게 될 때까지 서두르는 기색이 없다. 또한 대화에 급하게 들어오는 낯선 사람은 흔히 의심한다. 그들이 낯선 사람에 대하여 이렇게 말을 아끼는 것은 사회적 관계의 형성은 신중하게 이루어져야 한다는 신념 때문이다.

② 구애할 때

구애의 첫 단계에서 젊은 남자와 여자는 얼마 동안 말을 하지 않고 지낸다. 많은 사람들이 모이는 장소에서 그들은 단 한마디도 하지 않은 채 한 시간 동안이라도 그대로 있는다. 그들은 이것을 심한 부끄러움이나 친밀하지 않음으로 생기는 '자의식'의 느낌으로 받아들인다. 그들은 함께 돌아다니지만 말은 하지 않는다. 그리고 서로를 알게 되었을 때, 더 이상 부끄러워하지 않고 말을 잘 할 수 있을 때 그때 말을 한다.

③ 자녀들이 집에 돌아왔을 때

자녀가 집을 떠나 기숙사 생활을 하다 방학이 되어 집에 돌아올 때, 그들 부모는 아이가 말하는 것을 주의 깊게 모두 듣지만 거의 말을 하지 않는다. 아이들이 집을 떠나 있는 동안 경험한 것들이 집과 가족에 대해서 부정적인 영향을 주었을 가능성을 생각하는 것이다. 특히 아이들이 백인들의 가치와 취향에 노출되어 그들

부모를 무식하고 구시대적이며 더 이상 존경할 것이 없는 것으로 보게 될까 보아 겁을 내는 것이다. 그들이 떨어져 있는 동안 어떻게 변하였는지를 모르며, 그들이 집에 돌아온 것을 행복해 하는지도 모르기 때문이다.

④ 욕을 들을 때

분노한 사람을 보게 되면 그들은 그냥 못 본 척하고 걷는다. 그가 소리를 지르면 그가 원하는 것이 무엇이든 그냥 말하도록 내버려 둔다. 누군가가 화가 나서 소리를 지르면 그를 더 화나게 할 어떤 짓도 하지 않는다. 그를 조용하게 하려 하지도 않는다. 그렇게 한다면 그가 더 안 좋아져서 그들을 해치려 할 것이기 때문이다.

⑤ 슬픈 사람과 같이 있을 때

가족이 죽으면 그들은 내내 집에만 머무르고 어디든 나가지 않는다. 친척이나 가족들과도 전혀 말을 하지 않는다. 오직 '배고프다, 밥다오'가 전부다. 그들은 한동안 그렇게 지내며 그들의 마음은 죽은 사람과 함께 있으며, 감정적으로 매우 격해져 있어 변덕스러운 화산과 같이 위험하다. 분노한 사람에게 침묵하는 것과 같은 이유로 이럴 때 그들은 침묵을 지키는 것이 옳다고 생각한다.

이상 아파치족 문화에서 침묵이 지켜지는 경우를 분석해 보면 상대방의 위치나 역할이 모호한 사회적 상황과 관련된다고 볼 수 있다. 이러한 조건에서 상대방 역할이 확실하지 않아 기대를 할 수 없고, 사회적 상호작용 과정에서 상대방을 예측하기 어려울 때 침묵하는 것이다. 즉, 사회적 관계에서 상대방의 불확실함과 예측 불가능성에 대한 반응으로 해석할 수 있다.

4
상황과 유형

대화 행위에는 여러 가지의 유형이 있다. 언어는 그 자체로서 행위가 될 수 있으며 이에는 표현 행위, 수행 행위, 결과 행위가 있으며 이들은 모두 일정한 말의 **수행력**(힘)을 갖는다. 대화에서는 언어적 의미보다는 맥락에서의 발화 의미를 파악하는 것이 더 중요하며, 화용론 연구에서 접근하고 있는 이러한 이론은 대화 연구에 이론적 배경을 제공할 수 있다. 또한 대화 행위는 **유동적(역동적)**이고 복합적이어서 유형화가 어려울 뿐만 아니라 정형화된 틀을 마련하기는 매우 어렵다. 이는 대화에 관여하는 요소가 다양하고 요소 상호간의 작용도 복잡하기 때문이며, 대화 참여자들은 대화의 이러한 여러 상황들을 적절히 해석하고 조정하여 적절한 대화 행위를 선택하여 사용하여야 할 것이다.

직접 대화나 간접 대화가 어떤 상황에서 그것이 적합한지에 대해서도 정해진 결론을 내릴 수는 없다. 간접 대화를 함으로써 정중함이나 자기 방어의 메커니즘을 사용할 수도 있고, 직접 대화를 사용하여 친밀감을 더하고 의도를 분명히 할 수도 있다. 이 역시 대화의 상황들을 잘 파악하여 적절히 사용하여야 할 것이다.

화자의 청자에 대한 배려는 정중 화법에 연결되며 청자에 대한 심리적 부담감은 화자가 청자에게 느끼는 심리적 거리와 관계가 있다. 또한 우리가 제시한 청자에 대한 배려와 심리적 부담감도 상황과 정도에 따라 가변적일 수밖에 없는 것이므로 대화의 상황에 적절한 청자 배려와 청자와의 거리를 조정하여야 할 것이다. 또한 청자에 대한 배려와 정중화법은 간접 화법과 연결된다고 볼 수 있다.

대화를 메타 커뮤니케이션의 관점에서 보면 메타메시지의 역할은 크다고 말할 수 있을 것이다. 대화의 구성 요소가 유동적이고 복합적임을 고려할 때 대화가 메타메시지에 의존하는 부분은 중요한 비중을 차지한다고 할 수 있을 것이다. 그 중에서 간과하기 쉬운 요소로 우리는 침묵의 기능을 자세히 살펴보았다. 침묵도 하나의 대화 행위로서 우리는 침묵의 얘기법을 이해하는 것이 필요하며 이의 적절한 사용은 메시지 전달에 언어 사용의 기능을 확대하는 일일 수 있을 것이다. 아파치 부족의 침묵의 미학은 말을 쉽게 하는 현대인에게 시사하는 바가 있다 할 것이다. 침묵을 포함한 메타 커뮤니케이션 역시 대화 상황에 따라 그 기능이 가변적일 수 있다.

더 읽어보기

김기찬(1987), 직접 화행과 간접 화행의 구별, 『어문연구』 12. 경북대 어학연구소.

김종택(1984), 『국어 화용론』, 형설출판사.
김진우(1994), 『언어와 의사소통-수사학과 화용론의 만남』, 한신문화사.
김태자(1987), 『발화 분석의 화행 의미론적 연구』, 탑출판사.
김태자(1989), 간접 화행과 대화적 함축, 『국어학』 18. 국어학회.
박완서(1994), 도시의 아이들, 『꼴찌에게 보내는 갈채』, 한양출판.
안은표(2001), 『나의 가치를 높여 주는 화술』, 시아출판.
이경우(1998), 『최근세국어 경어법 연구』, 태학사.
이준희(2000), 『간접 화행』, 역락.
이창덕 · 임칠성 · 심영택 · 원진숙(2000), 『삶과 화법』, 박이정.
장석진(1987), 『오스틴』, 서울대학교 출판부.
장회익(1990), 『과학과 메타과학』, 지식산업사.
전국국어교사모임(2001), 『우리말 우리글』, 나라말.
임규홍(1995), 담화 표지 '뭐냐'와 '있지'에 대하여, 『어문학』 56. 한국어문학회.
이혜영(1994), 담화 표지 '글쎄'의 담화 기능과 사용 의미', 『이화어문론집』 13. 이화여대.
이한규(1997), 한국어 담화표지어 '왜', 『담화와 인지』 4-1. 담화인지학회
Basso(1970), To Give Up on Words?: Silence in Western Apache Culture '*Language and Social Context*' Penguin Modern Sociology Readings.
Fillmore(1971), Type of lexical information. In Steinberg & Jakobovits(1971), *Semantics*, London & New York, Cambridge University Press.
George Yule, 서재석 · 박현주 · 정대성 옮김(2001), 『화용론』, 박이정.
Mayers, G. E. & Mayers. M. T. 임칠성 역(1995), 『대인 관계와 의사소통』, 집문당.
Stubbs Michael, 송영주 옮김(1993), 『담화분석』, 한국문화사.
Searle John R.(1975), Indirect speech acts. In : Peter Cole/Jerry L. Morgan(ed). *Syntax and Semantics*. vol 3. Speech acts. New York, San Francisco, London : Academic Press.
Searle John R.(1977), Expression and Meaning. *Studies in the Theory of*

Communication. University of Illinois Press, Urbana.
Tannen D., 정우인 역(1992), 『말 잘하는 남자, 말 못하는 여자』, 풀빛.

제3장

대화의 요건

1. 협력의 원리
2. 대화의 양
3. 대화의 질
4. 대화의 적절성
5. 대화의 태도
6. 대화의 요건과 전략

1 협력의 원리

나, 너, 우리

대화가 성공적으로 잘 이루어지기 위해서는 적절한 요건이 필요하다. 이러한 대화의 요건에 관한 연구가 몇몇 학자들에 의하여 이루어졌는데 우선 가장 많이 알려진 것으로는 그라이스(Grice, 1975, 1978)의 대화의 격률을 꼽을 수 있다. '격률'이란 격언처럼 누구나 받아들일 수 있는 규칙을 의미한다. 그라이스는 대화가 적절하게 이루어지기 위해서는 협력의 원리와 함께, 양의 격률, 질의 격률, 적절성의 격률 그리고 방법의 격률이 필요함을 역설하였다. 그 밖에 리치(Leech, 1983)의 공손성의 원리와 스퍼버와 윌슨(Sperber & Wilson, 1986)의 관련성의 원리가 대화의 요건으로 다루어질 수 있겠다. 이와 같이 대화가 잘 이루어지기 위해서는 몇 가지 요건이 필요하며, 이를 효과적으로 수행할 수 있도록 계획성 있게 접근하는 요령이 **대화의 전략(책략)**이다.

대화에서 가장 기본이 되는 것은 대화를 이끌어 나가는 대화 참여자의 협력이다. 이는 두 사람 이상이 서로 뜻을 같이 하여 얘기를 적절하게 진행해 나가는 것을 의미한다. '나'와 '너', 즉 '우리'는 대화가 잘 진행되도록 협력해야 할 의무가 있는 것이다. 대화는 반드시 '나'를 전제로 한다. '나'는 성, 가족, 직업, 나이, 사회에서 주어진 역할이 있고, 그 역할을 깨달음으로써 '자아 개념'이 정립되는 것이다. 이러한 자아개념이 뚜렷하지 못하면, 수동적인 자세로 대화에 참여하게 되고 타인에게 신뢰감을 줄 수 없게 된다. 그러나 우리는 흔히 '나도 내 마음을 모르겠어'라고 말하듯이 자아 개념을 뚜렷이 인식하기란 그렇게 쉬운 일은 아니다. '나'에 대한 뚜렷한 인식이 없는 상태에서 이루어지는 상대방과의 얘기는 불안정하고 자신의 역할에 대한 무지 등이 얘기에 반영되면 대화의 규칙의 적용이 쉽지 않다.

대화 속에서 '너'의 존재는 상대방에 대한 인정을 요구한다. 원만하게 대화가 이루어지기 위해서 우리는 상대방을 이해하지 않으면 안 된다. '너'에 대한 인정은 단순히 상대의 말을 들어주는 선에서 그치는 것이 아니고 상대방의 존재 가치나 역할을 자신의 입장에 비추어 이해하는 것을 의미한다. '나라도 너처럼 그랬을 거야'라는 말은 상대방 이해의 응축된 표현이 된다. '너는 역시 나의 멋진 친구야'라는 표현이 말로만 그치지 않고 자기의 본마음에서 비롯될 수 있을 때 '나'는 '너'를 진정으로 인정하는 셈이 되는 것이다.

이와 같이 '너'와 '내'가 협력함으로써 '우리'가 되어, 대화의 걸림돌을 하나하나 걷어내면서 그 자리에 디딤돌을 놓아 함께 밟고 커가는 성숙의 원리 — 이것이 바로 대화에 있어서 가장 중요한 원리인 것이다.

협력의 원리

'나'와 '너', 그리고 '우리'의 개념이 대화에서 중요한 의미를 갖는 것은 대화가 본질적으로 협력의 원리를 바탕으로 하고 있기 때문이다. 다음 대화를 살펴보자.

대화 1

과　　장 : 어이, 요즘 어때?
신입사원 : 별로 좋지 않습니다.
과　　장 : 별로 좋지 않다니, 몸이 안 좋단 말이야?
신입사원 : 예, 잠을 제대로 자지 못했더니 감기에 걸린 모양입니다.
과　　장 : 그래? 밤늦도록 술 꽤나 마시는 모양이군. 혹시 좋아하는 여자라도 생겼나?
신입사원 : 무슨 한가한 소릴 하세요? 제가 지금 술 마시고 여자 쫓아다닐 때예요?
과　　장 : 왜 화를 내고 그래? 웃자고 한 얘긴데.
신입사원 : 저는 요즘 일을 배우느라고 밤늦게까지 잠도 못 잡니다.

위의 대화는 협력의 원리가 잘 지켜지지 않은 예이다. 과장이 던진 '요즘 어떠냐'는 물음은 업무를 잘 익히고 있는가를 묻고자 한 것인데, 사원은 몸 상태로 해석하여 대답을 한 셈이다. 또한 과장이 던진 농담은 위로를 목적으로 한 것인데, 사원은 업무와 관련지어 대답하고 있다. 서로 어긋나는 얘기를 주고받는 셈이다. 이렇듯 대화에서 협력이 이루어지지 않았을 때 우리는 이를 극복할 책략이 필요하고, 대화가 어긋났을 때 다양한 방법을 사용하여 이를 조정하고자 노력하게 된다. 이와 같이 대화를 전략적으로 접근할 때 필요한 개념이 대화의 요건이 되는 것이다. 위의 대화에서 협력의 원리가 지켜지기 위해서는, 과장은 사원의 성격이나 요즘 생활에 대해 좀더 세심하게 관찰하고 대화에 접근해야 할 필요성이 있고, 사원으로서도 자신의 역할과 처지를 관계 속에서 잘 인식하고 유연하게 대처해 나가는 대화의 전략이 필요하다 할 것이다.

대화에서 협력의 원리는 대화 참여자들의 마음가짐과 깊은 관련이 있다. 우리는 흔히 '사랑'과 '증오'는 상반된 개념처럼 생각한다. '사랑'은 마음을 열고 대화를 나누고자 하는 마음가짐과 통한다. 그러나 '증오'는 마음을 닫고 더 이상 그의 이야기를 듣지 않고자 하는 마음의 근원지이다. 그런데 사실은 증오보다 더 심각한 대화의 적이 '무관심'이다. 무관심의 상태는 대화 자체를 성립시키지 않는다. 그렇기 때문에 대화에 있어서도 우리는 상대방의 대화에 관심을 가져 주는 협력의 태도가 우선 필요하다고 할 것이다. 이러한 협력적인 대화를 위해서는 상대방을 이해하고자 하는 마음가짐, 즉 따뜻한 마음가짐을 갖는 것이 대화의 첫 번째 태도임을 알 수 있다.

2
대화의 양

대화 속의 정보

대화의 양은 말하는 이가 제공하는 정보의 양이 된다. 효과적인 대화를 이루기 위해서는 필요한 만큼의 정보를 제공하여야 한다. 만약 지나치게 적은 양의 정보를 제공하거나 지나치게 많은 양의 정보를 제공한다면 좋은 대화를 이룰 수가 없을 것이다. 이렇듯 성공적인 대화를 만들어 나가는 데에 중요한 요건 중에 하나가 대화의 **양의 격률**(the maxim of quantity)이 되는 것이다.

대화 2

아 내 : 왜 이렇게 늦었어요?
남 편 : 응, 누굴 만났어.
아 내 : 누군데요?
남 편 : 응, 친구.

아 내 : 친구, 누구요?
남 편 : 응, 석구.
아 내 : 왜 만났는데요?
남 편 : 뭘 그렇게 꼬치꼬치 묻고 그래?

위의 대화는 부부 사이의 대화로, 남편이 양의 격률을 위배함으로써 좋은 대화가 되지 못하고 있다. 남편은 최소한의 정보만을 제공함으로써 아내의 궁금증을 해결해 주지 못하고 있는 것이다. 똑같은 상황에서 아내와 남편의 처지가 바뀐 경우를 살펴보자.

대화 3

남 편 : 왜 이렇게 늦었어?
아 내 : 응, 숙희가 만나자고 해서 같이 칼국수 먹고. 명동에 있는 그 집 말이예요. 왜, 당신이랑 연애할 때 함께 간 적 있잖아요? 요샌 좀 맛이 덜한 것 같아요. 근데, 숙희 걔 뭐 안 좋은 일 있나 봐요. 얼굴이 좀 안됐더라고요. 남편 땜에 그러나? 왜, 당신도 알잖아? 걔네 남편이 지난번에 …… (이하 생략)
남 편 : …… (할 말 없음)

같은 물음에 대한 남편과 아내의 대답의 차이다. 이 경우에는 아내가 양의 격률을 위배함으로써 좋은 대화가 되지 못하고 있다. 아내는 필요 없이 많은 정보를 제공함으로써 남편을 곤혹스럽게 하고, 그가 더 이상 말을 걸고 싶지 않게 하고 있다.

대화에서 제공하는 정보의 양은 정해져 있는 것은 아니다. 대화가 이루어지는 상황이나 대화 참여자의 성격 등이 대화의 양을 형성하는 요인으로 작용할 수 있다. 예를 들어 판매사원이 자신의 상품에 대한 광고에 열중할 경우나 수업 대화에서의 설명 등은 많은 정보를 제공하는 말하기가 될 수 있다. 이에 비해 다른 사람의 고민을 상담해 주는 상담원이라면, 상담자의 이야기에 끝까지 귀를 기울이지 않으면 안 된다. 이러한 대화에서는 화자와 청자 사이에 주고받는 말의 균형감이 지켜지지 않는다. 그러나 보통의 경우에는 순서 교대가 지켜지는 것이 대화에서 중요한 것처럼 대화의 양에 있어서도 서로 균등한 것이 이상적일 것이다.

과묵과 수다

우리는 어떤 사람이 지나치게 말을 많이 하면 '수다 떤다'고 한다. 이 말 속에는 말이 많을 뿐만 아니라 그다지 중요하지도 않은 말을 많이 한다는 의미도 들어 있다. 이와 대조적으로 어떤 사람이 말수가 적으면 '과묵하다'고 한다. 흔히 노인들이나 여자들은 대화의 양이 과다한 경우가 많으며, 남자들과 전문직 종사자들은 지나치게 적은 경우가 많다. 물론 이러한 차이는 일반적인 경향을 드러낼 뿐, 개별적이고 특수한 상황에까지 적용되는 것은 아니다.

이러한 정보의 양은 대화의 진행 상황이나 협상 전략에도 많은 영향을 미친다. 곧 대화의 양을 조절하지 못한다면 좋은 대화를 할 수가 없다. 우리는 흔히 남성은 과묵하고 여성은 수다스럽다고 생각하기 쉽다. 그런데 연인 사이에서의 대화는 남성이 훨씬 더 말을 많이 하고 여성은 듣는 입장에 놓이는 경우가 많다. 그 까닭은 '연인 관계를 누가 주도해 나가는가'가 대화의 양상을 바꾸어 놓기 때문이다. 남자는 여자로부터 인정을 받고 싶어 하고 그 관계를 자신이 주도적으로 이끌어 가고 싶어 한다. 그러다 보니 '내가 말이지……'라거나 '왜 있잖아……'와 같이 굳이 설명하지 않아도 될 정보를 자세히 설명하게 된다. 이러한 설명은 때로는 상대방으로 하여금 싫증을 느끼게 하는 요인으로 작용할 수도 있다.

대화의 양이 협상에 미치는 영향은 개인간의 사적인 대화에서뿐만 아니라 국가와 국가 사이의 **협상 전략**에도 마찬가지로 중요하다. 한 국가가 다른 국가와 정치·경제적인 협상을 벌이고자 할 때, 자기 나라의 정보를 지나치게 많이 제공한다면, 상대국이 그 정보를 최대한 활용할 수 있기 때문에 손해를 입을 수 있다. 반면 정보를 전혀 제공하지 않은 상태에서 협상에 임하고자 한다면 협상 자체가 성립되지 않을 가능성이 높아질 것이다.

3

대화의 질

참말과 거짓말

우리는 어떤 이의 얘기를 듣는 동안 그 얘기가 허(虛)하다는 느낌을 받을 때가 종종 있다. 때로는 그 얘기 속에 듣는 이가 지각하지 못하는 거짓말도 있을 수 있다. 또한 어떤 이의 얘기는 참으로 실(實)하다는 느낌을 받는다. 이것은 그 사람의 말이 참말이고 들려주는 정보가 정확하다는 믿음에서 오는 것이다. 이렇듯 대화 내용의 참과 거짓에 작용하고, 사실이나 근거에 해당하는 즉, 진실성과 관련되는 요건이 질의 격률(the maxim of quality)이다.

우리가 세상을 살면서 참말만을 하면서 살 수가 없다는 것을 누구나 알고 있을 것이다. 때때로 어쩔 수 없는 상황에서 거짓말을 한 경험은 모두가 가지고 있다. 예를 들어 몸이 불편해도 상대방이 걱정을 할 것 같으면 '괜찮으니 조금도 걱정하지 말라'고 대답하거나, 어려운 일을 앞에 두고도 '아무것도 아니다'고 대답하는 경우가 있다. 이러한 대답은 사실이나 근거와는 어긋나지만 일상에서 흔히 사용된다. 하물며 자기가 감당할 커다란 불이익 앞에서 진실을 말하기란 쉬운 일이 아닐 것이다. 우리는 이렇듯 크든 작든 세상에서 거짓말을 경험하면서 살고 있으며, 때로는 엄청난 거짓말 앞에서 망연자실한 경험까지도 가지고 있을 것이다.

거짓말이란 남을 속이려는 고의성을 가지고 행하는 허위적인 진술을 말한다. 거짓말은 때때로 진술의 형태가 아닌 허위로 꾸민 인상으로 나타나기도 한다. 이처럼 허위적인 진술이나 인상이 제시되었다고 하더라도, 모든 거짓말을 동일하게 취급할 수는 없다. 거짓말의 내용과 형태는 거짓말을 하는 이의 욕구나 동기, 목표에 따라 다양하게 구사되기 때문이다. 박기순(1998)에서는 거짓말을 다음과 같이 네 가지 유형으로 나누고 있다.

① 정보나 데이터를 위조하여 행하는 사실적 거짓말
② 거짓말을 하기 전에 미리 생각하고 준비한 준비된 거짓말
③ 앞뒤 생각 없이 얼떨결에 즉석에서 만들어지는 즉석 거짓말
④ 감정을 은폐하기 위하여 행하는 감정적 은폐의 거짓말

이처럼 거짓말도 의도와 상황에 따라 다양하게 분류될 수 있다. 한편 우리는 흔히 거짓말을 상대방에게 해를 끼치지 않으면서 어떠한 상황에서 할 수 없이 하는 선의의 거짓말과 상대방에게 해악을 끼칠 수 있는 고의성이 강한 악의의 거짓말로 단순히 구분하기도 한다. 다음 대화의 거짓말은 선의의 거짓말로 이해될 수 있는 거짓말이라고 할 수 있겠다.

대화 4

엄 마 : 너 왜 이제 들어오는 거니?

딸 : 음, 서점에 가고, 차 마시고 그랬어요.

엄 마 : 누구랑?

딸 : 혼자서요.

엄 마 : 혼자서?

딸 : 네, 책을 사 가지고 찻집에서 읽다 온 거에요. 나 멋있죠?

엄 마 : 이 추운 날 정성도 뻗쳤다. 혼자서 돌아다니게. 사실대로 말 못해?

딸 : 헤헤, 사실은 지훈이랑(남자 친구)요.

우리는 왜 거짓말을 하는가? 이에 대하여 블래인과 오해르(G. Blaine & Dan O'Hair, 1988)는 자신의 이익을 얻기 위해서, 당황스러움을 피하기 위해서, 그리고 문제를 회피하거나 체면을 지키기 위해서라고 답하고 있다. 예를 들어 여자들이 흔히 갖는 사교적인 모임에서 '요즘 니네 남편은 어떠니?'라고 묻는다면, 지금 실직할지도 모르는 어려움에 처하고 있을지라도 '응, 잘 있어'와 같이 대답하게 된다. 이는 사실을 그대로 말함으로써 자신에게 돌아올 불이익(업신여김을 당한다든가)을 걱정하고, 당황한 상황을 피하여, 복잡한 사연을 회피하며 무엇보다도 자신의 체면을 살리고자 하는 의도에서 거짓말을 한다고 할 수 있을 것이다. 특히 이러한 체면 살리기는 자기의 숨기고 싶은 과거나 아픈 경험을 뭉뚱그려 거짓으로 표현할 뿐만 아니라 과장까지 하는 수도 있다. 이렇듯 **체면 살리기**는 과장되어 과시욕으로까지 표현되기도 하는데, 이는 거짓말의 가장 기본이 되는 기제로 이해될 수 있다.

체면 살리기에서 비롯되는 거짓말 가운데는 특이한 유형도 있다. **습관성 거짓말**이 그 가운데 하나이다. 대화 이론이나 심리학에서 이러한 유형의 거짓말에 대한 보고는 아직까지 존재하지 않는다.

대화 5

선 배 : 오랜만이야. 요즘 내가 일이 많아서 보지를 못했네.
후 배 : 얼마 전에 봤잖아요.
선 배 : 아 그랬나? 내가 얼마 전에 쓸개를 떼어냈거든. 그래서 커피도 못 마셔.
후 배 : 그래요? 예전에도 쓸개 수술을 했다고 안 했나요? 손에 들고 있는 커피는 뭐죠?
선 배 : …… 참, 그런데 요즘 ○○ 교수님 만나 뵈었어?
후 배 : 아니요. 잘 못 뵈었는데요.
선 배 : 만나봐. ○○ 교수님이 후배를 얼마나 생각하시는지 알지?
후 배 : ……

이 대화에서 선배는 후배에게 습관적으로 거짓말을 해 왔음을 알 수 있다. '쓸개를 떼어 냈다'는 거짓말은 여러 차례 한 것으로 보이며, 손에 커피를 들고 있음에도 마시지 못한다는 습관성 거짓말을 하고 있는 셈이다. 더구나 얼마 전에 보고서도 '오랜만이야'라는 인사말은 상대방에게 불쾌한 마음까지 들게 할 것이다

입버릇처럼 하는 습관성 거짓말, '길이 막혀서 늦어 버렸다'거나 '몸이 아파서 할 수 없이 일을 못했다'거나 '컴퓨터가 갑자기 고장 나서 다 완성한 리포트를 제출하지 못했다'는 등의 거짓말이 이에 해당한다. 이러한 거짓말은 점차 자기도 믿지 않는 말로 남을 속이는

행위로 이어지기도 하며, 습관성이 지나쳐 나중에는 자기 스스로 한 거짓말조차 참말이라고 믿어버리는 사람이 있는가 하면, '내가 언제?'라고 자신이 한 습관성 거짓말을 기억하지 못하는 사람도 있다.

거짓말은 대화를 겉돌게 할 뿐만 아니라 인간관계를 나쁘게 할 수도 있다. 게다가 거짓말을 하는 사람 스스로도 정신적인 불안이나 공허함을 느낄 가능성이 높다. 그렇기 때문에 많은 심리학자들은 거짓말은 또 다른 거짓말로 이어질 수 있음을 염려하고 있다. 이들은 거짓말을 하는 사람들에게 일정한 행위 특성이 나타남을 주목했다. 예를 들어 크납과 코매데나(M. Knapp & M. Comadena, 1972)에서는 거짓말을 하는 사람은 불안하거나 신경과민에 빠질 염려가 있으며, 그 정도는 아닐지라도 자기 스스로 혹은 타인으로부터 긍정적인 자아개념을 손상당할 위험이 있다는 점을 강조한다. 거짓말이 대화 참여자에게 심각한 손해를 끼치는 경우가 아닐지라도 거짓말을 자주 하는 사람을 만나면 대화 참여자는 으레 '또 거짓말이구나'라거나 '그저 지나가는 말이겠지'라고 생각하며 대화에 참여하게 된다. 남은 속는 척 해주지만 사실은 잘 속지 않는다. 우리는 한 쪽만 보이는 유리 상자 속에서 살고 있는 것 같지만 바깥쪽에서도 안이 잘 보인다. 그러므로 거짓말을 하는 것은 쉬울지 모르지만 그것을 믿게 하기는 어렵다는 것을 알아야 한다.

그렇다면 대화에서 거짓말의 반대편에 있는 것은 무엇일까? 바로 솔직함이다. '솔직은 최상의 정책이다'라는 말도 있지 않은가? 우리는 대화에서 상대방에게 솔직해짐으로써 얻을 수 있는 많은 이점이 있음에도 불구하고 그렇게 생각하지 않기가 쉽다. 솔직해지면 손해를 볼 것 같은 의구심이 우리에게 있기 때문이다. 대화를 통하여 솔직하게 자기를 드러내는 연습을 많이 하는 것은 자신을 상대방에게 이해시키고 상대방의 신뢰를 얻는 좋은 방법이라는 것을 우리는 깊이 명심할 필요가 있다.

그러나 대화에서의 솔직함에도 우리는 주의를 기울여야 한다. 다른 사람이 자신의 상처에 대해 무관심한데도 장황하게 솔직한 자신을 드러내거나, 타인의 상처를 건드릴 수 있음에도 직설적으로 그것이 잘못되었음을 솔직히 표현한다면 이 또한 좋은 **대화법**은 아닐 것이다. 즉, '솔직해서(직선적이어서) 탈이다'라는 얘기를 듣는 사람은 자기 마음속에 남을 무시하거나 공격적인 태도로 대화에 임하지 않는지를 반성해야 할 것이다.

정확한 말하기

대화의 질을 결정하는 또 하나의 요소는 진실성과 함께 정확성이다. 여기서 말하는 **정확성**이란 표현의 정확성이 아닌 내용의 정확성이다. 우리는 간혹 상대방의 정확하지 않은 정보에 애를 먹은 적이 있을 것이다. 길 가는 사람이 길을 물어올 경우 정확하고 책임 있는 정보를 주어야 한다. 그렇지 않으면 정보를 안 주는 것만 못하다. 비록 고의성과 악의성을 갖는 거짓말은 아니더라도 정확하지 않은 정보의 전달은 결국 거짓말의 효과를 가져올 수 있으며, 대화에서 신뢰도를 떨어뜨리는 심각한 요인이 될 수 있는 것이다.

대화 6

딸　　: 오늘 파티 망쳤어.
엄 마 : 왜?
딸　　: 초대한 친구들이 다 안 왔어.
엄 마 : 그럼 파티를 하지 못했겠네?
딸　　: 아니 하긴 했어.
엄 마 : 다 안 왔다며.
딸　　: 아니, 그런 뜻이 아니고, 가장 친하다고 믿었던 영숙이 영란이가 안 왔다고.

이 대화에서는 모호한 문장을 사용함으로써, 의사소통이 잘 이루어지지 않고 있다. 정확하지 않은 말하기는, 지시 대상을 뚜렷이 밝히지 않을 경우에 생겨나지만 언어적인 표현에서도 생겨난다. 즉, 여러 가지로 해석될 수 있는 단어를 사용하거나, 모호한 문장을 사용하는 경우가 이에 해당한다.

우리는 대화를 나누면서 '대충대충 해'라거나 '아무거나'라는 말을 즐겨 사용한다. 그런데 '대충대충 하다가 큰 코 다친다'는 말도 있다. 특히 정보를 전달하거나 설득하는 대화에서는 대충대충 하는 식으로 표현을 한다면, 대화의 목적을 달성하기가 쉽지 않을 것이다. 우리는 대화를 통하여 정확하게 말하는 연습을 충분히 해 둘 필요가 있다. 특히 우리나라 사람의 언어 습관은 정확성이라는 관점에서 생각해 볼 여지가 있다. 예를 들어 우리말에 발달한 복합수사 '한둘, 두셋, 서넛, 너덧, 네다섯, 대여섯, 예닐곱' 등이나, 단수와 복수의 구별에 민감하지 않는 점 등은 우리의 수 개념이 정확하지 않고 느슨하다는 느낌을 갖게 한다.

4

대화의 적절성

적절한 말하기

대화가 성공적으로 이루어지기 위해서는 주어진 주제와 관련이 있거나, 상대와 상황에 적절하고 타당하다고 생각되는 말을 하는 것이 중요하다. 이를 **적절성의 격률**(the maxim of relevance)이라고 한다. 말의 양이나 질의 문제는 스스로 조정하면 되는 문제이지만, 적절성의 문제는 상대방과 상황을 고려해야 하기 때문에 그만큼 복잡하고 중요한 요건이 된다. 다음 대화를 살펴보자.

대화 7

아 들 : 오늘 학교에서 기분 나쁜 일이 있었어요.
엄 마 : 무슨 일인데?
아 들 : 상훈이가 좀 이상한 것 같아요.
엄 마 : 어떻게 이상한데 그래? 아참, 그런데 너 중간고사가 언제부터지?

아 들 : ……. (웬 중간고사? 내가 공부하는 기곈가?)

위의 대화에서 '엄마'는 대화의 적절성을 위배하고 있다. '아들'은 친구 때문에 기분이 상해 있고 그 문제에 대하여 엄마와 좀 얘기를 하고 싶은 것이다. 거기에 엄마는 대화에 참여하는 것 같지만 속으로 관심은 아들의 공부(모든 엄마의 최대 관심사)에 있다. 그리하여 난데없이 중간고사 얘기를 꺼내버리고 만 것이다. 이는 지금 주고받는 주제와 무관한 것으로 결국 대화의 중단을 가져오게 되는 것이다. 다음 대화도 살펴보자.

대화 8

엄마(1) : 여보세요? 혜정이 엄마? 나야.
엄마(2) : 응, 진수 엄마?
엄마(1) : 왜 통 연락도 없이 그래?
엄마(2) : 응, 어쩌다 보니 그렇게 됐네.
엄마(1) : 그래, 혜정이는 시험 잘 봤어?
엄마(2) : 아니, 못 봤어.
엄마(1) : 뭘, 잘 봤겠지. 우리 진수는 제 딴엔 괜찮게 봤더라고 …… (이하 생략)

위의 대화는 자녀가 대학 입학고사를 함께 치룬 두 엄마의 전화 대화 내용이다. 오늘날 우리 사회는 자녀의 대학 입학이 큰 사회 문제가 될 만큼 수험생 본인은 물론이고 부모들도 많은 스트레스를 느끼는 문제이다. 그래서 저 쪽에서 합격했다는 통지가 올 때까지는 물어보지도 못하는 대화의 금기 사항이 되어 버렸다고 말하여도 과언이 아니다. 이런 예민한 주제에 대하여, '진수 엄마'는 시험을 잘 못 보아 시름에 잠겨 있는 '혜정 엄마'를 전화로 불러내어 자기 딸 시험 잘 본 자랑을 하고 있는 셈이다. 이런 대화는 대화의 양이나 질에 있어서 위배한 것이 없다고 하더라도 그보다 더 중요한 대화의 적절성을 위배하고 있는 것이다. 이는 대화의 상대와 상황과 주제가 적절하지 못했기 때문이다. 어쩌면 '혜정 엄마'는 이 전화로 '진수 엄마'와 서먹한 관계가 되어버릴지도 모른다. 우리는 여기서 대화의 적절성의 핵은 무엇보다도 상대방에 대한 배려라는 것을 알 수 있다.

내용 · 표현 · 상황의 적절성

최근에는 이와 같은 관련성을 텍스트 생산이라는 관점에서 접근하고자 하는 시도가 있다. 이른바 **텍스트 언어학**(text linguistics)이 그것인데, 텍스트 언어학에서 텍스트란 의사소통 참여자가 주체적으로 활용하는 모든 인지적 구성체를 의미한다. 텍스트 언어학의 발달은 전통적인 언어 연구 단위가 문장 중심이었던 데 비해, 유동적인 담화 상황을 언어 연구 단위로 삼을 수 있게 되었다는 점에서 의의가 있다. 즉, 현실의 시간과 공간 속에서 의사소통을 목적으로 하는 행위를 통하여 실현되는 것을 연구 대상으로 하는 것이다. 따라서 텍스트는 시간과 공간의 조건 아래서 응집력과 결속성을 지녀야 하며, 화자의 의도를 반영하는 의도성, 정보성, 청자의 수용성과 적절한 상황이 조화를 이루는 상황성을 갖추어야 한다.

그러므로 대화에서 생산되는 텍스트는 구체적으로 내용과 표현,

그리고 상황에 적합해야 한다. 이러한 적합성은 대화의 적절성을 유지해 주는 조건이 되는 셈이다. 여기서 내용의 적절성이란 대화의 주제에 알맞은 내용으로 구성되어야 한다는 것이고, 표현의 적절성이란 대화가 이루어지기 위해 적절하게 표현되어야 한다는 것을 의미한다. 아무리 좋은 생각을 많이 갖고 있더라도 그것을 표현하지 않는다면 대화가 이루어질 수 없다. 상황의 적절성이란 그 말을 하기에 적절한 상황이 존재한다는 뜻이다.

5
대화의 태도

방법과 태도

대화의 격률에서 **방법(태도)의 격률**(the maxim of manner)은 말을 할 때 '어떻게'에 해당한다. 이 태도(attitude)야말로 어쩌면 대화에서 가장 중요한 것일 수도 있다. 모든 격률이 대화에서 다 지켜졌다 하더라도 대화에 임하는 방법이나 태도에 문제가 있다면 모든 것을 망치는 수가 있다. 여기서는 이에 관한 중요한 원리로 명확성의 원리와 공손성의 원리를 다루고자 한다. **명확성**이란 모호성이나 중의성을 피하고, 간결하며 조리 있게 순서대로 말하는 것을 말한다. 그런데 여기서 말하는 명확성과 대화의 질에서 설명한 정확성은 구별할 필요가 있다. '정확성'은 말해야 할 내용이나 정보에 관한 것으로서 대화의 질에 관한 것이고, '명확성'은 표현의 방법이나 태도에 관한 문제인 것이다.

대화 9

상 인 : 지난번에 구입하신 기계는 어떻게, 잘 돌아갑니까?
손 님 : 나야 뭐, 기계라면 까막눈이지만, 그럭저럭 괜찮은 것 같아.
상 인 : 사용하면서 불편한 점은 없으셨고요?
손 님 : 음, 뭐, 그럭저럭.

위의 대화에서 손님의 만족도가 얼마나 되는지 상인으로서는 알 길이 없다. 손님은 애매모호한 표현을 함으로써, 명확한 표현의 원리를 어기고 있는 셈이다.

표현의 원리는 표현 형식과도 밀접한 관련을 맺는데, 표현 형식은 말하는 기술이나 태도와 관련된다. 우리는 대화의 형식과 요건을 이해하고, 표현 기술이나 태도를 익혀 대화의 능력을 향상하도록 스스로 노력하여야 할 것이다.

대화 10

상담자 : 남편은 저에게 감사하는 마음이 없나 봐요. 그이는 제게 고맙다는 말을 해 본 적이 없어요.
상담원 : 남편이 당신에게 고맙다는 말을 하지 않는다는 것은 당신에게 감사하는 마음이 없다는 것을 뜻하나요?
상담자 : 네, 맞아요.
상담원 : 그러면 당신이 남편에게 고맙다는 말을 하지 않는다면 그것은 당신이 남편에게 감사하는 마음이 없다는 것을 뜻하나요?
상담자 : 그것은 다르지요.
상담원 : 어떻게 다른가요?

상담자 : 난 여자고, 그 쪽은 남자잖아요.

위의 상담자의 갈등은 남편의 표현의 형식에서 비롯하고 있다. 더욱이 상담자는 남성과 여성의 표현 형식에 차이가 있다고 전제하고, 남편의 표현 부족을 감사하는 마음의 부족 때문이라고 해석하고 있다. 간혹 우리는 자기감정을 표현하지 않는 문화에 익숙해져 있다. 특히 함께 사는 가족에게 사랑한다거나, 또는 고맙다는 말을 하지 않을 때가 많은 것이다. 왜냐하면 그러한 감정은 당연한 것이고, 또 상대방도 당연히 알고 있을 것이라고 생각하기 때문이다. 그렇지만 표현하지 않는 감정은 자기만을 위한 감정일 뿐 효과적인 의사소통은 되지 않는다. 우리는 자기표현을 자연스럽게 하고자 하는 마음가짐과 이를 효과적으로 행할 수 있는 기술을 배워둘 필요가 있다.

공손성의 원리

그라이스(Grice)의 방법의 격률에서는 논의되지 않았지만 '공손하게'는 '어떻게'에 해당하는, 대화의 방법이나 태도에서 중요한 것이다. 이는 대화 참여자들이 서로 상대방의 인격을 존중하고 예의를 갖추어 말하는 것을 말한다. 공손성의 핵이 되는 개념은 체면(face)이다. 체면은 한 인간의 공적 자아상으로서 이것은 누구든지 가지고 있고 서로 인정하고 있는 사회적·감정적 자아 감각이다. 대화에서 '공손하다'는 것은 대화가 이루어지는 상호작용 속에서 타인의 체면을 높여 주고 자신을 낮추는 태도를 말한다. 이런 의미에서의 공손함이란 윗사람이나 친밀하지 않은 사람에 대한 존경의 태도에는 물론이고, 가까운 친구 사이에서 볼 수 있는 우정이나 유대감에도 해당되는 개념이다. 이는 앞의 제2장에서 살펴본 상대방의 심리적 부담을 배려하는 정중 화법과도 관련이 있는 원리이다.

공손성의 원리는 리치(Leech, 1983)에서 다음과 같이 제시된 바 있다.

① 요령의 격률

청자에게 부담이 되는 표현은 최소화하고, 혜택을 베푸는 표현은 최대화하라.

② 아량의 격률

화자에게 혜택이 되는 표현은 최소화하고, 자신에게 부담을 주는 표현은 최대화하라.

③ 칭찬의 격률

청자에 대한 비방은 최소화하고 칭찬은 최대화하라.

④ 겸양의 격률

화자에 대한 칭찬은 최소화하고 비방은 최대화하라.

⑤ 동의의 격률

청자와 일치하지 않는 의견은 최소화하고 일치하는 표현은 최대화하라.

⑥ 동정의 격률

청자에 대한 나쁜 감정은 최소화하고 좋은 감정은 최대화하라.

위의 원리들은 한마디로 대화에서 상대방을 최대한으로 존중하고, 자신은 최대한으로 겸손하라는 것이다. 이러한 상대방 배려에 대한 역설은 우리가 기본적으로 이기적이고 자기본위라는 사실을 말하며, 대화란 나 혼자 하는 것이 아니고 상대방과 함께 하는 것임을 강조하고 있다. 즉, 공손성의 원리는 대화에서 가장 중요한 것은 상대방을 배려하고 상대방의 체면을 항상 염두에 두는 태도임을 말해 준다.

대화 11

부 장 : 내일부터 연휴구만. 자네도 어디 놀러 가나?
사 원 : 뭐, 별로요.
부 장 : 아무 데도 안 가?
사 원 : 아직 특별한 계획은 없습니다.
부 장 : 한창 젊은 사람이 3일 연휴를 집에서 어슬렁거리다니 아깝지 않은가?
사 원 : 죄송합니다.
부 장 : 그렇다고 죄송할 것까지야 없지.
사 원 : …….

위의 대화는 부장이 요령의 격률과 칭찬의 격률과 동의의 격률을 동시에 위배하고 있다. 특히 '아무 데도 안 가?'라고 반문함으로써 휴일에는 어디에 꼭 놀러 가야 한다는 것으로 청자에게 부담을 강하게 주고 있기 때문이다. 강압이나 협박의 수준에는 미치지 못할지라도 강한 의문이나 반문은 청자에게 심한 부담감을 줄 수 있기 때문이다. 다음으로 특별한 계획이 없는 사원을 비난하고 있으며, 또한 휴일에 대한 그의 생각에 동의하지 않고 있다. 결국 사원은 아무 잘못도 없이 죄송하다는 표현까지 사용하게 된 것이다.

위의 대화를 똑같은 상황에서 이루어진 다음 대화와 비교해 보자.

대화 12

부 장 : 내일부터 3일간 연휴구만.

사 원 : 네에.

부 장 : 자네는 어떻게 보낼 예정이지?

사 원 : 특별한 계획은 없습니다. 집에서 그냥 지낼까 합니다만.

부 장 : 집에서 푹 쉬는 것도 좋지. 우리의 소원은 'no alarm clock, no phone call' 아니겠어?

사 원 : 맞아요. …… 날씨가 좋으면 산에라도 올라가 보고요.

부 장 : 산? 좋지. 그래, 어떤 산에?

사 원 : 집 근처 산이라도 좋고 아니면 좀 멀리 가 볼 수도 있겠구요.

부 장 : 음, 아주 좋은 연휴가 되겠구만. 잘 다녀오게.

사 원 : 고맙습니다. 부장님도 좋은 연휴 보내십시오.

위의 대화는 과장이 요령의 격률, 칭찬의 격률, 동의의 격률을 지킴으로써 두 사람의 대화가 성공적으로 이루어지고 있다. 과장은 청자에게 무엇인가를 대답하도록 부담을 주지 않고 3일간의 연휴가 있음을 사실적으로 말하고 있으며, 더욱이 과장은 '어디' 대신 '어떻게'를 사용하여 역시 부담을 줄여주고 있다. 또한 집에서 쉬거나, 산에 가려는 사원의 생각에 찬사와 동의를 보낸다. 이러한 대화에서는 상대는 당연히 편안한 마음으로 대화에 협력하게 되어 성공적인 대화가 이루어지게 되는 것이다.

그러나 어떤 경우에는 '공손성의 원리'가 부딪칠 때가 있다. 흔히 대화 참여자가 둘 이상일 때 일어나는데, 다음 대화를 살펴보자.

대화 13

남 편 : 이렇게 오시라고 해놓고서 차린 것도 없이 정말 죄송합니다.

손 님 : 아이, 별 말씀을요. 웬 음식을 이렇게 많이 준비하셨어요?

남 편 : 아닙니다. 정말 먹을 것이 없네요. 여보, 맛있는 것 좀 많이 하지 않고선?

아 내 : ……?

음식을 준비한 사람은 남편이 아니고 아내이다. 아내는 손님 맞을 준비를 하느라 많은 애를 썼는데, 식탁에 앉으면서 하는 남편의 말에 마음이 상할 수도 있다. 물론 남편은 이때 아내를 자기와 같은 화자로 간주하고, 청자인 손님에게 '공손성의 원리' 중 '아량의 격률'을 충실히 지킨 것이다. 그러나 여기에는 남편, 아내, 손님 세 사람의 대화 참여자가 있다는 것을 남편이 인식하지 못하고 있는 것이다. 다음 대화를 살펴보자.

대화 14

남 편 : 이렇게 오시라고 해놓고서, 음식이 입에 맞으실지 모르겠습니다.

손 님 : 아유, 모두가 다 제가 좋아하는 음식이군요.

아 내 : 차린 것은 없지만, 맛있게 드세요.

손 님 : 뭘 이렇게 많이 차리셨어요? 다 맛있어 보이는군요.

남 편 : 자, 그럼 드시죠. 여보, 당신도 앉구려.

위 대화에서는 음식을 차린 아내가 대화에 참여하여 스스로 예의를 갖춤으로써, 남편과 아내가 모두 손님에게 '아량의 격률'을 지켜 공손성의 원리에 맞는 대화를 한 것이다. 특히 남편이 애를 쓴 아내에게도 배려를 함으로써 남편, 아내, 손님 모두에게 즐거운 식사가 될 것이다.

6
대화의 요건과 전략

성공적인 대화를 위하여 가장 중요한 대화의 원리로는 상대방과 협력하여 좋은 대화를 나누려는 서로의 마음가짐이다. 대화는 상대방과 더불어 서로가 역동적으로 작용하여 발전적으로 만들어 가는 것임을 명심해야 한다. 또한 적지도 많지도 않은 적당한 정보(**양**), 진실하고 정확한 대화의 내용(**질**), 상대방과 상황을 인식한 화제(**적절성**), 명확하고 공손한 태도(**방법**)가 지켜질 때 우리는 좋은 대화를 나눌 수 있을 것이다. 대화가 잘 이루어지기 위한 이와 같은 요건을 이해함으로써 우리는 이를 효과적으로 수행할 수 있는 요령 즉, 대화의 전략(**책략**)을 수립할 수 있을 것이다. 너무 많은 말을 함으로써 불필요한 정보까지 유출하는 것은 아닌지, 너무 말을 적게 함으로써 협력의 원리를 위배하는 것은 아닌지, 거짓말을 하고 있는 것은 아닌지, 근거 없고 확인되지 않은 부정확한 말을 하고 있는 것은 아닌지, 표현이 애매하여 오해를 일으킬 소지는 없는지, 상대방을 충분히 배려하고 태도가 공손한지 등에 대하여 마음속으로 수시로 반성함으로써 계획적인 대화의 전략에 접근해 볼 수 있을 것이다.

자기의 좋지 않은 대화 습관을 고치기란 쉬운 일이 아니다. 이는 자기 내부에서 혁명에 가까운 자기반성이 필요하며 또한 실제 대화에서 이를 실천하는 각고의 노력이 필요한 것이다.

더 읽어보기

권재일(1999), 텍스트언어학과 인문학, 『언어학과 인문학』, 서울대학교출판부.

김교빈 · 이현구(1993), 『동양철학에세이』, 동녘.

김양호(1975), 『대화의 심리 작전』, 언어문화사.

김진우(1985), 『언어 — 그 이론과 응용』, 탑출판사.

따르릉 선생님(1993), 『학생 상담 어떻게 할 것인가』, 참교육상담소.

박기순(1998), 『대인커뮤니케이션』, 세영사.

Blaine Gross & Dan O'Hair(1988), *Communicating in Interpersonal Relationships*. New York, Macmillan Publishing Company.

Knapp Mark L. & Mark Comadena(1972), Telling It Like It Isn't : A Review of Theory and Research on Deceptive Communication. *Human Communication Research*, Vol 5.

Leech G. N.(1983), *Principles of Pragmatics*. Longman, London.

van Dijk T.(1985), Handbook of Discourse Analysis, Vol. 1 : *Disciplines Of Discourse*, Academic Press. London.

제4장

대화의 걸림돌

1. 표현 장애
2. 내용 장애
3. 말의 상처와 위로

1
표현 장애

어휘 사용과 반복하여 말하기

무엇이 우리의 대화를 어렵게 만드는가? 실제로 우리의 대화에 방해가 되는 장애 요소, 즉 대화의 '걸림돌'에 대하여 살펴보자. 우리는 일상생활에서 수많은 대화의 걸림돌들을 발견할 수 있는데, 여기서는 이를 표현의 장애와 내용의 장애로 나누어 살펴본다.

표현 면에서의 대화의 장애 요소는 여러 가지가 있을 수 있는데, 우리가 사용하는 어휘에서 비롯되는 경우가 많다. 청자가 모르는 외래어, 은어, 전문 용어 등을 불쑥 사용한다든가, 정확하지 않은 어휘나 자극적인 어휘를 사용하는 경우 자주 발생한다.

대화 1

민원인 : 저, 실례합니다. 교통 신호 담당자가 어느 분입니까?
경찰관 : 예, 접니다. 무슨 일이시지요?

민원인 : 예, 제가 얼마 전에 교통 신호 위반 단속에 걸렸는데, 이건 순전히 함정 단속이어서 항의하러 왔습니다.

경찰관 : 함정 단속이라뇨? 경찰관이 함정이라도 파 놓고 단속했다는 뜻인가요?

민원인 : 아니, 그렇다고 그렇게 화를 내실 필요가 있습니까?

경찰관 : 말을 똑바로 하셔야 하는데 그렇지 않기 때문이 아닙니까?

이 대화에서 민원인은 교통 신호 체계에 대한 자신의 의견을 제시하고자 대화를 시작했는데, 결과는 엉뚱한 방향으로 진행되고 말았다. 대화 장애의 출발점은 '함정'이 갖고 있는 어휘 의미를 민원인과 경찰관이 서로 다른 입장에서 이해하고 있는 데에 있다. 경찰관에게 '함정'이라는 단어는 자극적으로 작용했음에 분명하다. 특히 사람들은 자신에 관계된 단어나 표현에 민감한 편이다. 그러므로 그들을 일컫는 용어 가운데 어떤 것이 선호되고 있는지에 주의를 기울여야 한다. 예를 들면 '흑인'들은 자기들을 '니그로'라고 부르는 것에 거부감을 가지고 있다. 최근에는 '동양인'보다는 '아시아인'이 선호되고, '미국 인디언'보다는 '아메리카 원주민'으로 불리길 원한다고 한다. 이렇듯 대화 상대자들의 어휘 의미의 사용에서 오는 장애는 전형적인 표현 장애의 요소가 되는 것이다.

표현의 장애 요소 중 또 하나는 **반복하여 말하기**로 나타날 수 있다. 대화 참여자가 화제를 반복하여 말하는 경우는 두 가지 경우가 있는데, 하나는 화제를 정확히 표현하지 못하는 데서 비롯되는 경우이고, 다른 하나는 의도적으로 어떤 화제를 기피하고자 하는 데서 비롯되는 경우이다. 전자는 표현력이 부족한 경우인데 비해, 후자는 그 화제를 회피하려는 심리를 바탕으로 하는 것이다.

대화 2

교 수 : 공학이 대중화되어야 한다는 자네 발표는 훌륭했네. 그런데 자네가 알고 있는 실천적 사례 하나만을 소개해 주게.

학 생 : 한림공학원이 있습니다.

교 수 : 그게 뭔가?

학 생 : 공학 대중화를 위한 단체입니다.

교 수 : 좀 자세히 알려 주게.

학 생 : 공학 대중화를 위해 한림공학원이란 단체를 만들었습니다.

교 수 : 그 단체를 소개해 달라는 말일세.

학 생 : 공학 대중화를 위해 학회도 하고 책도 냅니다.

교 수 : 어떤 학회인지, 어떤 책을 내는지 소개해 주게.

이 장면은 학생의 발표를 들은 교수가 발표자에게 좀더 구체적인 사례를 들어 설명해 줄 것을 요청한 뒤, 학생이 답변하는 형태의 대화의 한 유형이다. 발표자는 교수의 질문에 단답식 답안을 말하는 것처럼 대답하고 있다. 교수가 새로운 질문을 추가해야만 새로운 답이 나오는 셈인데, 이때에도 앞의 답이 반복 진술된다. 이러한 현상은 말할 내용을 정확히 알지 못하거나 이를 효과적으로 조직하지 못할 경우 발생한다.

대화 3

교 수 : 자네가 휴강하자고 친구들을 선동한 주동자인가?

제 자 : 선생님, 교정에 철쭉꽃이 만발했어요.

교 수 : 맞지? 자네지?
제 자 : 하얀 철쭉도 피고, 분홍 철쭉도 피고……
교 수 : 부정하지 못하는 걸 보니 자네가 맞군.
제 자 : 복사꽃도 피었드라고요.

위의 대화는 제자가 의도적으로 대답을 회피하면서 비슷한 말을 반복함으로써 대화가 진전되지 못하고 있는 경우이다. 아울러 준비되지 않은 대화를 하거나 잘 알지 못하는 내용을 설명해야 할 경우에도 반복하여 말하기가 나타나는데, 이 또한 대화의 걸림돌이다.

대화 4

영 란 : 어제 신문을 보니 영남 중소도시의 20대 미혼여성 공무원의 행복지수가 가장 높다고 하던데.
미 나 : 행복지수? 그게 뭔데?
영 란 : 응, 그 사람이 행복한지 아닌지를 재는 지수야.
미 나 : 사람의 행복을 지수로 나타낼 수 있다고?
영 란 : 응. 그 사람이 살아가면서 생활에 만족하는지 불만스러운지를 재는 거지.
미 나 : 어떻게 재는데?
영 란 : 글쎄. 거기까지는 잘 모르겠는데.

청자가 모르고 있는 내용을 화자가 설명해야 할 경우 대화 내용이 반복되거나 심할 경우에는 중단될 수가 있다. 이 대화에서 미나는 '행복지수'에 대하여 전혀 모르고 있다. 그리하여 영란은 '행복지수'를 산출하는 방식까지를 묻는 미나의 질문에는 답변을 할 수가 없어서 대화가 단절될 수도 있다.

공포증과 끼어들기

대화의 걸림돌로서 가장 일반적인 이 두 양태는 서로 반대 심리에서 비롯되는 것으로서, 둘 다 똑같이 대화의 진전을 어렵게 하는 요소이다. **대화 공포증**이 대화 참여자의 소극적이고 자신감이 없는 데서 비롯되는 것이라면, **끼어들기**는 대화참여자의 적극적이고 자신감 넘치는 태도에서 비롯된다고 볼 수 있다.

대화 공포증은 흔히 대화를 시작할 때 자주 발생하는 장애 요소이다. 어떤 연구에 의하면 '무엇이 당신을 두렵게 하는가?'라고 질문했을 때 41%의 사람들이 '여러 사람 앞에서 말을 할 때'로 대답하여 1위를 차지하였다고 한다. 대화를 시작하고자 하는데 왠지 모르는 두려움에 휩싸이는 경우가 있다. 이처럼 대화의 시작에 나타나는 장애 요소는 대부분 심리적인 긴장감에서 비롯된다. 적절한 긴장감은 대화의 활력소가 될 수 있지만 긴장감이 지나쳐 자신에게 과잉 부담을 줄 때, 우리는 이를 압박감 또는 스트레스라고 부른다. 압박감의 근원은 다른 사람들에게 잘 보이려는 욕구나 다른 사람이 갖고 있는 자신에 대한 역할 기대감이 크게 자리한다. 이와 같은 압박감이 지나치면 강박 관념으로 발전하게 되는데 일반적으로 **강박 관념**을 갖고 있는 사람에게는 신체적인 변화가 뒤따르게 마련이다. 그 변화 가운데 대표적인 것은 손과 발의 움직임이 자신의 의지와 상관없이 이루어진다는 것이다. 우리는 말을 하면서 손을 꾸준히 움직이거나 발을 흔드는 사람, 혹은 말을 더듬는 사람 등을 자주 목격한다. 물론 이러한 변화를 화자인 자신은 느끼지 못하는 경우도 많다.

강박 관념을 갖고 있는 사람의 심리적 요인을 찾아 올바른 대화를 이끌어 내는 것은 대화 참여자가 구사할 수 있는 대화의 전략이 될 것이다. 이와 같은 심리적 압박감이 대화에 미치는 영향에 대해서는 상담 심리학자들의 흥미로운 연구 결과가 많이 보고된 바 있다. 상담 심리학자들은 화자의 불안 심리로 인해 생략된 말 찾아내기, 표현하고자 하는 내용이 무엇이었는지 명사나 비교문을 활용하여 구체화하기, 상담자로 하여금 자기를 드러내도록 도와주기 등의 방법을 사용하여 대화를 이끌어 나간다. 상담은 상담자들이 자연스럽게 자신들의 문젯거리를 상담원에게 털어 놓음으로써 이루어지는 것이다. 그런데 심리적 압박감을 갖고 있는 사람의 말은 모호하거나 극단적인 경우가 많다. 다음 예를 살펴보자.

대화 5

상담자 : 나는 무서워요.
상담원 : 무엇이 무서운가요?
상담자 : 무서워요.
상담원 : 자 그러면, 제 말이 맞는지 확인해 보세요. '나는 아버지가 무서워요' 맞나요?
상담자 : 아니요. 무서운 사람은 어머니예요.

— 김계현(2000), 『카운슬링의 실제』에서

위의 대화는 상담자가 상담원을 처음 찾았을 때 대화를 꺼내지 못하는 상황에서 상담원이 상담자의 생각을 구체화하는 과정을 통하여 상담자의 속내를 드러내게 하는 장면이다.

이와는 달리, 대화의 진행 과정에서 가장 빈번히 발견되는 장애는 끼어들기로서 이런 경우 흔히 대화의 중복이 일어난다. 대화 중복은 순서 교대가 제대로 이루어지지 않고 두 사람 이상의 화자가 동시에 말을 하는 것을 말하는데, 대화가 중복되더라도 기분이 나쁘지 않은 경우가 있는가 하면, 기분이 언짢아지는 경우도 있다. 그러나 대화의 중복은 순간적으로 잠시 일어날 뿐이며 대화의 중복에도 불구하고 자연스럽게 대화가 이어질 수 있는 것은 상황에 따라서 서로 적당히 양보를 하기 때문이다. 이러한 양보는 화자의 얘기에 대하여 호의적으로 생각하거나 적어도 그 화자의 말을 경청할 필요가 있다고 느낄 때에 가능하다.

그러나 때로는 대화 중에 끼어들기가 생겨남으로써 대화가 일탈되거나 아예 중단되는 경우도 있다. 대화의 중복, 남의 말을 자르기, 끼어들기 등은 대화 과정에서 대화를 어렵게 하는 요소일 뿐만 아니라 인간관계를 해치는 요인으로 작용할 수도 있다. 우리는 일반적으로 남의 말을 끝까지 경청하지 않은 채 자신의 의견을 앞세우거나 화자의 말에 대하여 성급한 판단을 내림으로써 끼어들기를 하는 때가 많다. 이러한 말하기는 반드시 고쳐야 할 말하기 습관이다.

대화 6

남 편 : 아침 신문에 건강 상식에 관한 기사가 났는데, 역시 적당한 운동과 적게 먹는 것이 중요하더군. 일본 사람들이 장수하는 이유가 바로 이 ……

아 내 : <u>담배 말은 없어요?</u>

남 편 : 그 얘기는 없었어. 그리고 운동도 과격한 운동보다는 심호흡을 하면서 걸어 주는 것이 ……

아 내 : <u>담배가 건강에 최악이라던데.</u>

남 편 : 거 왜 자꾸 남 말하는데 끼어들고 그래?

위의 대화에서는 건강 상식에 대해 자기가 읽은 것을 좀 자세히 얘기하고 싶은 남편에게, 아내는 남편의 건강에 최대 현안이라고 생각되는 담배 문제를 꺼내 끼어들기를 함으로써 대화가 중단되고 있다.

2
내용 장애

말의 상처

우리가 무심코 던진 작은 돌멩이 하나에 작은 새가 죽을 수 있는 것처럼 무심코 던진 한마디 말이 상대방의 심장에 비수로 꽂혀 영원한 상처가 될 수도 있다. '세 치 혀를 조심하라'는 말이 있듯이 우리는 항상 말을 조심해야 하는 것이다. 더욱이 말은 본질적으로 한 번 내뱉어 놓으면 돌이킬 수 없는 것이 되고 마는 것이다. 우리가 언어를 사용할 때는 언어도 우리 자신을 사용하고 있다는 점을 늘 잊어서는 안 된다. 대화 중에 말을 통하여 감정적 상처를 입게 되면 그 상처의 영향과 여파로 대화는 중단되기가 쉽다. 대화의 중단뿐만 아니라 상처를 받은 사람은 그 상처로 인하여 자신의 미래가 파괴되기도 하며 또한 자신도 모르게 다시 다른 사람들에게 상처를 주기도 한다. 이런 점에서 말은 분명 행위이며 말의 상처는 겉으로 드러나지 않는 폭력인 셈이다.

말의 상처가 나타나는 이유에 대해서는 심리학적으로 융(Jung,

1970)의 그림자 이론, 영성학적으로 시맨즈(Seamands, 1993)의 숨겨진 어린이 이론, 사회언어학적으로 태넌(Tannen, 1990)의 문화 이론 등의 연구가 있다. 이러한 연구에서는 말의 상처가 발생하는 까닭으로 각각 그림자의 지배를 받는 말, 어린 시절의 상처, 문화의 지배를 받는 말 등을 들고 있다.

예문 1

> 저는 어린 시절에 저의 아버님을 싫어하였습니다. 매사 하시는 말씀이 호통조의 꾸지람이었기 때문입니다. 상처를 참 많이 받았습니다. 그래서 그 때 저는 먼 훗날 아버지처럼 호통치는 가장은 되지 않겠노라고 굳은 결심을 하였습니다. 결혼을 하고 십여 년이 되어 갈 때쯤, 저는 저의 아내와 여느 때처럼 부부싸움을 하고 있었는데, 어느 순간 제가 저의 아내에게 호통조의 꾸지람을 하고 있음을 보게 되었습니다. 저의 아버님과 똑같은 호통조의 어조였습니다. 그 며칠 뒤, 당시 초등학교 2학년이었던 저의 큰딸이 5살, 7살이었던 어린 두 동생을 자기 방에 불러서 왜 자기 물건을 함부로 사용하느냐고 주의를 주고 있는 장면을 보게 되었는데 제가 지나가다가 큰 딸의 그 목소리를 들으니, 제가 저 자신도 모르게 저의 아내에게 하고 있었던 그 호통조의 꾸지람이었습니다.
>
> — 김재원(2001), '말의 상처에 대하여'

위의 사례는 자신의 내부에 존재하는 무의식이 상처로 작용하며, 또한 다른 사람에게 똑같은 상처를 주고 있는 것을 자각하는 경우이다. 이와 유사한 사례로 술을 마시고 집에 돌아온 아버지가 대뜸 아들을 꾸짖는 심리를 분석한 보고서도 있다. '왜 아들을 꾸짖는가?', '그것은 나의 나쁜 모습을 아들이 그대로 보이고 있기 때문'이라는 대답이 압도적이었다고 한다. 무의식 속에 억압된 상태로 저장되어 있는 열등감이나 어두운 자아가 말과 행동으로 표출되면서 의도하지 않았던 상처를 주게 된다는 것이다(이부영, 1999). 대화에서 이러한 무의식은 대화 상대방이나 혹은 그 장소에 없는 누군가에 대하여 단정조로 비난하거거나 평가 · 험담을 하는 말로 나타나는 경우가 많다. 나도 모르게 사람들에게 부정적 감정이 많이 표출될 때에는 이러한 심리적 기제를 이해하고 조용히 자기 자신을 들여다보고 반성을 하여야 할 것이다.

융의 그림자(shadow) 이론은 다른 한편으로 어린 시절의 경험과 밀접한 관련을 맺고 있다는 점에서 시맨즈(Seamands)의 **숨겨진 어린이**(hidden child) 이론과 크게 다르지 않다. 이 이론은 과거 어린 시절에 받았던 상처가 대화 속에서 올바른 판단을 흐리게 하는 요인으로 작용하는 것을 말하는데 이러한 사례는 문학 작품 속에서도 많이 발견된다. 문학 평론가들은 이러한 사례를 '트라우마(상처)'라고 부른다.

대화 7

나 : 도대체 박준은 어째서 꼭 불을 밝혀 놓아야 잠이 들 수 있었을까요? 그리고 전짓불을 보고는 왜 갑자기 발작을 일으킨 것입니까?

김 박사 : 아주 중요한 걸 물으시는군요. 글쎄, 나 역시도 어젯밤 우연히 그런 발작이 나기 전까지는 환자가 특히 어둠을 싫어하는 이유를 알아내지 못하고 있었거든요. 그야 물론 앞서도 말씀드렸듯이 모든 환자들에게서 볼 수 있는 그런 일반적인 병증의 하

> 나임에는 틀림없지요. 하지만, 이제까지의 관찰로는 영 그 원인을 분석해 낼 재간이 없었단 말입니다. 한데 어젯밤 발작을 보고는 비로소 어떤 힌트를 얻을 수 있었어요. 무슨 얘기냐 하면, 환자가 그토록 어둠을 싫어하게 된 것은 직접적으로 그 어둠 자체를 싫어하기 때문이 아니라 그 어둠으로부터 연상되는 어떤 다른 공포감이 있었기 때문이었다는 것입니다.
>
> — 이청준, '소문의 벽'을 대화체로 옮긴 것임.

이 작품에서 주인공 박준은 어린 시절 6 · 25가 일어났던 해 가을, 밤중에 밀어닥쳐 전짓불을 들이대고 좌익이냐 우익이냐를 묻는 정체 모를 사내들에게 공포감을 느낀 경험이 있다. 이러한 경험이 마음의 상처(트라우마)로 남아, 주인공의 삶에 늘 무의식적으로 작용하고 있었던 것이다.

또한 상처를 주는 말을 할 때에는 거의 **무의식적**으로 발생하게 된다는 점이 지적되고 있다. 말의 상처를 특히 많이 받는 사람은 자신의 무의식 안에 부정적인 감정이나 경험들이 많이 축적되어 있는 경우가 많다고 한다. 자신의 경험이나 생각이 분노, 불안, 초조, 근심, 긴장, 예민, 우울, 시기, 질투, 소외감, 거부감 등의 부정적 감정과 무의식적으로 연계되어 있을 때 사소한 말이라도 심각한 반응을 불러일으킨다는 것이다. 이렇듯 말의 상처는 상대성을 갖는다고 볼 수 있다. 똑같은 말이라도 어떤 사람에게는 아무렇지도 않은데, 어떤 사람에게는 상처를 입히게 되는 것이다. 그러므로 우리는 대화를 할 때 그 사람의 입장이나 처지를 잘 살펴보고, 그 사람에게 상처를 줄 수 있는 대화는 피해 가야 하는 것이다.

대화 8

살이 쪄서 걱정하는 이에게

가 : 혈색이 좋아 보이는군요. 좋은 일 있으세요?

나 : 혈색이 좋다구요? 요즘 다이어트 중인데.

가 : 그래요? 다이어트를 왜 합니까? 사람은 그저 건강미가 제일인데.

나 : (화를 내며) 뭐라구요? 누굴 약 올리는 거예요?

대화 9

몸이 약한 이에게

가 : 혈색이 좋아 보이는군요. 좋은 일 있으세요?

나 : 아, 그렇습니까? 요즘 신경 좀 쓰고 있어요.

가 : 그래요? 효과가 있나 보네요.

나 : 노력하고 있어요. 더 좋아지겠지요.

위와 같이 같은 말이라도 상대에 따라 반응하는 태도가 다른 까닭은 그 사람의 입장과 처지가 다르기 때문이다.

말의 상처는 근본적으로 **가까운 사이**에서 발생한다고 한다. 융의 **'그림자 이론'**이나 태넌(D. Tannen)의 **'문화 이론'**에서도 이러한 상처가 매우 가까운 사이에서 흔히 발생함을 지적하고 있다. 이것은 우리의 언어생활이 관계가 가까울수록 심리적 부담감이 적어 말을 조심하지 않는 경향이 있기 때문이다.

대화 10

언 니 : 너 왜 또 그러니? 그만 일로.

동 생 : 그래, 언니는 항상 천사표에, 맨날 잘났으니까.

언 니 : 그럼, 너도 좀 잘하지 그러니?

동 생 : 뭘 어떻게 잘하란 말이야? 잘난 언니나 잘해.

언 니 : 재하곤 통 말을 할 수가 없다니까.

위의 대화는 가족 중에서도 가까운 자매간의 대화이다. 가까운 관계일수록 그 사람의 상처나 약점이 무엇인지 서로 잘 안다. 그런데도 너무 가깝기 때문에 조심하지 않고 대화를 하다가 상대방에게 깊은 상처를 주게 되는 것이다. 그러나 이들이 기본적으로 친밀한 관계이기 때문에 서로 관심을 갖고 대화를 한다면 서로에게 위로를 줄 수 있는 가장 좋은 사이인 것이다.

대화 11

언 니 : 내가 금방 한 말에 너 기분이 좀 상했구나.

동 생 : 응, 난 언니가 항상 현명하게 보여. 그래서 샘이 나.

언 니 : 그건 내가 언니기 때문일 거야. 너도 언니였다면 나처럼 말하고 행동했을걸.

동 생 : 그럴까? 언니도 동생이었다면 나처럼 말하고 행동하고 그랬을까?

언 니 : 당연히 그랬을 거야. 난 항상 순수하고 명쾌한 네가 샘나. 난 좀 생각이 늘 복잡하잖니?

동 생 : 그러니까 언니는 나에게 항상 든든한 존재지.

언 니 : 넌 항상 내게 사랑스러운 존재고. 네가 없다면 난 세상이 조금은 덜 즐거울 거야.

위의 예는 대화를 통하여 서로 **역할 바꾸기**를 해 봄으로써 서로를 이해하고 서로에게 소중한 존재가 되고 있다. 이렇듯 가까운 사이도 대화를 통하여 언제고 새롭게 만나고 새로운 관계를 정립해 나갈 수 있는 것이다. 이것이 바로 생산적인 대화의 **역동성**이다.

사회언어학적 관점에서 말의 상처를 살펴보면 언어적 불평등이나 언어 차이가 상처를 주는 경우도 많다. 문화적 차원에서는 사회 계층, 성, 나이, 직업, 종교, 지역 등의 여러 가지 요인이 상처 받는 말을 만들어 낸다. 예를 들어 '감자바위, 보리 문둥이, 깽깽이'와 같이 지역을 비하하는 말, 이혼한 상대방에게 전남편이나 전부인의 이야기를 끄집어내는 말, 무의식중에 아동을 비교하는 말 등이 이러한 사례에 속한다. 이러한 말들은 청자가 평소 고민하던 문제나 어렸을 때의 상처, 무의식적인 나쁜 감정 등에 복합적으로 작용하기 때문에 말을 거는 사람이 이를 완벽하게 피하기는 어렵다. 따라서 말의 상처는 주는 쪽과 받는 쪽 모두가 이를 극복하고자 노력해야 하는 것이다.

이러한 말의 상처는 결과적으로 대화를 나쁜 방향으로 이끌어가는 돌발 상황이 되기가 쉽기 때문에 가급적 피해야 하겠지만, 만약 돌발적으로 이러한 말이 사용되었다면 이를 피해가는 책략도 우리가 좀더 탐구해 보아야 할 과제라고 하겠다. 이러한 책략으로는, 먼저 자기 자신에 대한 긍정적 자아상을 확립하는 것이 필요하다. 부정적 자아상이 바로 상처에 민감한 요인이 되기 때문이다. 다음으로는 자기 상처가 무엇인지를 인식하고, 그것을 인정하고 이해하는 것이다. 그리고 무의식적인 언어생활에서 벗어나 의식적이고 실천적인 언어생활을 하는 것이다. 흔히 말의 상처는 주는 쪽이나 받는 쪽 모두 무의식적으로 행해지는 것이 일반적이기 때문이다.

참고로 교육자들이 무의식적으로 던져 놓는 상처받는 말의 자료를 여기에 제시한다.

■기억하고 싶지 않은 말

가 : "이 싸가지 없는 놈아", "미친 새끼", "아이구, 이 병신", "정신 나간 놈", "지랄 발광하고 있네.", "쓰레기 같은 놈"

이런 욕설은 듣는 이에게 가장 큰 상처를 남긴다. 홧김에 하는 말이라도 자기 존재에 대한 평가로 들리기 때문에 오래 지속된다.

나 : "너 정직하게 말해. 너희 집에 전화해 볼까? 네가 뭐 했는지 다 알아. 빨리 말해.", "잡아떼도 소용없어. 네가 그랬지? 왜 그랬어?"

이런 말은 피의자를 취조하는 듯한 말이다.

다 : (아동에게) "너 커서 뭐가 되려고 그러니? 너는 나중에 똘마니밖에 될 게 없겠다. 너 이래 가지고 사회 나가서 성공할 줄 알아? 낙오자가 될 거야."

작은 실수나 잘못을 확대하여 미래까지 비난하는 말이다.

라 : "공부도 못하는 주제에 나서긴 왜 나서냐?", "그것도 몰라? 주제를 알아라."

상대방을 무시하는 말로 형편없는 인간이라는 점을 강조하는 말이다.

마 : "난 너희들에게 실망했다. 너희들 보는 게 구역질난다."

기대에 미치지 못함을 과장하여 표현한 말이다. 상대방의 인격 전체를 일방적으로 폄하하고 있다.

바 : (빈정거리는 투로) 여기 장애인 있니?

장애인에 대한 편견을 갖게 하거나, 장애인들에게 상처를 주는 말이다.

사 : "너네 엄마가 그렇게 하라고 가르쳤냐? 그 부모에 그 자식이지."

이 말은 상대의 책임을 상대방 부모에까지 확대함으로써 모욕을 주는 말이다.

아 : "넌 안 끼는 데가 없구나."

상대방에게 위축감을 주는 말이다.

—『우리교육』(1995. 5)에서 일부 발췌함.

돌발 사건과 일탈

우리는 간혹 예상하지 못했던 돌발적인 사건이 얘기를 중단시키는 경우를 보게 된다. 계획적이고 정상적인 화법과는 달리 돌발 상황에 대한 대화 분석에 대한 논의는 아직까지 그다지 활발하지 않다. 그러나 인간의 의사소통 과정에서 예상하지 못한 돌발 사건은 빈번히 발생하는데, 이러한 상황은 대화 외적인 자극이 화자에게 뜻하지 않은 장애 요소로 작용하게 되는 것을 말한다. 대화 참여자들은 이러한 상황에도 효과적인 대화 전략을 구사할 수 있도록 마음의 준비를 하고 있어야 할 것이다.

돌발 사건이 대화를 일탈시키거나 중단을 가져오게 되는 이유는 화자의 심리적인 차원과 관련된다. 예를 들어 대화를 진행하다가 갑자기 까마귀가 우는 소리가 들릴 때, 화자의 불안한 심리가 겹쳐지면서 대화가 중단되는 수도 있다. 이보다 좀더 빈번한 경우는 대화 중 사용한 말이 뜻하지 않게 상대방의 심리를 자극하여 결국 상처를 건드리면서 나타나는 경우도 있다. 이럴 경우 대부분의 대화는 감정적인 흥분 상태가 되거나 침묵의 상황에 빠져든다.

대화 12

두 석 : 벌써 피피티를 끝냈다고? 영미는 피피티는 정말 잘해.
영 미 : 아니 그럼 내가 피피티만 잘 만든단 말이야?
두 석 : 아니, 그런 게 아니고 피피티를 잘 만든다는 말이야.
영 미 : 뭘, 지금 '피피티는'이라고 그랬잖아. 그건 피피티만 잘 한다는 뜻이잖아.
두 석 : 아니. 그런 뜻이 아니야. 남의 말뜻을 못 알아듣고 그래.
영 미 : 그래. 난 네 말뜻을 못 알아듣는 바보다. 왜?

이 대화에서 영미가 두석의 '피피티는'이라는 표현에서 '-는'이라는 조사에 특별한 의미를 부여함으로써, '다른 것은 못 한다'는 뜻으로 받아들여 두석은 뜻하지 않게 대화의 돌발 사태를 맞이하게 된다. 두석은 자신의 잘못된 표현을 무마해 보려다 또다시 '말뜻을 못 알아듣는'이라는 표현을 함으로써 또 다른 돌발 사태에 직면하게 된 것이다. 이처럼 의도하지 않았던 방향으로 대화가 빗나가게 되면, 대화가 중단되거나 때로는 인간관계가 나빠지기도 한다.

그런데 우리는 실제 언어생활에서 고의적으로 **돌발 책략**을 구사하는 경우도 많다. 대화가 지속되는 상황이 부담스러울 경우 우리는 의도적으로 화제를 바꾸고자 애쓴다. 이른바 화제 회피 전략인 셈이다.

대화 13

아 내 : 어제 동창회에서 당신 좀 이상했어.

남 편 : 뭐가?

아 내 : 왜, 있잖아. 희진이. 걔 요즘 혼자라는데 당신 눈빛이 이상하더라고.

남 편 : 이상하다니?

아 내 : 아냐 그럼? 왜 그렇게 걔한테 친절하게 굴어? 대학 다닐 때 둘이 사귄다는 소문이 있었는데 사실 아냐? 그 곰탱이 같은 인간한테.

남 편 : 곰탱이라? 누가 그런 별명 붙였지?

아 내 : 걔 곰탱이야. 하는 짓이 미련하잖아.

남 편 : 참 별명도 그럴 듯하군. 하여간 말은 참 재미있다니까.

이 대화는 같은 학과 출신의 부부가 동창회에 다녀온 뒤 나눈 대화이다. 이 대화에서 아내는 남편에게 핀잔을 주고자 말을 걸었다. 그런데 입장이 난처해진 남편은 '동창 이야기'에서 자연스럽게 '별명 붙이기'로 화제를 바꾸고 있다. 이처럼 듣기 싫은 이야기나 부담스러운 얘기 상황을 회피하기 위해 화제를 바꾸는 전략도 돌발 책략을 사용하는 셈이다.

그런데 경우에 따라서는 돌발 책략이 그 정도가 지나칠 수도 있다. 특히 화제 회피 전략이 대화 상대방에게 쉽게 노출될 경우 두 사람 사이의 갈등이 증폭될 수도 있기 때문이다. 그뿐만 아니라 '갑작스러운 끼어들기'에 따른 대화 중단 현상도 발생한다.

대화 14

아 내 : 걔 곰탱이야. 하는 짓이 미련하잖아.

남 편 : 참 별명도 그럴 듯하군. 하여간 말은 참 재미있다니까.

아 내 : 누가 별명 이야기 하재요?

딸 : 엄마, 나도 그거 알어. 우리 반 애들도 동물 이름 붙은 별명 많어. 애들 하는 짓 따라 닭대가리, 곰탱이, 족제비 등등. 아참, 악마도 있다.

아 내 : 얘가 어른들 얘기하는데 왜 끼어들고 그래?

위 대화는 아내와 남편의 대화에 딸이 끼어들어 대화가 중단되는 경우이다. 대화에서 다른 사람에 의한 '끼어들기'는 전형적으로 발생하는 돌발 사태이다. 새로운 대화 참여자가 나타남으로써 앞선 대화는 중단되거나 방향을 수정할 수밖에 없는데, 앞의 대화가 이어지기 위해서는 새로운 참여자를 포함한 협력의 원리와 대화의 적절성 격률이 새롭게 조정되어야 한다.

3

말의 상처와 위로

대화의 걸림돌로 작용하는 요소는 여러 가지가 있을 수 있다. 즉, 대화 상대자 간에 서로 달리 사용하는 어휘 의미, 중언부언 반복하여 말하기, 심리적 요인으로 인한 말하기의 공포증, 대화의 일탈을 가져오는 끼어들기와 돌발사건 등이다. 그러나 무엇보다도 큰 걸림돌은 말의 상처라는 것이다. 이는 말이 갖는 역기능 중에서도 가장 큰 것이 될 것이다. 우리는 대화 중에 그 사람의 마음을 아무리 잘 읽으려고 노력한다고 하더라도 역부족이다. 보통 사람은 의식적으로 그들의 본 마음을 잘 드러내지 않기 때문이다. 하물며 무의식과 깊은 관련을 맺고 있는 그 사람의 상처에 대해서 우리가 어떻게 잘 대처할 수가 있겠는가? 이러한 사람의 '상처'는 다음에서 우리가 살펴볼 사람 사이의 '갈등'과 더불어 대화를 이끌어 갈 때 우리가 관심을 가져야 할 가장 중요한 심리적 기제가 되는 것이다.

우리는 사람들에게 상처를 주기 위하여 대화를 하지는 않는다. 그러나 우리가 모르는 사이에 무의식적으로 그 사람에게 상처를 주는 경우는 의외로 많은 것이다. 대화가 어려운 것은 상대방과 함께 하는 것이기 때문이다. 그러므로 대화할 때 가장 중요한 것은 상대방의 심리를 파악하는 것이며, 그 중에서도 가장 중요한 것은 그 사람의 약점이나 상처를 건드리지 않는 것이다. 그 사람의 약점이나 상처를 알고 대화 중에 이를 의도적으로 사용하는 경우도 간혹 있는데, 이는 흔히 화자가 자기도 제어할 수 없는 부정적인 감정에 사로잡혀 있을 때에 일어난다. 이러한 경우에는 상대방의 가슴에 더욱 큰 상처를 남기게 되므로 각별히 조심하여야 한다.

대화할 때 '말의 상처라는 걸림돌'의 반대편에는 무엇이 있을까? 이에는 '말의 위로라는 디딤돌'이 있다. 가슴 속에 있는 큰 상처나 앙금도 둘 사이에 이루어진 진정한 대화를 통하여 한 순간에 위로받고 치유될 수 있는 것이다. 여기에 대화의 큰 힘이 있으며, 우리가 대화를 연구하는 이유도 여기에 있는 것이다. 지금도 누군가가 밖에서 당신의 문을 두드리고 있는지도 모른다. "얘기 좀 할래요?" 라고. 그리고 당신을 찾은 그 사람은 당신에게서 상처를 받기 위해 찾아 온 것이 아니라 당신에게서 위로를 받기 위해 찾아 온 것이다. 그러므로 당신은 그 사람을 맞아 따뜻한 대화로서 위로할 의무가 있다.

더 읽어보기

김계현(2000), 『카운슬링의 실제』, 학지사.

김재원(2001), 말의 상처에 대하여, 『사회언어학』 9-1. 한국사회언어학회.

노형남(2001), 돌발 사건에 대처하는 의사소통, 『토의와 토론 문화』, 제4회 한국화법학회 전국학술대회 발표 요지.

이민정(1995), 『이 시대를 사는 따뜻한 부모들의 이야기』, 김영사.
이부영(1999), 『분석심리학』, 일조각.
Gray John, 김경숙 옮김(2001), 『화성에서 온 남자, 금성에서 온 여자』, 친구미디어.
Jung C. G.(1970), *Analytical Psychology its Theory and Practice*. New York : Vantage Books.
Martin Bryan, 윤희원 역(1995), 『좋은 화법과 화법 지도』, 교육과학사.
Seamands D. A.(1993), *Healing for Damaged Emotions*, Healing Your Hert of Painful Emotions. New York : Inspirational Press.
Tannen D.(1990), *You Just Don't Understand Men and Women in Conversation*. New York : Morrow.

제5장

대화의 기술

1. 대화의 전략
2. 말 걸기와 들어주기
3. 주고받기와 이어가기
4. 입장 바꾸기
5. 유머와 유행어
6. 행복한 대화

1 대화의 전략

능력 · 기능 · 전략

언어사용 능력은 **표현**의 차원에서 말하기와 쓰기, **이해**의 차원에서 읽기와 듣기로 나누어 접근할 수 있다. 지금까지의 언어사용 능력과 관련된 앞선 연구 경향을 살펴보면, 이러한 표현과 이해 분야에 대한 능력의 차원, 기능의 차원, 전략적 차원의 접근이 이루어지고 있음을 확인할 수 있다. 대화는 말하기와 듣기로 이루어진 언어사용 능력으로서, 표현과 이해가 함께 어우러진 능력 · 기능 · 전략의 차원에서 접근해 볼 수 있을 것이다.

능력(ability)이란 지식을 조절하고 통제하여 효과적으로 다루는 힘을 뜻하는 말로, 자신의 인지 행위를 통제하는 것을 말한다. 통제 능력은 대화에서 지식을 조절하여 화자가 효과적으로 의사를 표현하는 것과 청자가 효과적으로 해석 · 수용하는 힘을 뜻하는 것으로 풀이할 수 있다. 그렇지만 효과적인 대화를 이루기 위해서는 대화를 단순히 능력의 차원으로만 이해할 수는 없다. 그렇기 때문에 기능적 차원에서 대화를 이해하고자 한다면 대화의 각 요소들이 어떤 역할을 수행하는가를 알아내는 것으로 파악할 수 있다. 곧 **기능**(skill)이란 다소간 고정된 방식으로 일련의 완성된 행동을 수행하는 것이라고 할 수 있다. 곧 회상 기능, 재조직 기능, 추론 기능, 평가 기능, 감상 기능과 같이 우리의 인지 능력이 구체적으로 실현되어 특정 역할을 맡는 것을 말한다. 더욱이 이러한 기능을 좀더 효율적으로 익히기 위해서는 일종의 책략이 필요하다. 이를 우리는 전략이라고 부르는데, **전략**(strategy)은 목표에 이르는 최선의 방식에 대한 행위자의 생각과 기법을 뜻하는 말이다. 곧 언어사용 능력 향상을 위해서는 인지를 잘하기 위한 인지 전략, 기억된 내용을 재생하기 위한 재생 전략, 정서 이해에 대한 전략, 사회 문화 이해에 대한 전략 등이 다양하게 모색될 수 있다.

대화의 궁극적인 목표가 효과적인 의사소통을 통하여 바람직한 인간관계의 형성 · 유지 · 발전에 있다는 점을 고려한다면, 대화에 대한 연구도 단순히 능력과 기능의 차원뿐만 아니라 전략적인 차원의 접근이 필요하다 할 것이다. 이를 위해서는 대화의 원리나 구조, 대화의 요건 등에 대한 체계적인 이해가 필요하며, 구체적으로 이를 적용해 가는 대화의 전략을 익히는 것이 필요하다.

대화 과정과 구성

우리는 앞에서 대화의 원리와 구조 그리고 대화의 요건에 대하여 살펴보았다. 그 과정에서 대화는 짝말로 이루어져 있음을 확인한 바 있다. 곧 짝말은 서로 다른 화자에 의해 발화되는 주는 말과 받는 말로 구성되며, 인접성과 유형성을 갖고 있다. 이와 같이 구성되는 대화는 표현 행위와 수행 행위, 결과 행위로 구체화되며, 각 행위는 유동성을 그 특징으로 한다. 이제 이러한 대화가 구체적으로 이루어지는 모습을 살펴보기로 하자. 우리는 이를 대화의 **구성**, 또는 대화가 이루어지는 **과정**이라고 부를 수 있을 것이다.

우리는 어떤 얘기를 주고받기 위해서, 서로에게 관심을 표명하여 얘기를 들어 줄 수 있는지를 확인하고, 상대에게 얘기를 꺼내 놓게 된다. 이러한 과정은 친밀감의 정도나 목적에 따라 다양하게 구성되지만, 대체로 '**첫인사 → 친숙한 분위기 조성 → 대화 가능성 확인 과정 → 본론에 이르기 전의 화제 제시 → 본격적인 대화 → 최종적인 조정과 확인 → 감사하기**' 등의 순서로 이루어진다. 이러한 순서는 상황에 따라 차이를 보일 수도 있지만 어떠한 경우이든 효과적인 대화를 하고자 한다면, 이와 같은 대화가 이루어지는 과정을 주목할 필요가 있다.

대화 1

가 : 이제 점심시간이네. (인사)

나 : 그래, 점심 먹어야겠다.

가 : 오늘은 내가 살게. 강의는 어땠어? (친숙한 분위기 조성)

나 : 응, 아주 감동적이었어.

가 : 그럼, 오늘 과제 내용에 대해 잘 파악하고 있겠네? (대화 가능성 확인)

나. : 응, 감이 팍팍 온다.

가 : 그럼, 지금 나랑 점심 먹으면서 과제에 대해 토론해 보지 않겠어? (화제 제시)

나 : 그래, 그리 못할 이유가 없지.

앞의 예는 함께 강의를 받고 나오는 학생들끼리의 대화 내용이다. '가'는 오늘 과제 내용에 대하여 확신이 없다. 그래서 시간 중에 강의를 열심히 듣고 있던 '나'에게 그에 대한 정보를 얻고자 의도적으로 접근하여, 대화의 순서를 지킴으로써 대화에 성공하고 있다.

우리가 일상적으로 나누는 대화 가운데 대부분은 가족이나 친구처럼 이미 친밀도가 전제된 경우가 많다는 점을 고려할 필요가 있다. 왜냐하면 우리가 생활하면서 만나는 사람들은 대부분 우리와 친밀히 지내는 사람들이기 때문에 대화에서 인사말이나 분위기 조성을 위한 말 따위는 그다지 중요하지 않다고 생각할 수 있기 때문이다. 하지만 적어도 대화가 가능하기 위해서는 대화 참여자의 주의를 환기시키는 노력은 필수적이다. 우리는 간혹 화자의 입장에서 자신의 의사만을 표현하고 마는 대화를 접할 때가 있다. 이러한 대화는 아무리 흥미 있고 중요한 것일지라도 청자의 반응을 얻어내기 어려운 경우가 많다. 왜냐하면 청자가 들을 준비를 하지 못한 상태에서 이야기를 듣기 때문이다.

대화 2

가 : 난 오늘 강의가 뭐가 뭔지 도대체 모르겠어. 과제 내용도 모르겠고. 왕짜증이다. 야, 그러니까 과제 내용이 한 마디로 뭐냐? 좀 말해 볼래?

나 : 네가 그렇게 말하니까 나도 갑자기 혼란스러워진다. 야.

위의 대화는 화자가 대화의 순서를 무시하고, 청자가 준비가 안 된 상태에서 자기 의사만을 전달함으로써 대화에 성공하지 못하고 있는 경우이다.

대화의 시작은 화자의 대화 목적 확인과 대화 참여자의 주의를 환기시키는 것 같은 비교적 단순한 절차를 거쳐 이루어지지만, 대화가 진행되어 가는 전 과정은 훨씬 더 복합적이고 유동적이다. 그렇기 때문에 대화가 어떤 방향으로 흘러갈지 미리 예측하고 이에 대한 계획을 세우지 않는다면 효과적인 대화를 하기는 어려울 것이다. 그럼에도 우리는 흔히 **계획성** 있는 대화를 하기보다는 사소한 대화에 익숙해져 막상 어떤 계획적인 대화에 임할 필요가 있을 때 성공적인 대화의 방법을 몰라 쩔쩔매기 십상이다. 여기서는 한 사람이 사회적 존재로서 살아가기 위해 대화의 많은 부분을 계획적으로 행해야 한다는 사실을 좀더 강조하고자 한다.

기술적인 말하기

기술적인 말하기는 계획성 있는 말을 단계적으로 적절하게 구사하는 것을 말한다. 일반적으로 대화의 기술은 대화를 어떻게 시작할 것인가(**말 걸기**), 말을 어떻게 주고받을 것인가(말 **이어가기**와 **주고받기**), 어떻게 말을 효과적으로 바꿀 수 있는가(**화제 전환**), 그리고 어떻게 분위기를 이끌어가며 말할 수 있는가(**유머 기법**)와 같은 문제를 포함한다.

이러한 기술은 대화 상황을 정확히 파악하는 데서부터 출발해야 한다. 예를 들어 설명을 목적으로 하는 대화에서는 '청자의 주의 환기 → 적절한 양의 설명 → 청자의 반응 확인 → 설명 이어가기' 등을 고려하여 대화가 종결될 때까지의 계획을 세워볼 필요가 있다. 이러한 기술적인 차원을 중시하여 대화의 개요를 작성할 필요가 있는데, 대화에서도 서론·본론·결론의 구조나 기·승·전·결의 구조를 갖추어 개요를 작성하면 효과적이다.

이와 같은 기술은 화자에게만 적용되는 것은 아니다. 청자의 경우도 자신이 얻어야 할 정보가 무엇인지, 주의 깊게 듣는 습관을 지녀야 하며, 때에 따라서는 상대방의 기분을 망치지 않으면서도 효과적으로 제안을 거절할 수 있는 방법도 익혀야 할 때가 많다.

2

말 걸기와 들어주기

말 걸기

대화의 기술에서 우리는 먼저 상대방에게 말을 어떻게 걸어야 할 것인가를 고민하지 않을 수 없다. 대화에서 말 걸기는 대화를 시작하고자 함을 알리는 표시이며 친밀도와 대화 상황에 따라 다양한 말 걸기가 고려될 수 있다. 예를 들어 처음 만나는 사람의 경우 날씨나 건강, 또는 최근에 벌어지고 있는 시사 문제나 운동 경기, 취미나 여행, 직업과 관련된 가벼운 얘기 등을 화제로 꺼낸다면 부담 없이 대화를 시작할 수 있을 것이다. 처음 만난 사람에게 피해야 할 주제로는 종교나 정치 같은 개인의 인생관이나 가치관에 해당하는 것, 사회적으로 논쟁이 되고 있는 문제에 대한 자신의 견해 등이며, 이는 자칫하면 논쟁으로 번질 우려가 있는 것이다. 또한 자신의 수입이나 재산 정도 등에 관한 대화는 극히 피해야 할 주제이다.

대화의 시작을 알리는 말 걸기는 처음 만나는 사람과 예전부터 알고 있었던 사람에 따라 접근이 다를 수밖에 없다. 그 까닭은 전자의 경우 공통 화제를 어떻게 찾아낼 것인가를 가장 우선시하는 말하기가 되는 데 비해, 후자의 경우는 **공통 화제**보다 공동의 관심사에 어떻게 접근할 것인가를 중시하는 말하기가 되기 때문이다. 그렇기 때문에 대화 시작 표지로서 날씨나 취미와 같은 공통 화제는 처음 만나는 사람에게는 가장 적합한 화제이며, 대화 참여자들이 함께 겪었던 일이나 최근의 동향 등은 예전부터 알고 지냈던 사람과 이야기를 시작할 때 적합한 화제가 된다.

이와 같이 얘기를 시작하기 위해서는 상황에 적절한 말 걸기가 선행되어야 한다. 우리는 친구를 처음 사귈 때, 또는 처음으로 이성 교제를 할 때, 그리고 모르는 사람을 처음 만났을 때 말 걸기가 쉽지 않았음을 경험한 바가 있다. 어느 누구의 '맨 처음 고백'처럼 '하루, 이틀, 사흘'에서 '한 달, 두 달, 석 달'로, '일 년, 이 년, 삼 년'이 다 가도 못하는 수도 있다. 통신기기가 발달된 오늘날은 컴퓨터나 핸드폰을 사용하여 맞대면하지 않은 상태에서 대화가 이루어지는 경우도 많기 때문에 말 걸기의 어려움을 크게 자각하지 못할 수도 있다.

말 걸기가 자연스런 분위기를 이끌기 위해 활용되어야 하는데 그렇지 못한 경우가 많다. '예, 아니오'로 대답하도록 유도하거나, '에-, 에-'와 같이 불필요한 음성적 **담화 표지**를 남용하여 대화를 경직시킬 경우 그 대화는 제대로 이어지지 않을 것임이 분명하다. 그런데 우리는 여기에서 자연스런 분위기 조성에 관한 정형적인 법칙이 존재하지 않는다는 점을 고백하지 않을 수 없다. 친절하기만 하면 좋은 대화가 이루어지는 것으로 생각하거나, 말 걸기를 그럴듯하게 하면 대화가 잘 이어질 것이라는 생각은 너무 막연한 생각이기 때문이다. 예를 들어 처음 만난 사람에게 친숙한 분위기를 조성하기 위해 다음과 같이 대화를 시작한다고 가정해 보자.

대화 3

가 : 안녕하십니까? 날씨가 몹시 좋군요.
나 : 그렇군요. 정말 좋네요.
가 : 날씨가 좋으면 기분도 상쾌해집니다. 안 그렇습니까?
나 : 그럼요. 정말 상쾌하네요.
가 : 날씨가 좋을 때 여행을 하면 더 좋을 텐데요.
나 : 저도 이런 날씨에는 여행을 하고 싶은 충동을 느낍니다.
가 : 날씨가 좋을 때에는 스포츠 관람을 하고 싶을 때도 많습니다.
나 : ……

'가'가 말 걸기의 좋은 공통 화제로 우선 선택한 화제는 '날씨'이다. 그 다음으로 '여행', '스포츠' 등으로 계속해서 공통 화제로 적당한 화제를 골라 말 걸기만 시도할 뿐 대화가 진전되지 못하고 있다. 화자의 대화에 적극적으로 참여하고자 했던 청자도 이쯤 되면 '이 사람 도대체 무슨 얘길 하려는 거야?'라며 의아한 생각이 들기 시작할 것이다. 말 걸기는 적절한 상황에서 적절한 양을 적절한 방법으로 해야 한다. 말 걸기는 결코 본론이 아닌 것이다.

들어주기

사람을 움직이는 가장 중요한 무기는 '입'이 아니라 '귀'라는 속담이 있다. 이는 대화에서 말하기보다는 듣기가 중요함을 뜻한다. 자기 자신이 말을 하고 있을 때는 사실 아무것도 배울 수 없다. 그러므로 훌륭한 화자가 되기 위해서는 우선 훌륭한 청자가 되어야 하는 것이다. 성공적인 대화를 위해서는 우선 상대방에 대한 진정한 관심이 필요한데, 이것은 바로 상대방의 말을 잘 들어주는 것에서 시작한다.

말 걸기가 대화의 시작을 알리는 화자의 행위라면, 이에 대한 청자의 원만한 대화 기법은 들어주기로부터 시작된다고 할 수 있다. 대화는 본질적으로 모든 대화 참여자들이 협력하여 만들어 내는 의미의 재구성 과정이기 때문에 화자의 말로만 이루어질 수는 없다. 그런데 많은 사람들이 대화를 할 때 말하기에 더 주력하고 들어주기에는 힘을 덜 기울이는 경향이 있다. 실제로 사람은 1분간에 120~180단어를 이야기할 수 있지만, 이의 4~5배에 해당하는 단어를 생각할 수 있는 능력을 가졌다고 한다. 그러므로 화자는 상대방의 얘기를 들으면서 남은 시간으로 얼마든지 다른 생각을 할 수 있다는 것이다. 현명한 화자라면 그 시간을 적극적으로 들어주기에 할애하여 상대방을 더 깊이 이해할 수 있을 것이다. 이렇듯 대화에서 들어 주기는 매우 중요하며 우리는 이러한 들어주기를 통하여 화자와 함께 대화의 의미를 만들어 가는 것이다.

듣기는 듣는 주체인 자기 자신에게 초점이 맞추어져 있는 '**분석적 듣기**', 말하는 상대방에게 초점을 맞추고 있는 '**공감적 듣기**', 그리고 '나'와 '너'가 '우리'를 형성해 가면서 의미를 재구성해 가는 '**대화**

적 듣기'가 있다. 곧 대화적 듣기는 일방적 듣기인 분석적 듣기나 공감적 듣기와는 달리 '우리'를 형성해 가는 쌍방적 듣기인 것이다.

대화 4

화 자 : 우리 집은 대가족입니다. 그러니 늘 시끄럽죠. 시어머니와 시아버님만 해도 그래요. 한 분한테 맞춰드리면 다른 분이 돌아서니, 맞춰드리기가 여간 까다로운 게 아녜요. 그래서 매일 역정을 내시죠. 남편은 그냥 모른 척 내버려 두라고 하지만 며느리 입장에서 어떻게 그럴 수 있겠어요. 선생님은 식구가 몇이나 되세요?(이 질문에 '글쎄요……' 하고 뜸을 두면 상대방이 매끄럽게 이야기를 이어가지 못한다. 구체적인 질문에는 간결하게 대답해줄 필요가 있다.)

청 자 : 넷입니다.

화 자 : 얼마나 단출하세요. 우린 무려 일곱이예요.

<u>청자(A형)</u> : 힘드시겠군요.

화 자 : 그렇죠. 며칠 전에도……

<u>청자(B형)</u> : 그렇지도 않아요. 네 식구라고 그렇게 조용한 건 아닙니다.

화 자 : 하지만 네 명이면 약과죠, 뭐. 우린 무려 일곱이라구요. 시부모까지 계시고. 애들하고 시부모의 생활 리듬이 맞지 않아서 여간 힘든 게 아니예요.

청 자 : 식구가 적다고 편한 것도 아녜요. 그래도 아주머니는 시어머니가 계시니 마음 놓고 외출할 수도 있잖아요?

— 히가시야마 히로히사, 이규조 옮김(2000),
『듣기의 달인이 되는 법칙』에서

이 대화에서 화자는 청자(A형)와의 대화에서는 청자의 말을 듣고 이야기를 계속 진행해 나갈 수 있다. 청자가 대화에 잘 협력하고 있기 때문이다. 이야기가 종료될 시점에서 화자는 청자에게 '그 동안 들어주셔서 고맙습니다'라는 반응을 보이게 될 것이다. 그렇지만 청자(B형)와의 대화에서는 협력의 원리가 잘 유지되지 않을 뿐 아니라, 대화가 어긋나게 된다. 그러나 청자(A형)의 듣기가 공감적 듣기는 될지언정 대화적 듣기는 되지 못하고 있다. 그것은 화자가 청자를 배려하고 있지 않기 때문이다.

대화적 듣기가 제대로 이루어지기 위해서는 상대방에 대한 배려, 자신에 대한 이해 등이 모두 필요하다. 이와 함께 기술적인 차원에서 대화적 듣기를 하고 있음을 드러내는 방식도 중요하다. 이러한 기술 가운데 하나가 공감 표시이다. 공감 표시는 얼굴이나 신체적인 것으로 할 수도 있고, 언어적인 것으로 할 수도 있다. 대화 중에 고개를 약간씩 끄덕여 주는 것이나, 손으로 공감하고 있음을 표시하게 된다면 화자는 좀더 자연스럽고 진지하게 이야기를 이끌어 갈 수 있다. 반면 거부 표시로 고개를 가로젓거나 손을 내저으면 화자의 이야기는 중단되거나 감정으로 흐를 가능성이 높아진다. 언어적인 공감 표시로는 맞장구치기가 있다. 맞장구는 '맞다. 그렇다'라는 표현을 말로 하는 것이다. 적절한 상황에서 말로 '맞아', '그럼'과 같이 대꾸해 준다면 화자는 자신의 말에 자신감을 얻게 된다.

그러나 공감 표시가 무조건 대화에 긍정적인 영향을 미치는 것은 아니다. 예를 들어 지나치게 고개를 끄덕이거나 과장된 손짓을 하면서 공감을 나타낸다면, 오히려 화자는 당혹스럽거나 청자가 경박스런 사람이라는 판단을 내릴 우려가 있다. 여성은 남성에 비해 남의 대화를 들으면서 훨씬 많이 고개를 끄덕인다는 연구도 있다. 대화가 유동적이라는 점은 공감 표시에서도 적절한 상황을 고려하여야 한다는 것을 의미한다. 지나친 거부 표시의 경우는 화자로 하여금 감정적인 분노를 일으킬 가능성을 갖는다. 진지하게 이야기를 하고 있는데 고개를 심하게 가로젓거나 '그게 아니야'라고 큰 소리로 끼어드는 경우, 또는 손을 크게 가로젓는 경우 등은 화자 스스로 반성하며 말하도록 유도하는 것이 아니라, '반대를 위한 반대를 하는 것'으로 생각하게 만든다. '맞장구치기'도 마찬가지이다. 대화를 좀더 깊이 있게 끌고 갈 것인가 아니면 화제를 돌릴 것인가를 맞장구치기로 조정해 나갈 수 있기 때문이다. 다음 대화를 살펴보자.

대화 5

이야기를 심화시키지 않는 유형의 맞장구

가 : 요즘 남편이랑 사이가 시들해요.

나 : 어느 집이나 다 그렇죠 뭐.

가 : 그럴까요?

나 : 그럼요. 결혼하고 5년쯤 지나면 다들 그래요.

가 : 그 댁도 그러세요?

나 : 네.

가 : 그렇다면 다행이지만.

나 : 너무 심각하게 생각할 것 없어요.

가 : 고마워요. 조금 안심이 되네요.

나 : 그건 그렇고 백화점에서 세일을 한다는데 가보지 않을래요?

가 : 좋아요 가십시다.

대화 6

이야기를 심화시키는 유형의 대꾸

가 : 요즘 남편이랑 사이가 시들해요.

나 : 그래요?

가 : 조금 이상해요.

나 : 왜요?

가 : 바빠서 그런지는 몰라도 요새는 통 말도 없고 내가 말을 해도 건성으로 들어요.

나 : 이상하네요.

가 : 바람이라도 피우는 건지.

나 : 그런 낌새라도 있어요?

가 : 생각해 보면 낌새가 전혀 없는 것도 아니에요.

나 : 그으래요?

가 : 며칠 전에는 외박을 하고 와서는 아무 말도 않는 거예요.

나 : 보통 일이 아니네요.

맞장구와 대꾸는 대화의 진행을 상당히 다르게 할 수 있는 듣기 전략이다. **공감 표시**의 맞장구는 '맞다, 그렇다'로 상대방에게 전적으로 동의하기 때문에 대화의 갈등을 최소화할 수 있지만 대화가 맞장구에서 끝나 버린다면 대화의 주제는 더 이상 발전할 수 없을 것이다. 반면에 상대방에게 적절한 대꾸로 반문할 때 대화적 듣기가 될 수 있다. 이럴 때 대화 주제의 깊이가 더해져 갈 가능성이 높은데, 이러한 표현도 자칫하면 그야말로 '**말대꾸**'로 들릴 수 있기 때문에 조심해야 한다. 결국 들어주기의 핵심은 청자의 화자에 대한 이해에 있는데, 이러한 이해는 화자의 말하기에 좋은 '**되돌림 효과**(피드백)'를 만들어 내는 것이다.

사람들은 자기 얘기를 상대방이 귀담아 들어 주고 자기를 소중하게 대해 줄수록, 자기 말을 주의 깊게 하고 정확한 표현을 하게 된다. 이렇듯 대화에서 청자의 들어주기는 화자의 말하기에 직접 영향을 미치게 되는 것이다. 그러므로 우리는 남의 얘기를 들을 때 상대방의 마음에 다음과 같은 메시지를 전달해야 한다.

> 나는 한 사람의 인간으로서 당신에게 깊은 관심이 있습니다. 당신의 기분, 생각을 매우 소중하게 생각합니다. 당신의 생각에 모두 다 찬성을 하는 것은 아니지만 당신이 그렇게 생각하는 데에는 충분한 이유가 있는 것을 알겠습니다.

3

주고받기와 이어가기

주고받기

대화가 진행되는 과정에서 대화의 중심부는 말을 주고받는 과정으로 이루어진다. 곧 주고받기는 본격적인 대화 활동이 시작되는 부분을 말한다. 일반적으로 대화에서 본격적인 화제가 정해지기 위해서는 대화 참여자의 주의를 확보하고, 특정 문제에 대한 화제가 나타나야 하며, 대화 참여자들은 이 화제에 대한 정보를 공유할 수 있도록 해야 하며, 이를 통하여 의미를 재구성할 수 있도록 하여야 한다.

이와 같은 과정을 통하여 정해진 화제는 대화의 목적에 따라 달리 구성될 수도 있다. 예를 들어 **용무형 대화**는 서술형보다 주고받는 질문형이 더 많이 사용되며, 말의 길이도 그다지 길지 않고 순서 교대도 빠르게 일어나며 결과적으로 대화의 중심부가 길지 않다. 이러한 대화의 중심부는 보통 다음과 같이 이루어진다.

대화 7

직 원 : 생명 보험에 가입하시기로 하셨다구요?
고 객 : 네.
직 원 : 그러면 여기 계약서를 작성해 주시지요.
(고객이 계약서를 작성한다.)
고 객 : 다 되었네요.
직 원 : 네, 끝났습니다. 안녕히 가세요.

위의 대화는 며칠 전 집으로 방문한 한 보험설계사에게 설득당해 결국 보험을 가입하기로 한 고객이 보험회사 사무실을 찾아가 직원과 계약서를 작성하는 상황에서 이루어진 대화이다. 이는 며칠 전 보험설계사와 나눈 다음 대화와는 상당히 다르다는 것을 알 수 있을 것이다.

대화 8

설계사 : 안녕하세요? 사모님, 정원이 참 아름답군요. 어머, 저 꽃 좀 봐! 세상에 꽃처럼 예쁜 건 없죠? 꽃보다 더 예쁜 것 있으면 정말 나와 보래죠. 사모님은 참 복도 많으셔요. 이렇게 좋은 집에서 편안하게 사시기만 하면 되는 것 아니에요? 요즘은 평균수명이 길어져서 80, 90은 보통이고 100세를 넘기기도 쉽대요. 그러니 건강보험에만 턱 들어 놓으면 끄떡없지요. 이 건강보험은요, 요즘 늘고 있는 평균 수명에 맞추어 …… (이하 생략)
고 객 : 알았어요. 가입할게요.

위의 대화처럼 설명이나 **설득형 대화**는 질문형보다는 서술형이 많이 사용되고, 말의 길이가 길어 순서 교대가 늦게 일어나며 중심부가 길어진다. 또한 화제가 분명하기 때문에 대화 전개 방식이 직선적이다. 그렇지만 두 사람이 동등한 위치에서 이야기를 나누는 것이 아니라 한 사람이 다른 사람에게 일방적으로 말을 하는 경우가 많기 때문에 대화를 독점하는 경우가 많다. 강의나 강연 등도 이러한 유형에 속한다.

공감을 유도하는 얘기나 잡담 같은 **공감형 대화**는 정해진 화제가 없기 때문에 이야기를 일정 방향으로 끌고 나갈 사람도 없고, 그럴 필요도 없다. 그렇기 때문에 다분히 무계획적인 주고받기가 이루어지며 순서 교대는 빠를 수도 있고 늦을 수도 있다.

대화 9

은 영 : 우리 이번 주 등산갈까?
민 희 : 어디로?
은 영 : 아차산 어떨까? 오르기도 편하고, 볼 것도 많던데. 정미는 어때?
정 미 : 그래, 아차산은 고구려 유적지가 많잖아.
민 희 : 온달 장군도 만날 수 있는 거니?
정 미 : 온달이라니? 그 바보 같은 친구 말이니?
은 영 : 그래~ 야~ 잘 알면서 새삼스럽게.
민 희 : 그 사람 요즘 안 바쁘니?

이 대화의 첫 화제는 '등산'이었다. 그러다가 '온달'이라는 사람이 화제의 중심으로 바뀌고 있다. 이처럼 일정한 화제가 없거나 대화의 방향이 정해지지 않았더라도 공감형 대화에서는 대화 참여자들이 자연스럽게 이야기를 나눌 수 있으며 뜻하지 않은 방향으로 대화가 흘러갈 수도 있다. 이러한 대화는 비교적 친한 사람들끼리 자주 나누는 대화이다. 그러나 좀 느슨하고 편하게 진행되는 이런 대화에서도 우리는 드러나지 않는 대화의 전략이 필요하며, 대화의 예절도 필요하다는 것을 명심해야 한다. 특히 아무렇지 않게 주고받은 얘기가 뒤에 생각해 볼수록 마음에 걸리는 경우도 있기 때문이다. 서로 긴장을 풀고 나눈 얘기 속에서 때로 그 사람의 참마음이 드러나기도 하기 때문이다. '취중진담'이라고 하지 않던가? 얘기에 취해서 상대방의 마음에 상처를 남기는 일은 없어야 할 것이다. 그러므로 우리는 대화 중에 항상 적당한 정도의 긴장감은 필요하다고 할 수 있다.

말을 주고받을 때에도 일정한 원리가 있다. 그 가운데 가장 대표적인 것은 화자와 청자 사이의 공정성이다. **공정성**이란 화자와 청자가 대화에 참여함으로써 서로 손해 보는 일이 없음을 의미한다. 예를 들어 말을 주고받을 때 어느 일방의 말만이 길거나 지나치게 많은 정보를 담고 있다면 적절한 대화는 이루어지지 않는다. 우리는 흔히 부모와 자녀, 선생님과 학생의 대화에서 이러한 사례를 많이 발견한다. 흔히 발견하는 질책의 대화나 충고의 대화는 그 좋은 의도에도 불구하고 성공하지 못하는 경우가 많다. 그 까닭은 청자의 듣는 태도에 비하여 화자의 질책이나 충고 내용이 너무 많기 때문에 나타난다.

이러한 원리에 대하여 바흐와 와이든(G. Bach & P. Wyden, 1969)의 저서 『친밀한 적(*The Intimate Enemy*)』에서는 '**공정한 싸움**(fair fighting)'이라고 부르고 있다. 공정한 싸움이란 친밀한 사람들 사이에서 발생하는 싸움으로서, 공동의 문제를 해결하는 데 있어 필연적이고 자연발생적이며 잠재적으로 유익한 싸움이라는 의미를 담고 있다. 곧 공정한 싸움은 비록 공격적일지라도 건설적인 데 비하여 불공정한 싸움은 대화를 망치는 장애물일 뿐이다. 이들의 논의에서 대화상 불공정한 싸움이 벌어지는 유형으로 다음과 같은 것을 들고 있다.

① 적절하지 않은 시기에 대화를 꺼내는 것

② '나는 옳고 상대는 그르다'는 위협적인 가정을 전제로 비난하는 것

③ 본론과 무관한 너무 많은 내용의 화제를 일방적으로 전달하는 것

④ 불가능한 것을 요구하는 것

다음 대화에서 벌어지고 있는 불공정한 싸움들을 함께 구경해 보자.

대화 10

남자친구 : 시간이 없으니까 본론만 말할게. 어제 만난 사람 누구야?

여자친구 : …….

남자친구 : 빨리 말해. 시간 없어.

여자친구 : …….

위의 대화는 남자친구가 '시간이 없다'는 점을 앞세워 여자친구가 설명할 여유를 갖지 못한 경우이다. 이런 대화에서는 주는 말은 있어도 받는 말이 있을 수가 없다. 수많은 질책성 대화나 심문형 대화가 이와 같이 이루어진다.

대화 11

친구(1) : 영화를 보았다고? 또 무협 영화지?
친구(2) : 아니, 이번엔 '무랑루즈'야.
친구(1) : 어쭈, 웬일이야? 그런 영화를 다 보게. 많이 졸다 왔겠구만.
친구(2) : …….

위의 대화는 친구(2)의 영화 감상에 대한 친구(1)의 견해가 전제된 대화이다. 친구(1)은 친구(2)가 늘 무협 영화만 본다는 견해를 가지고 있기 때문에 무협 영화가 아닌 다른 영화를 보았다면 흥미를 느끼지 못했을 것이라고 단정하고 있다.

대화 12

나 : 저어, 말씀 좀 여쭈어 보겠는데요. 김기철이라고 이리로 연행되어 온 사람에 대해 좀 알아보고 싶은데요.
여사무원 : 권 주임님, 이분 김기철이 가족인가 봐요.
권 주임 : 당신 뭐요, 김기철이 처야?
나 : (기어들어가는 목소리) 예.
권 주임 : 당신 남편은 사기꾼이오. 사기 중에도 선량한 시민을 괴롭힌 악질 사기꾼이오. 이런 자는 중벌을 받아 마

땅해. 알겠소?

나 : ……

권 주임 : 기기 막혀서……. 글쎄 큰 공장에서 불량품으로 폐기처분한 형광등을 어떤 전공 출신이 재생한 걸 싸게 사 가지곤 신품처럼 속여서 팔아먹었다니까. 재생한 놈이나 산 놈이나 죽일 놈들이야. 액수는 많지 않아도 액수가 문젠가. 피해자가 서민이란 말야. 서민 생활을 좀먹는 이런 새앙쥐 같은 놈들은 일벌백계로 중벌로 다스려야 돼.

나 : (겨우 정신을 가다듬어) 지금 그이는 어디 있나요?

권 주임 : (야릇한 웃음을 띠며) 어디 있는 건 알아 뭘 할라우? 지금 영장을 신청 중인데 아마 오늘 해 안으론 떨어질 거요. 떨어지면 오늘 저녁부턴 서대문 큰집 신세야. 어젯밤은 임시로 여기서 재워줬지만.

나 : (일말의 희망을 가지며) 어떻게 좀 선처해 주실 수 없을까요? 절대로 도망치거나 그럴 사람 아네요. 정말이에요. 그것만은 제가 보증할 수 있어요.

권 주임 : 이 여자가 누굴 웃기려고 맘먹었네.

나 : 그럼 지금 그이는 이곳에 있겠군요. 이곳 어디 있죠? 한번 만나봐야 하겠어요.

과 장 : 누구 맘대로 죄인을 함부로 만나. 권 주임, 이제 저 여자를 내보내요.

— 박완서, '조그만 체험기'에서

이 대화에서는 분명 말을 주고받는 과정이 계속 나타난다. 대화가 중단되는 일은 없는 셈이다. 그런데 이 대화가 중단되지 않는 까닭은 화자인 '나'의 절박함 때문이며, 대화 상대자인 권 주임이나 과장은 불공정한 싸움을 화자와 벌이고 있다. 김기철의 범죄 혐의에 대한 설명은 한 문구로 진술되었을 뿐인데, 권 주임의 대화 속에는 감정적인 분노와 비웃음 등이 복합되어 화자를 억압하고 있는 셈이다. 만약 이 대화에서 '나'와 '권 주임'이 대등한 입장에 있다면 이 대화는 분명 중단되고 말았을 것이다. 경찰서에 가 본 적이 있는 사람이라면 그 곳에서 얼마나 많은 불공정한 싸움이 벌어지고 있는지를 목격했을 것이다. 그 곳에서 나는 더 이상 인격을 가진 사람이 아니다. 나는 이미 범죄인이고 동등한 대화 상대자가 되는 것은 꿈도 꾸지 말아야 한다.

이어가기

말 걸기로부터 대화가 원만하게 시작되었다면, 그 다음에는 적절하게 화제를 이어가는 것이 필요하다. 우리는 이러한 대화 행위를 '**이어가기**'라고 하는데, 말을 이어가는 과정은 대화 참여자들이 화제를 주고받는 과정으로 이루어진다. 그렇지만 전략적 차원에서 대화를 이해하고자 할 때, 우리는 대화의 방향이 화자의 의도대로 이루어지고 있는지에 관심을 기울이게 된다. 이와 같이 주제가 일정하게 흘러가도록 대화를 조정할 때 중요한 개념이 일관성이다. 일관성에는 앞뒤 말이 바로 자연스럽게 이어지는가를 확인하는 **지시적 일관성**과, 대화 전체의 흐름을 조정하는 **관계적 일관성**이 있다. 전자는 '여기에 한 여자가 있었다. 그녀는 자식이 많았다'와 같은 문장이 연결될 때 '한 여자'와 '그녀'가 일관되게 연결되는 과정을 의미하며, 후자의 경우는 비록 앞뒤 내용이 바로 연결되지는 않더라도, 대화 전체상 공통된 흐름을 형성하는 것을 의미한다.

이처럼 말이 자연스럽게 이어지기 위해서는 화자와 청자 사이의 공통 관심사가 적절히 일관성 있게 조정되어야 한다.

이어가기에서 중요한 것이 **순서 교대**이다. 화자의 말이 끊어지지 않고 이어지거나 화자의 관심사만 지속된다면 청자의 반응은 어떻겠는가? 다음 대화를 살펴보자.

대화 13

제　자 : 안녕하세요, 선생님. 그 동안 별고 없으셨어요?

선생님 : 응, 요즘 집안 일로 몹시 신경을 쓰고 있어. 우리 애 대학 진학 문제 때문에.

제　자 : 그렇겠네요. 그래도 자제분이 공부를 잘하니까 걱정이 없으시잖아요?

선생님 : 그래도 부모 심정은 안 그래. 우리 애가 평소에는 잘하는데 시험 때만 되면 제 실력 발휘를 잘 못해. 그리고 요즘 입시 제도도 너무 많이 바뀌어서 갈피를 잡을 수 없잖아? 나도 한때 고3 담임을 해서 입시지도에는 큰 문제가 없을 것이라고 생각했는데. 자네 생각은 어떤가? 우리 애가 가고자 하는 ○○대학 ○○학과와 관련된 정보를 들은 건 없는가?

제　자 : 글쎄요. 저야 잘 모르지요.

선생님 : 그래도 자네는 그쪽 일도 해 본 적 있지 않나? 하기야 일 년만 지나도 세상이 바뀌어 버리니, 알 수가 없긴 하지만. 그래서 나도 이것저것 알아보았는데, 수능 성적은 그런대로 괜찮은 것 같은데, 그것도 또 영역별로 적용하는 점수가 다르니 도무지 알 길이 없고. 우리 애는 수학을 잘하는데, ……

(이하 생략)

이 대화에서 제자는 특정한 용건이 있어 선생님을 찾아갔는데, 선생님의 대화는 자신의 자녀 문제에만 집중이 되어 있다. 순서 교대는 형식적일 뿐 모든 대화를 선생님이 주도해 가는 셈이다. 제자로서는 자신의 화제를 꺼내기가 쉽지 않으며, 제자와 선생님과의 관계 때문에 화제를 바꾸거나 대화의 중단을 선언하기도 쉽지 않다. 우리는 간혹 부모나 선생님 등 사회적 역할 관계에서 주어진 그 사람의 지위 때문에 들어주기를 강요당할 때가 있다. 이러한 대화는 일방적인 이어가기가 되어 결국 대화의 걸림돌로 작용한다. 이렇듯 순서 교대를 지키지 않고 대화를 독점하면서 지나치게 많은 말을 하는 사람은 그 대가로 자신의 신뢰를 잃게 된다는 것을 잊어서는 안 된다.

대화가 일정한 방향으로 이어질 수 있도록 말을 이어가는 것이 '이어가기'의 핵심 사항이다. 그런데 이러한 이어가기에 **이질적인 요소**가 개입된다면 대화는 중단될 위험을 맞이한다. 우리는 간혹 잠꼬대하는 사람에게 재미로 대꾸를 해 주어 볼 때가 있다. 흥미롭게도 잠꼬대하는 사람에게 대꾸를 해주면 얼마 동안 그 대화가 현실에서 진행되는 경향이 있다.

대화 14

병 장 : (잠꼬대) 여, 김 일병! 군화 좀 닦아 놔.
일 병 : 군화가 더러워졌습니까?
병 장 : 그래, 내일 외출 나가는데.
일 병 : 누가 면회 옵니까?
병 장 : 여자친구가 오기로 했어.
일 병 : <u>넌 좋겠다.</u>

병 장 : (잠에서 깨어 벌떡 일어나며) 뭐라구, 이게 어디다 반말이야?

이 대화는 군대 내무반에서 벌어진 두 사람의 대화이다. 병장은 지금 취침 중에 있으며, 일병은 불침번 근무를 서고 있다. 병장의 잠꼬대에 일병이 장난삼아 대꾸를 해주자, 병장은 꿈속에서 경험하고 있는 자신의 일을 계속 말하게 된다. 그런데 갑자기 일병이 반말로 '넌 좋겠다'고 말하자, 반말에 충격을 받은 병장이 잠에서 벌떡 깨어나게 된 것이다. 군대에서 일병이 병장에게 건네는 반말은 자던 잠도 깰 만큼 대화의 이질적인 요소가 되는 것이다.

이와는 반대로 현실생활에서 대화의 주제가 이어지지 않고 엉뚱하게 흘러갈 때, 우리는 '잠꼬대하고 있네'라고 말한다. 이때 잠꼬대란 현실과 단절된 다른 세계에서 하는 말이란 뜻으로 대화의 이어가기를 제대로 하지 않고 일탈하고 있음을 꼬집는 말이다. 대화상에서 대화 참여자들이 협력하여 대화를 이어가기 위해서는 주제에서 일탈하지 않기, 공통의 관심사 찾기, 서로 존중하기 등이 함께 고려되어야 한다.

4
입장 바꾸기

역할과 입장 바꾸기

대화의 기법에서 아주 중요한 한 가지는 효과적인 의사소통을 위해서는 대화 상대자의 역할을 충분히 고려해야 한다는 점이다. 상대의 심리를 이해하는 것과 상대가 무엇을 할 수 있는가의 역할을 고려하는 문제는 조금 차이가 있다. 왜냐하면 상대의 심리를 이해하는 것은 화자가 표현을 효과적으로 하기 위해서 필요한 것이지만, 역할을 이해하는 것은 표면상의 대화 이전에 두 사람의 관계를 전제로 한 것이기 때문이다.

역할(role)은 각각의 상황에 적합하다고 느낄 수 있는 행위의 양식을 말한다. 즉, 그것은 어떠한 위치에 있는 사람들에게 기대되는 행위인 것이다. 역할은 직업이나 나이, 성별에 따라 다양하게 부여되며, 인간관계에서 이러한 역할이 제대로 수행되지 않고 있다고 느껴질 때 갈등이 생겨나게 되는 것이다. 대화에서 우선 이러한 역할 고려의 문제는 상대방의 입장을 이해함으로써 갈등을 줄일 수 있는 첫걸음이 된다. 그러므로 어느 누구처럼 '입장 바꿔 생각해 봐'라고 소리만 지를 것이 아니고 때론 도저히 바꿀 수 없는 역할이라는 문제도 고려되어야 하는 것이다. 상대방의 역할을 이해한다는 것은 화자가 기대하고 있는 역할을 청자가 수행해 줌으로써, 청자의 자기중심적 생각을 교정해 줄 수 있는 장치가 된다. 특히 우리는 자신에 대해서는 관대하면서도 타인에 대해서는 가혹한 판단을 내리는 경우가 많다.

부부 사이에서 남편은 아내에게 사랑스러운 아내로서, 좋은 친구로서, 때론 푸근한 어머니로서의 역할을 동시에 수행해 줄 것을 기대하며, 아내는 남편에게 자기만을 사랑해 주는 다정한 연인으로, 든든한 친구로서, 항상 기댈 수 있는 아버지 같은 보호자로서 존재해 주길 기대한다. 이와 같이 과도한 역할을 부여하거나 부여받는 것을 우리는 역할 과중이라고 한다. 사람들은 늘 자신은 과도한 역할을 부여받고 있는데, 상대방은 그것조차 이해해 주지 못한다고 생각한다. 그렇기 때문에 대화 참여자 사이의 역할 갈등이 생겨나는 것이다. 이러한 예는 부부, 부모와 자식, 친구 등 대부분의 인간관계에서 빈번히 나타난다.

대화 15

팜 : 저는 남편을 위해 온갖 일을 마다하지 않는데 그 사람은 저를 무시해요. 그가 관심을 갖고 있는 건 오로지 자기 일뿐이라구요.

처크 : 하지만 제가 일을 한 덕분에 우리가 그런 근사한 집에서 살고 휴가 때 여행도 떠나고 그럴 수 있는 것 아닙니까? 그녀는 행복하게 생각해야 한다구요.

팜　: 우리가 서로 사랑하지 않는다면 근사한 집이나 휴가 여행이 무슨 소용이 있겠어요? 나는 당신으로부터 그 이상의 것을 원하고 있어요.

처크 : 당신이 나보다 몇 배나 더 베풀고 있다는 소리로 들리는군.

팜　: 사실이에요. 난 당신을 위해서 많은 일을 하고 있어요. 빨래를 하고 식사를 준비하고 집안 청소를 하고, 온갖 일을 도맡아 해요. 그런데 당신은 오직 한 가지, 직장에 나가는 일뿐이죠. 물론 그 일로 돈이 생기는 건 사실이지만 돈을 벌어다 준다는 이유로 당신은 나머지 일은 나 몰라라 하잖아요.

— 존 그레이(1993), 『화성에서 온 남자, 금성에서 온 여자』에서

이 대화에서 남편은 성공한 의사이다. 그는 돈을 많이 벌었으며 그것으로 아내를 행복하게 해 줄 수 있다고 믿었다. 이에 비해 아내는 자신이 오히려 남편을 위해 훨씬 많이 베풀고 있다고 생각한다. 서로의 입장을 이해하기보다는 자신의 입장에서 상대방이 더 많은 역할을 수행해 주기를 기대하는 것이다. 서로가 이러한 생각으로 머리가 꽉 찬 상황에서 나누는 대화는 갈등만 증폭시킬 뿐이다.

상대방과의 관계에서 역할 고려와 함께 이루어져야 할 것이 하나 있는데 그것은 **입장 바꾸기**이다. 입장 바꾸기는 상대방의 역할을 이해하고 내가 그 자리에 서 보는 일이다. 대화는 나 혼자 하는 것이 아니고 남과 함께 하는 것임을, 내가 남에게 이해받고 싶은 것처럼 남도 나에게서 이해받고 싶어 한다는 것을 우리는 명심하여야 한다.

대화가 어려운 상황이거나 혹은 자기 마음을 더 온전하게 전하고

싶을 때 편지를 써 보는 것도 효과적인 상대방 이해의 전략이다. 편지를 쓸 때에는 상대방에 대하여 생각해 볼 수 있는 시간적 여유가 생기기 때문이다. 그러나 주의할 점은 말은 사라져 버리지만 글은 남는다는 것이다. 그러므로 글로 남길 때는 더욱더 주의를 기울여야 한다.

예문 1

사랑하는 존

내 마음을 당신과 나누고 싶어 이 편지를 씁니다. 당신이 어떻게 해야 하는지를 말하려고 하는 것은 아닙니다. 다만 당신이 내 기분을 이해해 주었으면 하는 것뿐이에요. 당신이 그렇게 많은 시간을 일에 매달려 있다는 것이 나는 화가 나요. 집에 돌아올 때의 당신에게는 나를 위한 것이 아무것도 남아 있지 않아요. 나는 당신과 좀더 많은 시간을 함께 있고 싶어요. 당신이 나보다 상담 의뢰인들에게 더 신경을 쓰는 것 같아 속상할 때가 많아요. 당신의 지친 모습은 나를 슬프게 합니다. 당신이 그리워요. 당신이 혹 나와 함께 시간을 보내기를 원치 않는 것은 아닌지. 내가 당신의 인생에 또 하나의 짐을 지게 하는 것은 아닌지 은근히 걱정이 됩니다. 내 이야기가 당신에게 쓸데없는 투정처럼 들릴까 봐 마음이 쓰이는군요. 이 편지가 당신에게 괴로움을 주지 않기를 바랍니다. 당신이 최선을 다하고 있다는 것을 난 알아요, 늘 감사하는 마음이에요.

당신을 사랑하는 바니가

— 존 그레이(1993), 위의 책에서

대화 속에서 상대방의 입장을 충분히 이해하고 입장 바꾸기를 한다는 것이 말처럼 쉬운 일은 아니고 참으로 어려운 일 중의 하나이다. 처음에는 이해를 하고 시작하였다가도 대화가 진행되면서 오히려 감정이 격해지고, 그에 따라 상대방을 이해하고자 했던 마음이 순간적으로 사라지는 경우도 많이 있다. 그것은 역시 대화가 가지고 있는 유동성과 복합성에서 비롯되는 것이다. 즉, 내가 아무리 상대방의 입장에서 이해해 보려고 하여도, 상대방이 협력을 하지 않는다면 나 역시 자기 방어의 기제로 돌아가 내 입장을 변호하기가 쉬운 것이다. 이렇듯 대화는 효과적인 타협의 수단이기도 하지만, 반대로 갈등을 증폭시키는 요인이 되기도 하는 것이다. 하지만, 대화에서 갈등이 증폭되면 될수록 입장 바꾸기라는 전략은 인간관계에서 대화가 어떻게 유용하게 작용하는가에 대한 가장 확실한 해답이 될 것이다.

숨은 의도와 그림자

대화에서 화자의 심리와 청자의 심리를 알아내고 이해하는 것은 성공적인 대화의 지름길이 된다. 왜냐하면 우리의 언어생활 가운데 이루어지는 발화에는 화자의 의도가 그대로 직접적으로 반영되지 않은 경우가 많기 때문이다.

우리는 앞에서 간접 대화에 대하여 논의한 바가 있다. 대화 참여자의 숨은 의도는 화자가 직접 화행의 방법을 사용하지 않고, 간접 화행의 방법을 사용할 때 더 많이 내포된다. 그러므로 우리가 흔히 대하는 간접 화행에서 우리는 대화 참여자의 숨어 있는 의도를 찾아내야 한다. 즉, 간접 화행이 담고 있는 본래의 뜻이 쉽게 파악될 수 있는 것도 있지만, 어떤 경우는 심각하게 생각하지 않으면 파악될 수 없는 경우도 있다.

대화 16

가 : 이것 누구 거지?
나 : 그것 내 거야.

간단한 대화지만 '나'의 대답은 화자의 숨은 의도에 따라 정반대의 답변이 될 수 있다. 즉, '(네 것이 아니고 내 것이니까) 그것을 네가 사용하면 안 돼'의 의미일 수도 있고 '(남의 것이 아니고 내 것이니까, 그리고 내가 허용할 테니까) 네 맘대로 사용해도 돼'의 의미일 수도 있다.

이처럼 표현된 말과 화자의 속뜻 사이에는 상당한 거리가 존재한다. 매력적인 남자에게 무관심한 척 얘기하는 여성, 자신이 소망하는 바를 은근히 돌려서 말하는 학생, 상품 판매에는 관심이 없는 양 다른 이야기만을 늘어놓다가 어느 순간에 상품을 팔고자 시도하는 판매사원 등 대화 참여자들이 이처럼 숨은 의도를 가지고 얘기하는 경우가 많다. 그렇기 때문에 대화할 때 상대방의 숨은 의도를 파악해 내려는 노력은 효과적인 의사소통을 위한 전략이 되는 것이다. 맥케이, 데이비스와 패닝(M. Mckay, M. Davis & P. Fanning, 1999)에서는 숨은 의도를 파악하는 것은 남의 말을 들을 때뿐만 아니라 자신의 말에서도 이루어져야 함을 강조한 바 있다. 이를 위해서 자신이 하루에 얼마나 숨은 의도를 갖고 말을 하는지 계산을 해

보라고 충고하기도 한다.

숨은 의도와 같은 대화 참여자의 의식적인 작용과 함께 우리는 대화 상황에 무의식적으로 작용하는 요소들에 대해서도 알아볼 필요가 있다. 심리학자들이 흔히 **그림자**(shadow)로 표현하고 있듯이 우리들의 내면에는 무의식적으로 존재하는 그림자가 있다. 심리학자 프로이드(S. Freud)는 마음속에서 일어나는 현상 중 아주 많은 부분이 **무의식**에 속하기 때문에 정신생활이 비연속적인 것으로 지각되지만 무의식적 원인들이 발견되면 인과적 연속성이 회복된다고 말한 바 있다. 그가 관심을 가진 문제는 환자들을 대상으로 한 정신 분석이었지만, 일반인들이 갖고 있는 충동적인 요소들도 인간의 무의식을 반영하고 있다고 볼 수 있는 것이다. 대화 역시 이러한 충동과도 밀접한 관련을 맺고 있다.

대화 17

아 내 : 당신은 왜 늘 이런 식으로 나를 대하죠? 나를 너무 외롭게 만드는군요.

남 편 : 문제는 당신에게 있소.

아 내 : 나에게 문제가 있다니 도대체 그게 무슨 뜻이죠? 오늘밤 나는 행복해지고 싶을 뿐이에요. 크리스마스이브인데, 왜 당신은 나를 괴롭게 만들죠? 내가 무슨 잘못이라도 했나요? (잠시 침묵이 흐른다.)

아 내 : 내가 무슨 잘못을 했냐구요?
(남편은 그것도 모르느냐는 시선으로 부인을 쳐다본다.)

남 편 : 이봐요, 이제 그만하고 잠이나 잡시다. 그만 잊어버려요.
(남편은 아무 말도 않는다.)

아 내 : 당신이 나를 괴롭혔다는 사실을 잊으란 말인가요? 아

니면 아무것도 아닌 일을 가지고 당신이 나를 힘들게 했다는 것을 잊으란 말인가요? 내가 외롭고 쓸쓸하다는 사실을? 또 오늘밤이 크리스마스이브라는 것을? 당신이 잊으라는 것은 도대체 뭐죠?

남 편 : 더 이상 당신과 언쟁을 벌이고 싶지 않소.

아 내 : 무슨 언쟁? 도대체 무엇을 이야기하고 싶지 않다는 것인가요?

남 편 : 입 닥쳐요. 당신이 호텔에서 고함지르는 꼴을 도저히 못 보겠어.

— 데보라 태넌(2001), 『남자를 토라지게 하는 말, 여자를 화나게 하는 말』에서

대화가 진행되는 동안 자신도 모르게 언성이 높아지는 때가 있다. 언쟁에서 언성이 높아지는 것은 감정이 격해지기 때문이다. 더욱이 목소리가 높아질 만한 상황이 아닌 데도 높아지거나, 갑작스럽게 흥분하는 말하기가 이어지는 경우는 대체로 무의식적 충동이 작용하는 경우가 많다. '아내'가 '남편'에게 억압당하고 있다는 심리적 기제는 힘이 약한 여성이 강한 남성으로부터 받는 피해 의식 내지는 상처가 그림자로 존재하기 때문이다. 이렇듯 대화 참여자가 상처를 간직하고 있다면 조금만 건드려도 격한 감정을 불러일으킬 수 있는 것이다. 그것은 자기 내부의 그림자에서 발생한 자기 콤플렉스에서 비롯되는 것이기 때문이다.

5 유머와 유행어

즐거운 대화

대화의 본질을 이해하는 것은 좋은 대화를 하기 위한 전제 조건이다. 우리는 지금까지 이러한 대화의 본질을 이해하기 위하여, 대화의 원리와 구조 그리고 대화의 요건으로서 대화의 격률 등에 관하여 공부하였다. 우리는 왜 이런 이론들을 공부하는가? 그것은 '너'와 '내'가 만나 얘기를 나눔으로써 우리의 삶이 보다 즐겁고 행복해지기 위해서이다. 대화를 해서 즐겁고 행복해지기만 한다면 누가 대화를 거부하겠는가? 내가 들려 준 얘기가 상대방을 기쁘게 한다면 내가 왜 마다 하겠는가? 여기서는 즐거운 대화에 관하여 눈을 돌려 보자. 어떻게 하면 즐거운 대화를 할 수 있을까? 이러한 관점에서 많은 대화 연구가들은 유머에 대하여 관심을 갖는다.

대화 18

일본의 어느 외상은 한쪽 눈을 실명한 사람이었다. 어느 날 그가 국제 정세를 설명하는데, 한 야당 의원이 시비를 건다.

야당 의원 : 외상, 당신은 틀렸소. 한 눈으로 본 거 아니요?

외　　상 : 예?

야당 의원 : 한쪽 눈으로만 국제 정세를 보니 편견이 생기는 거지요.

외　　상 : 그렇습니다. 하지만 '일목요연(一目瞭然)'이란 말이 있지요? 제 설명이 일목요연하지 않나요?

야당 의원 : …….

이 대화에서 야당 의원이 처음 사용한 '한 눈'은 '편견'을 비유적으로 말한 것이라고 할 수 있다. 그러나 두 번째 질문은 거의 인신공격에 가깝다. 하지만 외상은 인신공격을 '일목요연'이라는 한자성어를 사용하여 반격함으로써 야당 의원의 공격을 봉쇄해 버린 셈이다. 유머는 사생결단을 내고자 덤벼드는 상대방을 설득하는 데 좋은 무기이며, 또 청자로 하여금 마음을 열게 하는 데도 좋은 도구가 된다. 이처럼 유머를 사용하기 위해서는 마음의 여유를 가져야 한다. 낙천적이고 긍정적인 생활태도에서 나오는 유머가 대화의 문을 여는 셈이다.

웃음의 전략

우리는 대화를 나누면서 함께 웃을 경우, 친밀한 인간관계를 형성할 수가 있고, 긴장감을 줄일 수 있다. 대화에서 유머의 기제를 사용하는 것도 바로 이 웃음의 전략을 구사하려는 의도로 볼 수 있다. 유머는 고정 관념을 탈피하여 세상을 새롭게 볼 수 있도록 만들어 줄 수 있기 때문에 대화 참여자의 갈등 해소에도 도움을 줄 수 있을 것이다.

우리는 일상의 대화에서 유머를 어떻게 적절하게 사용할 수 있을까? 즉, 어떻게 유머 감각을 익히고 이를 자연스럽게 생산해 낼 수 있을까? **유머 전략**은 유머의 생산과 소통 방법을 의미한다. 많은 유머 연구가들이 유머의 기제로써 다른 사람들이 흔히 상식적으로 예측할 수 있는 것을 뒤집는 것 즉, 발상의 전환으로 설명한다. 발상의 전환이란 고정 관념과 상식을 깨뜨리는 사고를 말하는 것으로, 가벼운 언어유희를 비롯하여 사물에 대한 색다른 이해, 엉뚱한 상황이나 과장된 몸짓 유발 등을 통하여 이루어질 수 있다.

대화 19

한 출판사 사장이 작가와 술을 마시고 있다.

사 장 : 저는 집에 들어가서 마누라가 5분 이내에 밥을 안 내오면 그날은 큰일 나는 날입니다.

작 가 : 왜요? 무슨 특별한 이유라도 있나요?

사 장 : 그야 당연하죠. 왜냐하면 배가 고프니까요.

작 가 : ……!

이 대화에서 작가는 사장이 특별한 이유를 갖고 있다고 기대하고 있다. 그러나 사장의 말은 누구나 생각할 수 있는 '배가 고프다'라는 것이다. 이처럼 청자의 예측을 빗나가게 만드는 요소로부터 웃음이 유발된다. 발상의 전환은 다른 말로 바꾸면 **낯설게 하기**이다. 낯설게 한다는 것은 일상적인 것을 비일상적인 것으로 바꾸어 놓는 것을 말한다.

대화 20

한 남편이 아내에게 팬티 세트를 사 주기로 마음먹고 백화점에 들어갔다.

남 편 : 아가씨, 부인용 팬티 한 세트 주세요.

점 원 : 사이즈가 어떻게 되죠?

남 편 : 사이즈라……. 그런 건 잘 모르겠고. 하여튼 <u>24인치 텔레비전 앞을 지나갈 때면 화면이 안 보여요.</u>

비예측성과 낯설게 하기는 우리의 언어 사용에서 수없이 발견된다. 동음이의어를 활용한 언어유희, 끝말잇기, 상황을 뒤집어 궤변을 늘어놓기 등은 전형적인 유머 전략들이다. 이러한 유머는 모두 고정 관념에서 벗어나 자신의 현 상황을 어느 정도 거리를 두고 객관화할 때 얻을 수 있는 것이라고 말할 수 있다.

그러나 실제로 이러한 유머 감각을 익히고 유머를 생산해 내는 일은 쉬운 일이 아니다. 그 시대마다 유행하는 유머가 다르며, 사회마다 웃음의 양식이 다르다. 예를 들어 남북 교류가 활성화되고, 금강산 관광이 활발하게 진행될 때, 남측의 어떤 인사가 금강산에 새겨진 '천출명장(天出名將) 김정일 지도자'라는 구절에 안내원에게 농담을 건넸다. '천출명장이라니, 천민 출신 명장입니까?' 웃음의 문화를 이해하지 못한 상태에서 던진 이 말 한마디는 남북 이산가족 상봉의 전면 중단이라는 엄청난 결과로 돌아왔다.

여기에서 우리는 '유머는 유머일 뿐'이라는 고정관념을 갖기 쉽다. 적어도 유머를 자연스럽게 받아들일 수 있는 문화에서 이 명제는 참이다. 그러나 때로는 유머를 사용해서는 안 될 상황도 있으며, 때로는 유머를 잘못 사용하여 대화를 단절시키는 경우도 있다.

대화 21

어떤 술자리에서 한 친구가 재미있는 이야기를 하겠다고 너스레를 떤다.

가 : 요즘 재미있는 이야기가 있어. '소와 대통령'에 관한 건데 들어 본 적 있어?

나 : 뭔데?

가 : 응. 어떤 농부가 역대 대통령에게 소 한 마리씩을 선물했다는군.

나 : 그래서?

가 : 이승만 대통령은 뭐랬는 줄 알아?

나 : 뭐랬는데?

가 : 이 소는 미제군.

나 : 그리고?

가 : 박정희 대통령은 '이 소로 농사를 지어 국민들을 먹여 살려야겠군' 했다지. 또 전두환 대통령은 '잡아먹어야지'라고 했고, 노태우 대통령은 '뒷방에 숨겨 놔야지'라고 말했지.

나 : 세 사람이 남았네.

가 : 김영삼 대통령은 '어디에 써야 할지 모르겠군'이라고 했는데, 김대중 대통령은 '북한에 줘야겠군'이라고 했대. 노무현 대통령은 뭐라 했는지 알아?

나 : 뭐랬는데?

가 : '니 쌍꺼풀 수술 어데서 했노?'라고 물었다는군.

나 : (흥분하며) 아니 어떤 썩을 놈들이 그따위 말장난을 해? 대통령이 뭐 저희들 친구야?

가 : 자네 왜 화를 내나? 유머는 유머일 뿐인데.

나 : 흥분 안하게 생겼어? 대통령이 뭐 저희들 친구냐고?

위의 대화에서 본다면 '나'는 노무현 대통령의 지지자일 수도 있다. '쌍꺼풀'이라는 말에 와서 화를 버럭 냈기 때문이다. 흔히 정치나 종교를 소재로 한 유머나 지역감정을 포함한 유머들은 이러한 돌발 사태를 가져오기 쉽다. 그러므로 유머에도 금기사항이 있음을 알아야 한다. 웃음을 공유할 수 있는 사이가 아니라면 비록 이해관계가 없는 유머일지라도 이러한 사태에 직면할 수 있을 만큼 금기적 대화는 우리가 조심해야 하는 것이다.

또한 유머를 사용하여 서로의 공감을 높이거나 대화 분위기를 조성할 수도 있겠지만, 유머로만 대화가 끝난다면 알맹이 없는 대화가 될 수도 있으며, 때로는 돌발 사태를 유발할 가능성도 있다. 따라서 우리는 유머를 사용할 때에도 적절한 기술이 필요함을 강조하지 않을 수 없다.

즉, 대화 속에서 유머를 사용할 때에도 우리는 대화의 요건에 해당하는 대화의 격률과 깊은 관련을 가지고 사용되어야 할 것이다. 예를 들어 양의 격률을 어기고 너무 많은 양의 유머를 사용하면 그 자체로도 지루함을 줄 뿐 아니라 청자로 하여금 신뢰감이 없는 사람이라는 인상을 불러일으킬 우려가 높다. 그밖에 대화의 상대나 상황에 따라 대화의 다른 격률들, 질의 격률이나 적절성의 격률, 또는 공손성의 원리 등이 유머의 사용에도 적용되어야 할 것이다.

유행어의 효과

대화 전략으로서 적절한 유머를 사용하는 것은 좋은 대화를 나누기 위한 기술을 익히는 것이라고 볼 수 있다. 우리는 유머 외에 간혹 **유행어**를 사용하여 대화를 효율적으로 이끌어 갈 수도 있다. 유행어는 당시에 유행하는 말로, 전파력이 강해 특정 시대에 한때 널리 쓰였다가 언젠가는 사라지는 특징이 있다. 적절한 유행어의 사용은 경우에 따라서 대화 중에 청자의 흥미를 끌 수가 있고 대화를 즐겁게 할 수 있는 양념 같은 요소가 될 수 있다. 특히 유행어를 사용하지 않을 것 같은 사람이 유행어를 사용하게 되면, 청자는 예측하지 못한 상황에서 웃음을 터뜨리게 된다. 이는 청자의 기대와 이를 어기는 화자의 기술이 결합하여 만들어낸 상황으로 볼 수 있다. 그러나 유행어는 유머와는 달리 사용하는 사람의 품위를 떨어뜨릴 우려가 있으므로 이의 사용에 있어서 세심한 전략이 요구된다고 할 수 있을 것이다.

유행어는 대부분 텔레비전이나 광고 문구와 관련되어 생산된다. 전파되는 속도가 빨라 순간 널리 퍼질 수도 있고, 반면 금방 사라질 수도 있다. 이러한 유행어의 속성은 그것이 아직 유통되고 있어 상황에 맞을 경우 흥미를 유발할 수도 있으나, 시간이 경과하여 그 유행어가 상황에 맞지 않을 경우 오히려 대화의 걸림돌로 작용할 수가 있다. 또한 유머 감각이 공적 대화에서도 적절히 요구될 수 있는 것임에 비하여 유행어는 공적 대화 상황에서는 사용하는 것을 자제해야 한다.

6
행복한 대화

우리는 대화를 통하여 행복해질 수 있는 방법에 대하여 연구할 필요가 있다. '왜 사냐고 물으면 웃지요'라고 한 어느 시인처럼, 대화를 통해 우리가 행복해질 수 있는 길은 상대방에게 웃음을 선사하는 것이다. 모두가 행복해질 수 있는 대화를 하기 위해서 대화에는 어떤 전략이 있을 수 있을까? 사랑에 '사랑의 기술'이 필요하듯이, 대화에도 '대화의 기술'이 필요하다. 대화에는 순서가 있고, 구성 과정이 있다. 말 거는 기술이 있고 들어 주는 기술도 있다. 주고받는 기술이 있고 이어가는 기술도 필요하다. 그러나 이러한 기술은 모두 공정하게 이루어지는 데에 그 의의가 있으며 누군가가 불행해지는 불공정 싸움이 되어서는 안 된다. 또한 이 모든 기술에 바탕이 되는 것은 무엇보다도 입장 바꾸기 기술이다. 상대방의 역할을 이해하고 그의 숨은 의도와 무의식적으로 존재하는 그림자를 읽을 줄 알아야 한다. 우리가 잠시도 잊어서는 안 되는 명제 — 대화의 기술은 상대방과 더불어 행복해지는 기술이라는 점이다. 나는 '너'에게, 너는 '나'에게 무슨 역할을 바라는가? 우리들의 관계 속에서 너는 나에게, 나는 너에게 어떤 역할을 할 수 있는가? '바라는 것'과 '할 수 있는 것' 사이에 격차는 얼마나 존재하는가? 모두가 대화의 기술에서 익혀야 할 사항들이다.

'…… 그리고 그 위에 마지막으로 유머를 알게 하소서.'

더 읽어보기

김진배(1994), 『성공하는 리더를 위한 유머 기법 7가지』, 뜨인돌.

박수자(1994), 『독해와 읽기지도』, 국학자료원.

이명수(1996), 『화술과 유머 센스』, 지성문화사.

이창덕 · 임칠성 · 심영택 · 원진숙(2000), 『삶과 화법』, 박이정.

존 그레이, 김경숙 옮김(1993), 『화성에서 온 남자, 금성에서 온 여자』, 친구미디어.

한국화술학회(1999), 『한바탕 웃고 나면 아이디어가 샘솟는다』, 보성출판사.

허재영(2001), 『국어과 교육의 탐색』, 박이정.

히가시야마 히로히사, 이규조 옮김(2000), 『듣기의 달인이 되는 법칙』, 모색.

George Bach & PeterWyden(1969), *The Intimate Enemy*.(이창덕 외 2000에서 다시 옮김)

Larry King, 강서일 옮김(2001), 『대화의 법칙』, 청년정신.

Matthew Mckay, Martha Davis & Patrick Fanning, 임철일 · 최정임 옮김(1999), 『효과적인 의사 소통의 기술』, 커뮤니케이션 북스.

Tannen. D., 정명진 옮김(2001), 『남자를 토라지게 하는 말, 여자를 화나게 하는 말』, 한언.

제6장

대화와 갈등구조

1. 관계와 갈등
2. 언어와 심리
3. 이성과 감정
4. 디딤돌의 주체
5. 가려지고 숨겨진 자아

1

관계와 갈등

인간관계와 갈등

우리는 상대방과 대화를 함으로써 의미를 전달하게 되는데, 이때 의미 내용과 함께 중요한 것이 상대방과의 **관계**이다. 그 의미를 어떻게 해석해야 하는가는 상대방과의 관계 층위에서 결정되는 것이라고 볼 수 있다. 그런데 모든 인간관계는 갈등을 필수적으로 수반한다. **갈등**이란 하나로 통합될 수 없는 욕망들이 동시에 서로 대립하고 있는 불안한 심리적 정서로 이해할 수 있다. 이러한 갈등 현상은 한 개인의 내면에서 일어날 수도 있고, 개인과 개인, 개인과 사회, 집단과 집단 사이에서도 일어날 수 있다.

인간관계에서 갈등이 생겨나는 근본적인 이유는 인간이 각각 독립된 개체로 살아가기 때문이다. 인간은 개별적인 존재로서 서로의 성격과 생각이 다르고 욕구가 다르며, 사물이나 세상에 대해 인식하는 방식이 다르다. 이러한 다른 개체가 서로 관계를 맺게 되는 대인 관계에서 갈등이 생겨나리라는 것은 불을 보듯이 훤한 이치이다. 갈등에는 도덕적 갈등과 비도덕적 갈등이 있다는 연구가 있다. **비도덕적 갈등**은 양측의 의견 차이를 비교할 수 있는 객관적이고 중립적인 잣대가 존재하는 경우를 말한다. 예를 들면 '두 사람 중 누가 키가 큰가?' 같은 문제이다. **도덕적 갈등**은 표면적 안건에 대한 의견 차이가 아니라 근본적인 도덕관의 차이로 인한 갈등을 말한다. 즉, 가치관의 차이, 정체성의 차이, 문화적 전통의 차이에서 오는 갈등을 말하는 것이다. 그런데 이러한 도덕적 갈등은 일시적이 아니고 지속적이기 때문에 인간관계에서 갈등은 끊임없이 계속되는 것이라고 볼 수 있다.

우리는 흔히 어떤 사람과 관계를 맺기 시작할 때는 크게 갈등을 느끼지 않다가도 그 관계가 발전되면서 어쩔 수 없는 갈등이 자리잡고 갈등 구조가 만들어져, 결국 그것을 해소해야만 하거나 그렇지 않으면 결렬되는 상황에까지 이를 수도 있다.

갈등이 존재하는데 이를 적절히 해결하지 못하면 심리적인 고통이 발생하여, 우리는 외부에 적절히 대응할 수 없게 되고 심지어는 좌절과 무기력증에 빠질 수 있다. 이러한 심리적 상태는 바람직하지 못한 것으로서 우리는 이러한 갈등을 어떠한 방법으로든지 해소하지 않으면 살아갈 수가 없을 것이다. 이럴 때 서로 마음을 터놓고 대화를 할 수 있다면 갈등을 해소하는 가장 좋은 수단이 될 것이다. 그러나 우리가 주의해야 할 점은 대화가 꼭 갈등을 해소해 주는 것은 아니고 오히려 증폭시킬 수도 있다는 것이다. 우리는 흔히 사소한 것으로 시작한 갈등이 대화를 하는 방식에 따라서 점점 커져 가는 것을 볼 수가 있다.

대화 1

남 편 : <u>오늘 아침에는 왜 주스를 갈아주지 않는 거지?</u>
아 내 : 아침에 나도 바빠요. 오늘 아침엔 냉동주스 그냥 마셔요.
아 내 : 날씨가 추워진 것 같죠?
남 편 : ……
아 내 : <u>또 시무룩해질 때가 됐군.</u> 당신은 그것밖에 할 줄 모르니까. 당신은 내 생각은 해주지도 않아. 나도 이제 당신 응석 받기가 신물이 나.
남 편 : 아니지, 당신이 내 생각을 해주지 않는 거지. 에잇, 지겨워.
(남편이 아침 식사를 포기하고 일어서 버린다)

— 레저러스(1997), 『감정과 이성』 대화 형식으로 구성한 것임.

위의 대화는 아침 식사 시간에 남편과 아내 사이에 벌어진 갈등구조 속의 대화이다. 남편은 아침마다 아내가 갈아주는 신선한 주스가 없음에 기분이 상했고, 이를 수습해 보려는 아내는 남편의 침묵에 다시 기분이 상했다. 그 뒤부터 아내는 '분노'라는 감정의 소용돌이 속에 휘말려 버렸고, 드디어 남편이 아침 식탁을 박차고 일어나는 바람에 이들의 대화는 결렬되어 버렸다. 위의 대화는 서로의 갈등을 해소하기보다는 오히려 증폭시켰다고 볼 수 있다. 이런 상황에서는 이성적이고 논리적인 대화가 어렵게 되고 결과적으로 서로 감정적인 대화를 하게 되기 때문이다.

그러나 우리는 여기서 이들의 심리적 기제를 좀더 깊이 들여다볼 필요가 있다. '왜 아내가 아침에 주스를 갈아주지 않았을까?'와

'왜 남편이 그토록 침울했을까?'이다. 이 두 요소는 바로 이들이 갈등을 일으키고 있는 직접적인 요소이다. 이는 다음 대화에서 설명이 된다.

대화 2

남 편 : (출근하려고 코트를 입으며, 아주 괴로운 목소리로)
나 말이야, 감봉을 당할 것 같아.

아 내 : ……

아 내 : 난 그것도 모르고. 당신이 어젯밤부터 시무룩하게 말도 하지 않고 그래서 무시당한 느낌이었거든. 여보, 미안해요.

남 편 : 아니야, 괜찮아. 나도 화내서 미안해.

— 위의 책에서, 대화 형식으로 구성한 것임.

위의 대화는 앞의 식탁에서 일어난 대화가 방으로 옮겨져 계속된 것인데 이 대화를 통하여 두 사람의 갈등은 해소된다. 이 대화를 통하여 우리는 아침에 왜 아내가 주스를 갈아주지 않았는지, 그리고 남편이 왜 그토록 말이 없이 침울했는지를 이해하게 된다. 이렇듯 우리는 마음속의 갈등을 결국 대화를 통하여 푸는 수밖에 없는 것이다.

입장의 차이

갈등이 발생하는 요인은 여러 가지가 있겠지만 가장 근본적인 경우는 입장의 차이에서 비롯된다. **입장**이란 자기 자신이 서 있는 위치나 역할, 또는 생각 등을 일컫는 말이다. 사람들은 입장이 같다면 행동 양식이 동일해질 가능성이 높고, 대인 관계에서 그만큼 문제가 발생할 소지가 적어진다. 그러나 입장이 다르다면 갈등이 발생할 가능성은 그만큼 높아지는 셈이다.

입장을 구성하는 요소는 아주 다양하기 때문에 입장의 차이도 다양하게 발생할 수 있다. 이해관계에서 오는 차이, 신분이나 지위에서 오는 차이, 역할이나 기대에서 오는 차이, 사상이나 가치관에서 오는 차이, 상황의 변화에서 오는 차이 등 다양하다. 보통 인간관계에서 입장의 차이는 관점의 차이를 낳고, 관점의 차이는 논리의 차이를 낳으며, 논리의 차이는 갈등을 유발하는 요인으로 작용한다고 볼 수 있다. 때로는 가족이나 사회와 같은 집단적인 요소가 개인의 입장을 결정하기도 한다.

대화 3

손님1 : 여보게 김씨, 고기 한 근만 잘라주게.
주인 : 알았습니다.
손님2 : 김 사장님, 고기 한 근 주세요.
주인 : 예, 알았습니다.
(고기를 받아들고 손님1이 항의한다.)
손님1 : 여보게 김 씨. 저 손님의 고기는 내 것보다 훨씬 더 많으니 그럴 수가 있는가?
주인 : 아 그거요? (손님1의 고기를 가리키며) 이건 김씨가 잘랐고, 저건 김 사장이 잘랐거든요.

대화에서 그 사람의 입장이나 처지는 호칭어나 지칭어를 통해 드러나기도 한다. 그렇기 때문에 때로는 호칭을 잘못하거나 적절하지 않은 지칭어를 쓸 경우 갈등이 유발되기도 한다. 이와 같이 입장의 차이에서 오는 갈등이 존재할 때 대화가 잘 이루어지지 않는 것은 당연한 일이다.

갈등이 존재할 때 개인이 대응하는 전략을 심리학에서는 두 가지로 설명하는데, 소극적인 방어기제와 적극적인 대응기제이다. **소극적 방어기제**에는 자신의 욕구를 스스로 억누르는 억압, 현실을 떠나 어렸을 때의 미숙한 행동으로 되돌아가는 퇴행, 자신에 대한 합리화, 자신의 입장에서 타인을 바라보고자 하는 투사, 엉뚱한 대상에 잘못의 책임을 돌리고자 하는 전치, 의식적으로 이상적인 사람을 따라 하려는 동일시 등이 있다. 반면 **적극적 대응기제**로는 자신의 열등감을 다른 것으로 대신 받으려는 보상, 시간적인 여유를 갖고 이를 분석하고자 하는 객관화, 혼란스런 감정을 억제하고 특정 문제에만 정신을 쏟으려는 집중 등이 있다. 이러한 여러 가지 대응 방법 중에서도 그것이 인간관계에서 오는 갈등이라면 가장 효율적인 극복 방안은 역시 대화가 될 것이다.

심리적 거리

갈등을 이해할 때 상관관계가 있는 것은 대상과의 심리적 거리이다. 즉, 심리적 거리가 가까울수록 갈등이 심하다는 것이다. 우리는 흔히 '사랑'과 대립되는 개념은 '미움'이 아니라 '무관심'이라는 말을 한다. 이는 사랑이나 미움은 상대방과의 심리적 거리가 가까울

때 생기는 감정이고, 무관심은 심리적 거리가 멀다는 것을 나타낸다. 그러므로 미움은 그 사이에 존재하는 심리적 갈등을 해소하고 나면 사랑으로 변화할 가능성이 높지만, 무관심은 애증의 감정과는 멀리 떨어져 있는 별개의 감정인 것이다.

이와 같은 심리적 거리감은 친구 사이에서도 마찬가지이다. 아주 오랫동안 만나지 못해서 관계를 맺지 못했던 친구와는 갈등이 존재하지 않는다. 그러나 관계를 깊게 맺고 심리적 거리가 가까운 친구와는 갈등도 크다. 그만큼 내 안에 그가 차지하는 비중이 크기 때문이다. 이렇듯 관계는 갈등을 키우기가 쉬운 것이다.

대화 참여자의 이러한 **심리적 거리**는 대화의 성격을 규정하는 동시에 **갈등의 크기**를 결정하는 요소가 되기도 한다. 우리는 심리적 거리가 멀수록 격식을 갖추고 정중 화법을 사용하고, 심리적 거리가 가까울수록 격식을 갖추지 않고 정중하지 않게 된다. 그러므로 가까운 관계에서 이루어지는 대화일수록 그만큼 갈등이 발생할 소지가 큰 것이다. 더욱이 심리적으로 가깝다고 생각하는데 대화가 잘 이루어지지 않을 경우 갈등은 더 커지고 관계가 악화될 가능성이 높은 것이다.

사람 사이에 존재하는 거리는 우리가 맺고 있는 **관계**마다 다르다고 할 수 있다. 우리는 서로 가깝게 닿고 싶은 욕망과 좀 떨어져 있고 싶은 욕망을 동시에 가지고 있다. 쇼펜하우어의 고슴도치 이야기는 우리가 관계를 맺는 사람 사이의 거리에 대하여 시사하는 바가 크다 할 것이다.

예문 1

> 고슴도치는 겨울나기를 할 때 서로의 체온으로 몸을 녹이려 가깝게 달겨든다. 그러다 뾰족한 바늘이 서로의 몸을 찌르면 뒤로 물러난다. 그러다 추워지면 다시 달겨들고, 찔리면 다시 물러나면서 찔리지 않고 체온을 나눌 수 있는 적정한 거리를 찾는다.

우리도 그렇다. 상대방에게 가깝게 다가섰다가, 상처를 받으면 좀 물러서기도 하면서 적정 거리를 유지하며 서로 관계를 맺고 살아가는 것이다. 그러므로 대화를 할 때에도 우리는 상대방과 갖는 유대감을 **최적의 거리**에서 유지하도록 조절하여야 할 필요성이 있는 것이다.

심리적 거리는 상대방과 갖는 신체적 거리에도 영향을 미친다. 우리는 심리적으로 가까운 사람과는 공간적 거리도 가깝게 유지하고, 심리적으로 먼 사람과는 공간적으로도 거리를 멀리 잡는다. 피즈(Pease, 1992)에서는 친밀한 거리(15~46cm), 개인적 거리(46cm~1.2m), 사회적 거리(1.2~3.6m), 공공적 거리(3.6m 이상)로 나누어 흔히 사람 사이에서 유지되는 거리를 제시하였다. 여기서 친밀한 거리는 아주 가까운 사이에서, 개인적 거리는 친구 사이에서, 사회적 거리는 낯선 사람과의 사이에서, 공공적 거리는 연사와 청중 사이에서 적당한 거리이다. 엄마가 아기에게 얘기할 때, 혹은 사람들이 애완동물한테 얘기할 때 입을 오므려 앞으로 쭉 내미는 행위는 그들에게 보다 가깝게 다가가려는 애정 표현으로 해석할 수 있겠다. 또한 요즘 공연장에서도 공연이 무대에서만 이루어지지 않고 관객석에 내려 와서까지 이루어지는 경우를 종종 볼 수 있다. 이 또한 공연에서 관객과의 거리를 좁히려는 연출 의도로 해석할 수 있을 것이다.

우리의 대화 연구는 앞으로 인간관계와 거기서 발생하는 갈등 구조가 대화와 어떠한 관련을 갖는가에 초점을 맞추어 진행될 것이다. 즉, 남성과 여성, 부모와 자녀, 친구 관계에서 오는 갈등 구조의 핵은 무엇이며, 그들의 대화 양태는 어떻게 나타나는가? 이와 같은 문제를 다루기 위한 전 단계로 우리는 지금 갈등 구조나 심리 문제, 이성과 감정 문제 등에 관심을 가지고 살펴보고자 하는 것이다.

2

언어와 심리

심리 언어학

인간의 심리적인 요소와 언어와의 관계를 체계적으로 연구하는 학문 분야가 **심리 언어학**(psycholinguistics)이다. 즉, 심리 언어학은 인간에게 일어나는 지각, 기억, 사고 행위, 감정과 같은 심리적 과정들의 총체를 언어와 연관시켜 연구하는 학문 분야이다. 따라서 넓은 의미의 심리 언어학은 언어와 사고, 언어와 지식, 언어와 기억, 언어와 감정 등을 연구한다.

일반적으로 심리 언어학의 과제로서 지식과 기억은 대화의 메시지를 산출하는 요소로 간주된다. 즉, **지식**은 대화를 이루어갈 수 있도록 배경 지식을 선택하여 하나의 대화 체계에 연계시킬 수 있도록 하며 적절한 대화를 이루도록 단어를 선택하는 데 기여한다. 이러한 지식은 대화가 이어지면서 전달되는 메시지의 다음 단계를 예측하도록 하는 기능도 맡고 있다. 이와 함께 **기억**은 메시지를 재생하거나 해석하는 데 필요한 심리 작용을 맡는다. 결과적으로 심리 언어학은 언어와 언어의 사용을 한 편으로 하고, 인간의 심리를 다른 한 편으로 하여 그 사이에 존재하는 복잡한 연관 관계를 연구하는 학문으로 이해할 수 있다.

우리는 대화상에서 일어나는 논쟁이나 공격적인 발화가 심리적 갈등 양상을 반영하는 것이라고 보는데, 이는 언어가 인간의 심리와 사고를 표현하는 수단이기 때문이다. 이러한 관점에서 대화를 연구하는 우리로서는 심리 언어학과 심리학에 관심을 갖게 되는 것이다. 심리학에서는 인간이 어떠한 환경 조건에 잘 대처하지 못한다고 느끼거나 신체적이든 심리적이든 자신에게 위해가 올 것으로 우려되는 상황에 부딪히게 되면 긴장감과 불편함을 느끼게 되는데, 이를 곤경이나 긴장감을 뜻하는 **스트레스**라고 부른다. 스트레스는 신체적인 자극에 의해 발생하는 경우도 있지만, 대부분은 무의식적인 심리적 압박감이나 불안, 좌절, 그리고 욕구 충돌 상태인 갈등에서 비롯된다고 볼 수 있다.

이렇듯 스트레스는 인간의 심리적 갈등으로 이해될 수 있으며, 인간의 심리 상태가 드러나는 언어 사용, 즉 대화에 그대로 반영된다고 볼 수 있고, 인간관계에서 비롯되는 스트레스나 심리적 갈등도 자연스럽게 대화를 통하여 외부로 표현되므로, 우리는 이 과정에서 갈등 조절 장치로서 대화의 가치를 인정하게 되는 것이다.

대화 참여자의 심리

대화와 갈등 구조를 연구하는 이들은 이상적 대화가 사회적 갈등과 대립을 합리적으로 해소하고 조정할 수 있다는 데에 동의한다.

예를 들어 철학자 하버마스(Habermas)는 '이상적 담화 상황 속에서 수행되는 합리적인 담론을 통하여 얻어지는 진정한 합의는 진리와 자유와 정의가 실현되는 삶의 형태를 예견할 수 있다'고 주장한다. 이들은 이와 같은 고귀한 가치를 실현하기 위해 사회적인 의사소통이 실천적으로 이루어져야 한다고 생각한다.

이와 같은 논의는 논리적인 타당성을 충분히 갖추고 있다. 그렇지만 '얘기'를 다루고 있는 입장에서 우리는 여기서 '사회적', '실천적'이라는 철학적 과제를 다루고자 하지는 않는다. 우리의 관심사는 좀더 일상적이고 개인적인 데 있기 때문이다. 따라서 '일상의 언어 표현에서 자기중심적인 사고가 어떻게 나타나고 있는가' 하는 것 등에 관심이 있다. 즉, 인간이 언어 표현을 할 때 얼마나 자기를 중심으로 한 이기적 심리 구조를 가지고 있는가, 그리고 이러한 심리적 구조를 이해하면서 우리는 어떻게 상대방과의 대화에 접근할 것인가 등이다.

다음 팻말의 표현을 보자.

예문 2

가 : 표 파는 곳
나 : 표 사는 곳

위의 언어 표현에서 '가'는 표를 파는 사람의 입장에서 표현한 것이며, '나'는 사는 사람의 입장에서 표현한 것이다. 이렇듯 어느 쪽의 입장에서 표현하느냐는 정반대의 동사를 사용하게 하는 것이다. 우리가 일상의 언어 표현에서 이와 같이 누구를 주체로 하여 표현할 것인가는 자주 고민해 보아야 할 사항이다. 우리는 종종 초보 운전자들이 차를 몰고 나올 때 뒷 유리에 붙이고 나오는 재미있는 문구들을 읽게 된다.

예문 3

가 : 저는 병아리예요 삐약삐약
나 : 당신도 한때는 초보였다
다 : 답답하시쥬? 지는 더 환장해유

위의 문구들은 다 '운전의 미숙함을 양해해 달라'는 의미를 전달하기 위한 것이다. 그러나 위의 세 표현은 상당한 차이를 보이고 있다. '가'는 운전 미숙의 주체를 자기에게 돌리는 표현이고, '나'는 그 주체를 상대에게 돌림으로써 '당신도 과거에는 운전이 미숙해서 양해를 받았으니 당연히 내 운전 미숙을 양해할 의무가 있다'라는 당당함을 내포하고 있다. 이는 우리가 앞에서 살펴본 '공손성의 원리'를 위배하고 있으며, 자기중심적이고 이기적인 심리 구조를 바탕으로 하고 있다고 볼 수 있다. '다'는 두 가지가 모두 들어 있는 셈이다. 이처럼 대화 상황에서도 대화 참여자들이 어느 쪽 입장에서 대화를 진행할 것인가는 중요한 문제라 할 것이다.

좋은 대화는 화자와 청자의 입장을 모두 고려한 것이어야 하며, 전달되는 메시지뿐만 아니라 대화 참여자들의 심리까지도 고려된 것이어야 한다. 좋은 대화는 이렇듯 상대의 심리를 파악하고 서로를 이해하는 입장에서 이루어지는 대화를 말한다. 미국의 록펠러는 '누군가 자기 의견에 반대했을 때에는 우선 감정적인 반대인지,

이성적 반대인지를 간파하는 것이 중요하다'고 말한 바 있다. 우리가 어떤 사람에게 보내는 대화상의 반응에는 이성적 요소 외에 감정적 요소가 들어 있기 마련인데, 특히 감정을 형성한 요인에는 평소의 인간관계나 호감의 정도 등이 중요하다. 그러므로 상대방과 주고받는 대화 속에는 항상 관계에서 오는 심리적 요인이 중요함을 우리는 깊이 이해해야 한다.

3
이성과 감정

언어와 이성

이성은 사물의 이치를 깨닫는 본성, 또는 개념적이고 논리적인 사고방식을 의미한다. 아리스토텔레스는 인간을 **로고스**(logos)적 존재로 규정한 바 있다. 로고스란 원래 '이성, 논리, 말'을 의미하는 말이다. 곧 이성은 논리적이고 합리적인 사유 방식을 의미하며 또한 이것이 논리적인 말을 통하여 나타난다고 볼 수 있다. 이는 인간이 언어의 사용을 통하여 자신의 생각과 느낌을 논리적으로 표현하고 이를 합리적으로 조정해 나갈 수 있는 능력이 있음을 뜻한다. 우리는 언어의 논리성을 통하여 인간이 로고스적 존재임을 확인하게 되는 것이다.

언어가 논리적이고 규칙적이고 체계적임은 구조문법이나 생성문법 이론을 통하여 20세기 언어학 연구에서 검증된 바가 있다. 우리는 인간의 이성이나 논리의 중심적인 역할을 언어가 맡고 있음을 알 수 있으며, 또한 언어가 우리의 의식을 형성하며 조정해 나가는 역할을 담당하고 있음을 알 수 있다. 그러므로 언어의 사용인 대화에서 화자와 청자의 관계를 합리적으로 형성해 주는 것은 다름 아닌 바로 우리의 이성적 사고임을 확인할 수 있다. 대화 중에 감정적인 대립이나 갈등이 존재할 경우, 우리는 결국 우리의 이성에 호소할 수밖에 없으며 대개는 다시 이성적 사고로 돌아오기 때문에 우리의 감정이 조정될 수 있는 것이다. 우리가 대화 중에 언쟁을 일으키고 난 다음, 그것을 다시 생각해 보고 무엇이 잘못 되었는가를 스스로 분석해 보면서 스스로 교정해 보는 시간을 가질 때가 있다. 이때 우리는 우리의 대화에 이성적인 조정을 하고 있는 것이다.

지금까지의 논의는 인간의 이성적인 면을 강조한 감이 없지 않다. 그러나 인간은 이러한 이성 외에 또한 감성을 가지고 있다. 정확히 말한다면 인간은 이성과 감성을 고루 갖춘 존재이다. 이 둘은 둘로 나눌 수 없을 만큼 동시에 우리 안에 존재한다.

감성과 감정

이성이 우리의 생각을 지배하는 주체라면, **감성**(pathos)은 우리의 느낌을 지배하는 주체이다. 즉, 이성과 감성은 사람이 생각하고 느낄 수 있는 인식 능력의 주체이다. 그래서 우리는 생각하고 느낄 수 있는 것이다. 감성과 구별되는 **감정**(emotion)이란, 감성이 우리 마음속에 가져다주는 정서이다. '사람은 감정의 동물'이라고 하지 않던가? 그렇다. 사람은 세상의 모든 생물 가운데서 가장 감정적이다. 우리는 기뻐하고, 슬퍼하고, 사랑하고, 미워하고, 즐거워하고, 화내고, 감사하고, 불안해한다. 우리는 이러한 감정을 말이나 행동으로 표현한다. 그러므로 우리의 대화에는 우리의 감정이 표현되고 있는 것이다. 그런데 흔히 '감정적'이란 단어는 우리에게 부정적인 의미를 주기도 한다. 그것은 '자제력을 잃고 합리적으로 행동하지 못한다'는 의미를 내포하고 있는 듯하기 때문이다. 대화 중에서 감정을 앞세워 의사소통이 잘 이루어지지 않는 경우를 우리는 많이 체험한다. 다음 대화를 살펴보자.

대화 4

경찰관 : 선생님, 신호 위반하셨습니다.

운전자 : 아니, 운전 중 제동이 안 되어 황색 불에 진입했는데요.

경찰관 : 그렇지만 신호 위반은 위반입니다.

운전자 : 이것 보세요. 이 정도의 융통성은 있어야 하는 것 아니요?

경찰관 : 면허증 좀 주시죠.

운전자 : 아니, 이 사람 왜 이래?

거리에서 흔히 목격할 수 있는 교통 신호 위반 시비의 한 장면이다. 운전자가 점점 감정적으로 대응하고 있는 것을 볼 수 있다. 흔히 감정적인 대화가 진행되는 과정에서는 화자의 목소리가 높아지고, 존댓말에서 반말 투로 바뀐다. 우리는 이런 감정적 대화가 대체로 부정적인 효과를 낳는다는 것을 여러 상황에서 확인할 수 있다.

과연 감정은 우리가 간직하기에 **부정적 효과**가 너무 강한 것일까? 물론 감정 중에는 위험한 것들도 있다. 분노, 증오, 질투 등이 이에 속할 것이다. 그러나 감정 중에는 사랑, 긍지, 동정심 등 삶에 **긍정적**

효과를 가져다주는 것들도 있다. 그리고 무엇보다도 감정은 누가 뭐라 하여도 우리의 내부에 존재하며 우리는 이것을 억압하기만 할 수는 없는 것이다. 오히려 감정은 우리가 삶에 적응하면서 갖게 되는 자연스럽고 필연적인 정서이다. 그러므로 우리는 어떠한 감정이 생겨날 때 그 실체를 정확히 인식하고 그것이 우리의 내밀한 삶과 갖는 연관성이 무엇인지 그 의미를 이해하면서 이를 잘 조정해 나가야 할 것이다.

우리가 감정을 잘 조정하여 나가는 것은 대화를 이끄는 데 중요한 요소로 작용할 수 있다. 어떤 사람이 감정 조절이 잘 이루어지지 못한 상태에서 대화를 나눈다면 그 대화는 결국 서로의 갈등을 초래하게 될 것이다. '화가 나면 말을 하기 전에 열을 세라'는 충고도 있지 않은가? 한편 우리는 상대방이 가지고 있는 감정을 잘 파악하여 적절하게 대화를 이끌어 나갈 수 있도록 노력해야 한다. 이러한 능력은 대화 참여자의 상상력이나 열정을 바탕으로 한다. 곧 감성적 차원에서의 접근을 말하는 것이다. 그러므로 대화를 성공적으로 이끌기 위해서는 이성(로고스)뿐만이 아니고 감성(파토스)의 차원에서도 함께 조정되어야 할 것이다.

4
디딤돌의 주체

자아 노출

우리의 대화 연구는 대화를 어렵게 하는 대화의 '걸림돌'을 제거하고 대화의 '디딤돌'을 놓는 일을 위해 지금까지 진행되어 왔다고 하여도 틀린 말은 아니다. 그러면, 이러한 대화의 디딤돌을 놓는 주체는 누구여야 하는가? 그건 바로 '나'다. '나'는 '남'과 '나' 사이에 흐르는 강에 이 디딤돌을 놓아 징검다리를 만들고 그 강을 건너 서로 닿을 수 있어야 하는 것이다.

대화의 디딤돌을 놓는 일은 '나는 누구인가?', '나는 어떤 사람인가?'에서부터 시작하여야 한다. 다음의 이야기를 보자.

대화 5

(낯선 사람이 포장마차를 몰고 달려와서 물었다)
가 : 여기 사는 사람들은 어떻습니까?

나 : 좋아, 그렇다면 먼저, 당신이 온 곳에서 살던 사람들은 어떤 사람들이었습니까?

가 : 음, 대부분 천하고, 거짓말쟁이고, 남의 말을 좋아하고, 험담꾼들이지요.

나 : 그렇다면 여기서도 그런 사람들을 만나게 될 겁니다.

대화 6

(다른 낯선 사람이 또 포장마차를 몰고 달려와서 물었다)

가 : 여긴 어떤 사람들이 삽니까?

나 : 좋아, 그렇다면 먼저, 당신이 온 곳에서는 어떤 사람들이 살고 있었습니까?

가 : 대부분 품위 있고, 열심히 일하며, 법을 지키며, 친절한 사람들이었죠.

나: 그렇다면 여기서도 그런 사람들을 만나게 될 것입니다

— 마이어스(MyersMyers, 1995), 『대인 관계와 의사소통』에서 재인용

곧 나를 바로 알고 상대방을 이해하는 자세를 갖는 것이 대인 관계에서 가장 중요한 일임을 알 수 있다. 이는 대화를 함에 있어서도 핵심 과제가 되는 것이다. '나는 누구이며, 나 스스로를 어떻게 보며, 다른 사람은 나를 어떻게 보며, 나의 역할은 무엇이며, 나의 바람과 가치는 무엇인가?' 이때 나를 안다는 것은 객관적으로 자아(self)를 인식한다는 뜻이며, **자아 개념**을 갖는다는 것을 의미한다. 자아 개념이 명확하고 긍정적인 사람일수록 건강한 자긍심과 자신감을 지니게 되며, 자아 개념이 미약하고 부정적인 사람일수록 열등감과 낮은 자존심을 갖게 되는 것이다. 요즘 흔히 공주병, 왕자병, 왕비병으로 일컬어지는 사람들이 있다. 이런 사람들은 흔히

남이 자신을 어떻게 평가하는가에 매달린다. 그들은 어디에서나 주인공이 되지 못하면 괴로워하고 상대방이 자기를 조금이라도 무시하면 그를 미워하는데, 이유는 바로 이 자아 개념이 부족하기 때문이다. 이러한 사람들은 자신의 모습을 있는 그대로 상대방에게 알리고 자신의 있는 그대로를 받아들이는 수용의 자세가 필요하다.

그런데 많은 심리학자들은 이러한 자아 개념이 근본적으로 사람들이 서로 주고받는 의사소통을 통하여 습득된다고 한다. 이 말은 나 스스로를 어떻게 보느냐는 '다른 사람들이 나를 어떻게 본다고 생각하느냐'의 산물이라는 것이다. 즉, 자신을 긍정적으로 생각하면 다른 사람들이 긍정적인 관점에서 나를 볼 것이라 생각하고, 자신을 부정적으로 생각하면 다른 사람들이 나를 부정적으로 볼 것이라고 생각한다는 것이다. 여기서 지적해야 할 중요한 점은 다른 사람들이 나를 실제로 어떻게 보느냐가 아니라 '다른 사람들이 나를 어떻게 볼 것이라고 내가 생각하느냐'는 것이다. 이는 대인 관계가 본질적으로 **자기 정체(self-identity)의 순환성의 원리**에 의해서 파악됨을 의미한다.

이렇듯 자기 정체는 상대방과 주고받는 대화에서 자아 노출 뒤에 상대방의 피드백(되돌림 효과)이 이어지는 과정을 바탕으로 함을 알 수 있다. 이에 대하여 맥케이(M. Mckay, 1999)에서는 **자아 노출**(self-dislosure)이라는 개념을 제시한 바 있다. 자아 노출이란 자기 자신에 대한 정보를 다른 사람에게 전달하는 것을 말한다. '자기 자신'이란 바로 본인의 진정한 자아를 말하며, 자아는 겉으로 드러난 자아 이외에도 가려진 자아나 숨겨진 자아, 미지의 자아 등이 더 존재한다.

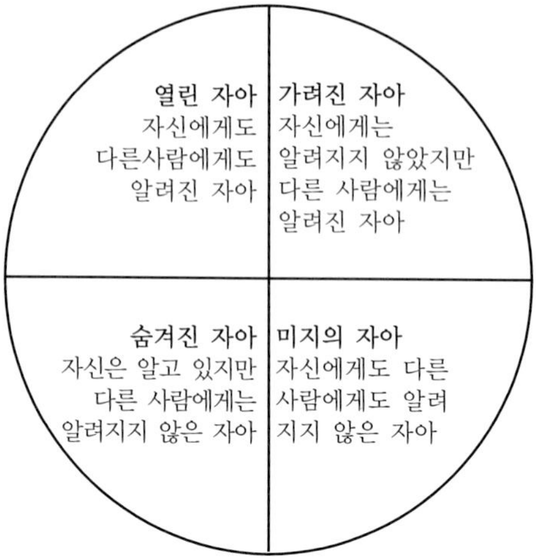

조하리(Johari)의 창, 루프트(Joseph LuftJ. Luft, 1984),
*Group Process : An Introduction to Group Dynamics*에서

① 열린 자아
나도 알고 남도 아는 자아(노출되어도 불안하지 않음)
② 가려진 자아
남들은 아는데 나는 모르는 자아(언어적 행동이나 태도로 나타남)
③ 숨겨진 자아
나는 아는데 남들은 모르는 자아(혼자만의 감정, 부끄러운 비밀)
④ 미지의 자아
나도 모르고 남들도 모르는 자아(깊은 욕망, 무의식적 두려움)

우리가 상대방과 대화를 나눈다는 것은 자기 자신을 남에게 드러내놓는 일 즉, '자아 노출'을 하게 됨을 의미하며, 또한 자아 노출에 대하여 상대방이 보내는 피드백과의 상호 역동성을 통하여 다시 자기 정체를 확고히 하는 과정으로도 이해될 수 있다. 그러므로 우리는 항상 '나는 누구인가?'를 정직하고 직접적인 자기 노출을 통하여 인식하고, 정직하고 직접적인 피드백을 통하여 자신을 점검

함으로써, 상대방과의 관계를 올바르게 정립해 나가는 작업을 쉼 없이 해 나가야 할 것이다. 이러한 작업은 상대방과의 바람직한 대화로 연결될 수 있으며 대화의 디딤돌을 놓는 주체로서의 자아 개념을 확고히 하는 길이 될 것이다.

나-전달법

대화의 디딤돌을 놓는 주체는 바로 '나'임을 우리는 앞에서 분명히 하였다. 자신의 생각이나 느낌을 그대로 상대방에게 드러내놓는 자아 노출을 통하여 그리고 그에 대한 상대방의 반응을 받아들임을 통하여 책임 있는 대화의 주체가 자신이 됨을 설명하였다. 이렇듯 좋은 대화를 위해서는 '남'을 밝히는 것이 아니라, '나'를 밝히는 대화, 곧 자아를 노출시키는 전달법이 효과적인데, 이러한 대화의 전달법을 **나-전달법**이라고 한다. 우리는 자신의 의사를 표현할 때 '너'의 입장에서 표현하는 경우가 있고, '나'의 입장에서 표현하는 경우가 있다. 다음 사례를 살펴보자.

대화 7

너-전달법

아들 : 아빠, 나 의논할 것이 있어.

아빠 : (네가) 엄마하고 얘기하는 중에 끼어들면 어떻게 해. (너의) 그런 행동은 버릇없는 거야.

대화 8

나-전달법

아들 : 아빠, 나 의논할 것이 있어.

아빠 : 아, 그래? 내가 지금 엄마하고 중요한 얘기를 하고 있단다. (내가) 얘기를 다 마치고 보자.

— 이미나(2001), 『흔들리는 중년 두렵지 않다』에서

대화상에서 나-전달법과 너-전달법은 전달 과정에서의 부호화와 해독 과정이 서로 다른 차원에서 이루어진다. 나-전달법은 청자에게 화자의 상태를 밝힘으로써 청자가 화자를 이해할 수 있으며, 화자 스스로도 자신의 솔직한 상태를 직접 표현하도록 한다. 반면 너-전달법은 화자의 의도를 드러내지 않음으로써 청자가 화자를 이해하는데 어려움이 있고 흔히 화자에게 심리적 부담을 안겨 준다. 이러한 나-전달법이 성립되기 위해서는 객관적인 정보와 화자 자신에 대한 자각, 화자 자신의 생각과 느낌의 정리라는 세 가지 요소가 필요하다.

우리는 가까운 사람들 간의 대화에서는 무의식적으로 상대방이 자신을 무조건 이해해 준다고 착각하기 쉽다. 어찌 본다면 이러한 생각은 '이해해 주어야 한다'는 당위 논리가 더 작용할 수도 있다. 그렇기 때문에 은연중 합의보다는 힘의 논리를 내세운다. 자녀와 부모의 대화나 남편과 아내의 대화가 제대로 이루어지지 않는 이유도 여기에 있다. 그렇기 때문에 상대방을 이해하고 자신을 정확히 노출하는 전략이야말로 가까운 사람들 간의 대화에서 꼭 필요한 전략이다.

5

가려지고 숨겨진 자아

관계는 갈등을 필수적으로 동반하며, '너'와 '나'의 관계 속에서 의미를 공유하는 대화에서 또한 갈등은 필수적이다. 이러한 **갈등**은 '너'와 '나'의 **입장** 차이에서 비롯하며, 심리적 거리가 가까울수록 갈등의 정도가 심하다. 갈등은 우리가 기본적으로 자기중심적 사고와 심리를 가지고 있기 때문이며, 우리는 **이성**과 **감정** 사이에서 이러한 갈등을 조정해 나가게 된다. 한편 감정이 격해지면 대화에서 갈등은 증폭된다.

그러면 우리는 대화에서 갈등을 극복하기 위해 어떻게 대처해야 할 것인가? 그것은 갈등의 근원지를 파악하는 것이고, 그 근원의 밑바닥에는 바로 '내'가 전제되어 있다는 것을 인식해야 한다. 그러므로 갈등의 해소는 자아를 객관적으로 인식하는 데에서 시작된다. 즉, 나를 인식하고 상대방을 이해하는 작업을 대화를 통하여 하여야 한다. 이는 자아를 상대방에게 알리는 데에서부터 시작한다. 이렇듯 **'자아 노출'**은 상대방과의 관계를 맺는 데 첫걸음이 되는데, 이는 대화를 통하여 자연스럽게 이루어진다.

그런데 자아 노출을 함에 있어서 우리가 인식하지 못하면서 노출되는 자아가 있다는 것을 알아야 한다. 즉, '열린 자아'뿐만이 아니고 자신도 잘 인식하지 못하는 **'가려진 자아'**와 자신이 숨기는 **'숨겨진 자아'**를 상대방에게 노출하게 된다는 점이다. 흔히 우리가 갈등을 일으킬 때 서로 대화로써도 해결하지 못하는 부분이 이 부분이다. 남의 눈에 보이는 더 잘 보이는 '나'를 자신이 가리거나 숨기는 것이다. 이럴 때 자기 자신이 인정하지 못하는 바로 그 점이 상대방과 갈등을 빚게 되는 중요한 요인이 되는 경우가 많다. 이러한 자기 노출을 함에 있어서 좋은 대화법은 역시 **'나-전달법'**이다.

더 읽어보기

이미나(2001), 『흔들리는 중년 두렵지 않다』, 한겨레신문사.

정동빈(1992), 『심리언어학』, 중앙대학교 출판부.

크리스챤 아카데미 편(1992), 『대화의 철학』, 서광사.

허창운(1999), 정신분석학과 언어학, 그리고 인문학, 『언어학과 인문학』, 서울대학교출판부.

Gale E. Myers, 임칠성 옮김(1995), 『대인관계와 의사소통』, 집문당.

Joseph Luft(1984), *Group Process : An Introduction to Group Dynamics* (맥케이, 1999 참고)

Singer Murray, 정길정 · 연준흠 옮김(1994), 『언어심리학』, 한국문화사.

Pease A. 정현숙 역(1992), 『바디랭귀지』, 을지서적.

Richard & Bernice Lazarus, 정영목 옮김(1997), 『감성과 이성』, 문예출판사.

Ross R. S.(1983), *Speech Communication*, Prince-Hall Inc.

제7장

남성과 여성의 대화

1. 성별 대화
2. 부부 사이의 대화
3. 남자와 여자가 만날 때

1 성별 대화

성 역할과 성별 대화

우리가 지금부터 다루고자 하는 주제는 남성과 여성의 대화에 나타나는 특성은 무엇이며, 그들 간의 대화에서의 문제점은 무엇인가이다. 성 역할과 성 정체성 문제는 심리학자들이 오랫동안 흥미롭게 연구해 온 과제 가운데 하나이다. 왜냐하면 남성과 여성은 가장 기초적인 인간 분류의 범주이며, 이러한 이분법은 인간의 전형적인 사고 양식의 하나이면서 이들의 차이는 인류의 다양한 문화권에서 보편적으로 발견되기 때문이다. 이들은 생물학적 · 문화적으로 차이가 나는데, 이들의 문화적 차이는 어떤 것이 남성적이고 어떤 것이 여성적인가 하는 성 역할 고정 관념의 문제이다. 많은 심리학자들이 조사한 바에 따르면, **남성**은 도구적 · 이성적 · 독립적 · 성취 지향적인데 비해, **여성**은 표현적 · 감정적 · 협동적 · 관계 지향적인 특성을 갖는다고 한다. 이러한 고정 관념은 외모와 성격의 특질뿐만 아니라 옷차림, 행동, 직업 등에까지 확대된다.

또한 남성과 여성이 관심을 갖는 대화의 주제도 다르다. 한 연구 보고에 따르면, 직장 남녀들이 점심시간에 나누는 화제가 상당히 다름을 알 수 있다. 남자들은 대부분 **일**에 대해서 얘기를 나누었으며, 사람에 관한 얘기는(심지어 직장의 동료들에 대해서도) 전혀 언급하지 않았다. 그 다음으로는 음식, 그 밖에 스포츠, 레저 순이었다. 한편 여성들만 모인 곳에서는 **사람**에 대한 얘기가 단연 많았다. 그 대상도 친구, 자녀, 직장 동료 등으로 다양했다. 그 다음은 일, 건강, 체중 조절 등이었다.

대화 1

아 내 : 여보, 내일 같이 백화점에 쇼핑 가요.
남 편 : 야구나 보러 가지.
아 내 : 그럼, 영숙이네 부부랑 함께 식사나 해요.
남 편 : 함께 야구 보러 가면 되겠네.
아 내 : 그럼, 차라리 그 시간에 애들 공부나 돌봐 줘요.
남 편 : 애들이랑 함께 야구 보러 가면 좋잖아?

한 가족 내에서도 아내와 남편의 관심사가 다른 경우가 많은데, 위의 예에서도 아내는 쇼핑이나 사교, 자녀의 교육 문제 등에 관심이 있고 남편은 스포츠에 관심이 있음을 말해주고 있다. 이렇듯 서로 다른 관심사는 성별 대화의 다른 특성으로 반영되는 경우가 많은 것이다.

이와 같이 남성의 언어와 여성의 언어에는 많은 차이가 있다는 것이 전통적인 사회언어학자들의 견해였다. 특히 레이코프(R. Lakoff, 1975)는 **여성어**가 갖는 특징을 열 가지로 제시한 바 있는데,

이를 소개하면 다음과 같다.

① 여성 특유한 어휘를 많이 사용한다.
② 내용이 없는 형용사를 많이 사용한다.
③ 부가 의문문(tag question)을 많이 사용한다.
④ 자신의 발언 내용을 약화시킨다.
⑤ 강조어(intensive)를 많이 사용한다.
⑥ 과도한 문법 사용(hypercorrect grammar)이 있다.
⑦ 지나친 친절 어법(superpolite forms)을 사용한다.
⑧ 농담을 하지 않는다.
⑨ 강조어를 많이 사용한다.
⑩ 다양한 인토네이션을 사용한다.

이러한 특징은 비언어적인 면에서도 나타난다. 예를 들어 그로스(Harro Gross, 1988, 이덕호 1997 참고)는 '여성들은 비언어적인 정보를 남성보다 더 많이 받아들이며, 대화 상대자를 더 많이 쳐다보거나, 자주 미소를 짓고, 감정을 드러내고, 눈을 직접 마주칠 때는 눈길을 피하는 등'의 **비언어적 특성**을 나타낸다고 하였다. 그러나 일부의 사회언어학자들은 이러한 여성어의 특징은 근거가 없다고 주장하기도 한다. 오히려 그들은, 겉으로 드러나는 성별어의 특징은 그들이 놓여 있는 사회나 문화적 배경과 깊은 관련이 있을 뿐, 성의 특성 그 자체가 의사소통에 관여하는 것은 아니라고 한다.

어떻든, 여성과 남성의 차이는 생물학적 · 문화적 차이에서 오랜 시간을 거치면서 형성되어 왔다. 여기에서 우리의 관심은 이와 같은 차이가 심리적 차원, 즉 능력이나 성격, 태도 등과 어떤 관련이 있는가에 있다. 다만 우리의 논의는 어디까지나 일반론일 뿐 개개인에 적용되는 고정불변의 원칙은 아니다.

이를 전제로 여기서 우리가 접근하고자 하는 문제는 '여성들만의 대화와 남성들만의 대화에 어떤 차이점이 존재하는가'와 '남성과 여성이 함께 대화를 나눌 때 성별 차이가 어떻게 반영되는가' 하는 문제이다. 이에 대한 연구는 언어에 반영된 성별 차이 연구의 흥미있는 주제를 이루고 있는데, 이에는 한 언어의 문법 범주로서의 성을 연구하는 것과, 어휘적 관점에서 남성어와 여성어를 연구하는 것, 그리고 화용적 관점에서 대화상의 성별 차이를 연구하는 것 등이 있다. 여기에서 우리가 관심을 갖는 주제는 물론 화용적 관점에서 보는 대화상의 특성이다.

그러므로 우리에게 좀더 흥미 있는 주제는 '남성과 여성 중 누가 더 말을 많이 하는가'나 '누가 더 감성적인가' 같은 문제이다. 이러한 문제는 고정관념과 현실 사이의 괴리감이 존재하기 때문에 좀더 구체적으로 살펴볼 필요가 있을 것이다.

누가 말이 더 많은가

'수다스러움'은 흔히 여성들의 특성으로 간주되는 경향이 있다. 이러한 생각은 동서양을 막론하고 보편적으로 존재해 온 것으로 보이는데, 이를 증명하는 것은 속담이나 격언이다.

> －여자들이 많으면 말이 많고, 거위들이 많으면 똥이 많다.
> (영국 속담)

– 여자가 셋이 모이면 접시가 깨진다 (한국 속담)

이들 속담은 수다스러움에 관한 동서양의 인식을 반영하고 있다. 이러한 특성은 실제 언어생활에서 자주 발견된다. 가정에서 아내의 대화나 사교적 대화에서 여성끼리의 대화는 남성들에 비해 섬세하면서도 자세한 경우가 많다. 여성들이 친구들을 만나거나 전화를 할 때 수다를 떠는 것을 흔히 들을 수 있다. 왜 그럴까? 전통적인 고정 관념은 '여성이기 때문에 그렇다'는 것이다.

대화 2

한 부인이 남편과 이혼하려고 소송을 제기했다.
판 사 : 왜 이혼을 원하십니까?
부 인 : 남편이 2년 동안 제게 말을 한마디도 하지 않았어요.
판 사 : 당신은 왜 그랬습니까?
남 편 : 저는, 단지 그녀의 말을 방행하고 싶지 않았기 때문입니다.

— 데보라 태넌(2001)에서 대화체로 옮김.

전통적 고정 관념으로서 '여성다움'은 '순종적' 또는 '현모양처'와 함께 '말이 많다'는 것인데, 이러한 생각은 남성 중심의 사회에서 보편적으로 형성되는 관념으로 보인다. 예를 들어 서양의 경우, 예르페르센(O. Jespersen, 1922)에서는 남자와 여자가 전연 판이한 언어를 사용하거나 또는 약간 다른 말투를 사용하는 종족도 있음을 지적하면서 문화적인 특성을 고려하여 남성과 여성의 언어에 차이가 있음에 주목한 바 있다. 그가 흥미를 갖고 접근한 문제는 남성어와 여성어에서 금기, 어휘 선택, 부사, 수식어 사용 등이 어떻게 달라지는가 하는 문제였지만, 궁극적으로 성별어의 일반적 특성을 설명하면서는 여성의 대화가 수다스럽다는 점에 주목한다. 이때 수다스러움의 기준은 무엇인가? 그가 고려한 것은 '말을 빨리 하는가 느리게 하는가'와 '누가 더 불필요한 얘기를 많이 하는가'였다. 이에 대해 여성의 언어가 남성에 비해 빠르며, 또한 장식적이라는 결론을 얻고 있는데, 이와 같은 생각은 오늘날까지 고정 관념화되어 존속되는 경향이 있다.

하지만 수다스러움이 여성과 남성의 성별 차이에서 오는 언어적 특징이라는 생각은 고정 관념일 가능성이 높다. 왜냐하면 주부가 말이 많고, 전화로 불필요한 이야기를 늘어놓게 되는 이유는 여성이기 때문이 아니라 그들의 생활 문화가 그렇게 만들고 있을 가능성이 높기 때문이다. 즉 언어에 반영된 이와 같은 차이는 여성과 남성의 성별 차이가 아니라 문화적 차이가 성 역할 고정 관념을 형성시킨 결과로 보는 편이 더 타당하다는 것이다. 그렇기 때문에 우리는 '수다스러움'에 대하여도 다음과 같이 말할 수 있을 것이다. 여성의 말이 꼭 수다스러울 필요는 없다. 그렇지만 문화적으로 수다스러움이 자연스럽게 배어 있을 뿐이라고 할 수 있다.

이러한 이유로 대체로 우리가 접할 수 있는 성별 대화의 양상은 여성끼리의 대화에서는 장식적이고 수다스러운 표현이 많으며, 남성보다 말을 하는 양도 많은 편이다. 이에 대해 존스(D. Jones, 1980)는 남성의 언어가 **진지성**을 바탕으로 하는데 비해 여성의 대화는 **비공식성**을 띠고 있다는 결론을 내리고 있다. 그렇기에 여성 대화의 장소는 보통 가정이나 슈퍼마켓, 미장원 등으로 한정되는 경향이 있다. 이 또한 문화나 고정 관념이 만들어 낸 산물이다.

누가 더 감성적인가

존스의 흥미로운 관심사는 여성의 대화와 남성의 대화가 지니는 특성이었다. 이에 의하면, 대화에서 남성들은 **힘**에 근거한 상호 작용 방식을 추구하지만, 여성들은 **유대 관계**와 **상호 지지**에 바탕을 둔 방식을 추구한다는 점이다. 이러한 주제는 스톤(Stone, 1983)에서도 재확인되고 있는데, 그의 관심사는 여성어와 대립되는 남성어였다. 예를 들어 아이들을 돌보는 과정에서 남성이 여성의 역할을 맡으면서 보인 담화 방식은 가정일을 얘기하더라도 논리적이고 경쟁적인 방식을 취한다는 결론을 얻었다. 또한 칼식(Kalcik, 1975)이나 아리스(Aries, 1976) 등도 의사소통 능력상 성의 차이를 관심 있게 관찰하면서, 남성의 언어는 **경쟁적 담화** 특성을 보이는데 비해, 여성의 대화는 협조적이고 감성적이라는 결론을 얻고 있다. 태넌(D. Tannen, 2001)에서는 남성은 **보고**를 위한 대화를 하고, 여성은 **공감**을 얻기 위한 대화를 한다고 결론을 내렸다. 존 그레이(John Gray, 2001)에서도 남성은 주로 **해결책**을 제시하려고 하며, 여성은 **보살핌**에 관심이 있다고 비교하였다.

우리는 여기서 우리가 일상적으로 접할 수 있는 성별 대화의 특성을 이런 보편적 차원에서 다시 확인해 보는 것도 흥미로운 일일 것이다. 즉, '누가 더 감성적인가' 하는 문제에서도 위와 같은 보편적 차이를 바탕으로 일상 대화를 성별 차이의 관점에서 살펴보는 것이다. 똑같은 얘기에 대해서 여성의 반응은 남성의 반응보다 좀더 감성적일 수 있다. 그런데 흥미로운 사실은 이러한 차이는 아동기나 노년기에는 잘 드러나지 않고, 사춘기나 청장년기에 이러한 성별 차이의 특성이 잘 나타난다는 것이다. 또한 이러한 차이가 동성끼리의 대화보다는 양성끼리의 대화에서 그 모습이 잘 드러난다. 그러므로 여기서는 여성과 남성이 서로 관계를 맺어가면서 어떤 대화 특성을 보이는가를 단순한 남녀 사이에서 연인 사이로, 그리고 부부 사이로 옮겨지면서 나타나는 남성과 여성의 대화상의 차이를 살펴볼 것이다.

사춘기(청소년기)

사춘기란 육체적 · 정신적으로 성인에 이르기 시작하는 과도기를 말한다. 성호르몬의 분비로 인하여 신체적으로 남녀간의 특징이 뚜렷해지며, 생식 기능이 완성되기 시작하여 이성에 대한 관심이 증가하는 시기로 보통 15세에서 19세 사이의 10대 후반의 시기를 일컫는 말로 흔히 쓰인다. 물론 요즘에는 신체 발육의 조숙함으로 이 시기가 앞당겨지고 있는 것으로 보고되고 있다. 발달 심리학에서는 사춘기라는 용어를 사용하지 않고 **청소년기**라는 용어를 사용하는데, 이 시기의 특징은 자아 정체감과 역할에 대한 과도기적 혼란을 겪으면서 성적 성숙이 이루어진다는 데에 있다.

특히 성적 성숙과 심리적 성숙이 동시에 이루어지는 것은 아니기 때문에 사춘기에 있는 청소년은 이성에 대한 호기심이 증대되면서도 대인 관계나 사회적 관계에서는 미숙함으로 인한 불안감을 느끼는 경우가 많다. 이와 같은 청소년기의 특성을 에릭슨(Erikson)은 **인성 발달**의 측면에서 고찰한 바 있으며, 콜버그(Kohlberg)는 **도덕성 발달** 차원에서 논의한 바 있다. 그렇지만 인성이든 도덕성이든 발달 심리학자들은 청소년기의 심리적 특성이 역할 불안과 자아 정체감에 대한 심리적 갈등이 증대되는 시기라는 점에서는 공통점을 갖는다.

대화는 대화 참여자들의 관계를 바탕으로 이루어지며, 또한 관계에서 중요한 비중을 차지하는 것은 대화 상대자의 **자아 정체감**과 **역할 문제**이다. 그런데 이러한 부분에서 과도기적 혼란을 겪으며 감수성이 예민한 청소년기의 대화가 상당히 민감하리라는 것을 우리는 쉽게 예측할 수 있다.

친구에서 연인으로

친구에서 연인 사이로의 관계 발전은 사춘기를 전후하여 이루어지는 경우가 많다. 어제까지만 해도 친구였던 '순이'가 오늘 갑자기 이성으로 보이는 것이다. 이는 물론 갑자기 증대되는 성적 호기심에서 비롯하는 것으로, 이때 자연스럽게 성별 역할의 차이를 인식하게 되고 관계 설정이 새롭게 이루어지는 것이다. 즉, 친구 관계에서 연인 관계로 새로운 관계 설정이 이루어지며, 심리적 정서도 우정에서 사랑으로 바뀐다. 이렇듯 남성과 여성의 관계가 친구에서 연인 사이로 바뀌면서 대화 양상이 몹시 달라진다.

연인들의 대화는 기본적으로 **수다스러움**을 전제로 한다. 그들이 다정하게 얘기하고 있는 모습을 보노라면 무슨 할 말이 그리도 많은지 의아스러울 정도다. 우리는 일반적으로 여성의 대화와 남성의 대화는 수다스러움이나 감수성에서 차이가 있음을 확인한 바 있다. 그렇지만 연인 관계에서의 대화는 그 모습이 사뭇 달라진다. 그 까닭은 무엇 때문일까?

즉, 연인 사이 대화의 특성 가운데 하나는 성별 대화의 일반적인 통념과는 달리 남자 쪽이 더 많이 이야기하는 경향이 있다는 점이다. 예를 들어 여자가 사소한 질문을 던지더라도 남자는 그것에 대해 시시콜콜 설명하는 경향이 있다. 그 까닭은 우월 심리, 또는 주도권 때문이라고 할 수 있다. 즉, '두 사람의 관계를 누가 주도해 나가는가' 하는 문제에 결부되는 것이다. 예외적인 경우도 있기는 하지만 남녀 관계가 연인 관계로 바뀌어가는 과정은 대체로 남성이 주도하는 경우가 많다. 그렇게 하여 형성된 연인 관계에서의 대화는 주로 남성이 주도하고자 하며 사소한 문제까지도 남성이 더 많이 이야기하고자 한다.

또한 남성은 다분히 계산적이면서도 빠른 속도로 남녀 관계를 연인 관계로 바꾸고자 한다. 그러므로 남자 친구가 적극적인 경우는 관계의 변화 속도가 빠르다. 경우에 따라서 여자 친구가 이러한 관계 변화를 시도하는 경우도 있는데, 이런 경우는 비교적 차분히 오랜 시간에 걸쳐 관계 변화가 이루어진다. 그렇기 때문에 만약 여성이 적극적이고 남성이 소극적인 상태에서 남녀 관계가 변화된다면 관계 변화에 걸리는 시간이 더 길어질 것이다.

이러한 관계 변화의 모습 역시 사회·문화적인 풍토와 밀접한 관련이 있다. 전통적으로 여성의 사회 활동이 제약적이었을 때에는 여성 주도의 관계 변화는 생각하기 어려운 경우가 많았다. 그렇지만 사회가 개방화되면서 여성 주도의 관계 변화도 자주 발견할 수 있는데, 그럴 경우 남성은 거부감을 보이거나 소극적인 접근으로 인하여 크게 의식하지 못한 상태에서 관계 변화에 빠져드는 경우가 많다. 다음은 고교생의 상담 사례 경우로 이러한 심리가 반영된 것이다.

예문 1

오버하는 여자친구 때문에 걱정이에요.

저는 현재 고등학교 1학년에 재학 중인 남학생입니다. 몇 달 전 소개팅을 통해 만난 여자 친구 때문에 요즘 힘들어요. 보통 스킨십은 남자가 더 적극적이라고 하던데 우리의 경우는 정반대거든요. 영화관에 가도 여자 친구가 먼저 손을 잡으려고 하고 100일이 되던 날에는 선물 대신 키스를 받고 싶다고 해서 제가 얼마나 당황했는지 모릅니다. 가끔은 너무 오버하는 것 같아서 부담스럽기도 하구요. 하지만 헤어지고 싶지는 않은데 어떻게 해야 할까요?

—『월간 좋은 친구』(2001. 7)에서

이와 같은 고민은 남녀 관계에 대한 사회 · 문화적 고정 관념이 작용되고 있음을 의미한다. 보통 여자는 소극적이고 남자는 적극적이어야 한다는 생각을 갖고 있으며, 영화나 드라마에서도 흔히 남자가 여자에게 사랑 고백이나 스킨십을 먼저 하는 것을 보게 된다. 실제로 감정 표현은 남자냐 여자냐가 결정하는 것이 아니라 각자의 관계와 주도 의지에 달려 있다고 보아야 할 것이다. 그러나 어쨌든, 둘 사이가 연인 사이로 발전해 간다면, 그 관계를 지속해 가는 과정에서는 관계를 주도했던 쪽이 더 많이 이야기를 하게 되는 것은 당연한 일이다. 만약 여성이 관계를 주도하고 관계를 유지해 나가는 편이라면 그 사이에서는 여성이 더 많은 이야기를 하게 될 것이다.

우리가 연인 관계의 대화에서 또 하나 주목할 만한 것은 대화의 주제와 관련된 것들이다. 이것은 '사랑이란 무엇인가'와 밀접한 관련이 있다. 달리 말해 대화 주제의 결정이 사랑과 밀접한 관련을 맺고 있다는 뜻이다.

심리학자 스턴버그(Sternberg, 1986)에 따르면 **사랑**이란 친밀감, 열정, 책임감의 삼각형으로 이루어지는 인간의 보편 심리라고 한다. 이때 **친밀감**이란 사랑하는 사람과 가깝게 연결되고 결합되었다는 따뜻한 느낌을 말한다. 이 느낌을 바탕으로 두 사람은 서로 함께 있고 싶어 하고, 함께 소유하고, 서로 존중하고, 정서적으로 의지하고자 하는 것이다. 그러므로 그들이 나누는 대화는 대체로 이러한 친밀함을 전달하는 과정으로 이해될 수 있는 것이다.

또 하나의 요소인 **열정**은 사랑하는 사람에게 느끼고 싶은 낭만적이고, 매력적인 욕망을 일컫는 말이다. 이러한 욕망은 점점 강하게 되어 두 사람의 대화 거리는 매우 근접하게 되며(보통 3~10cm 이내), 작은 목소리로 속삭이게 된다. 또한 다른 사람들에게 자기들의 관계를 얘기하고 공인을 받고자 하는 즉, 그 관계를 선언하고 싶은 욕구를 느낀다. 이 경우에도 보통 관계를 주도하는 사람이 더 적극적이며, 대체로 남성은 자기 주변 사람들에게 공격적이고 방어적인 선언을 한다. 여성은 흔히 주위 사람들에게 그 사람에 대하여 물어 봄으로써 간접적으로 관심을 표명한다. 그러나 이 경우도 일종의 선언인 셈이다.

대화 3

남 성 : 저 여자는 내 여자야. 건드리지 말아!
여 성 : 저 남자 멋있지? 어때?

책임감은 연인 관계에서는 다음에 얘기할 부부 관계에 비해 그다지 큰 역할을 하지는 못하는 것으로 보인다. 물론 이 요소까지 가미되어 두 사람의 관계가 진전된다면 한 차원 더 깊은 관계가 맺어질 것이다. 연인 관계에서의 책임감은 상호 존중감으로 나타나게 되는데, 이는 개개인의 성장 환경과 성격에 따라 큰 차이를 보인다. 예를 들어 혼전 순결을 지키는 문제라든가 이성의 존재를 동등하게 인정해 주는 문제 등은 그 사람이 어떤 환경에서 성장하고 학습을 받았는가에 따라 달라지는 셈이다. 이에 대해 김중술(1998)에서는 '사랑도 이성적으로 학습 받는 능력'이라고 강조한 바 있다. 이는 가정이나 사회에서 그 사람이 무엇을 보고 자랐으며, 어떤 교육을 받았는가를 의미하는 것으로서, 상대를 존중하고 서로 책임 있는 행동을 한다는 것은 성숙한 인간관계를 형성하는 데에 중요한 요소라고 볼 수 있을 것이다.

사랑에 대한 사회 · 문화적인 풍토는 너무 다양하기 때문에 여기서 이를 다 논의하기는 어렵다. 이러한 문제는 스스로 좀더 진지하게 생각해 보길 바란다. 참고로 심리학자 리(John Lee)가 제시한 이성 간에 존재하는 여섯 가지 사랑의 유형을 여기 소개한다. 곧 ① 가장 좋은 친구로서의 사랑 ② 낭만적인 사랑 ③ 소유적인 사랑 ④ 논리적인 사랑 ⑤ 이타적 사랑 ⑥ 유희적 사랑이 그것이다. 그러나 실제로 우리가 하는 사랑은 이러한 요소들을 복합적으로 포함한다고 할 수 있으며 또한 어느 요소 하나 완전하다고 할 수 없는 경우가 많다. 여러분의 사랑은 이 중에서 어떤 요소가 강하게 작용하고 있는가?

그러나 이렇듯 거창해 보이는 사랑이 다음과 같은 아주 사소하고 일상적인 대화에도 듬뿍 담길 수 있음을 알아야 한다.

대화 4

여 성 : 자기야, 우리 무슨 차 마실까? 커피? 녹차?

남 성 : 응, 아무거나 다 좋아. 자기 좋은 걸로 나도 하겠어.

여 성 : 자기야, 고마워.

대화 5

여 성 : 자기야, 우리 무슨 차 마실까?

남 성 : 아무거나.

여 성 : 커피? 녹차?

남 성 : 글쎄, 아무거나.

사랑이란 상대방에게 서로 행복을 선사하는 것이다. 어떤 연인이 더 행복감을 느끼면서 차를 마시겠는가?

2

부부 사이의 대화

세계의 재구성

사람들은 결혼을 하게 되면 지금까지의 인간관계나 삶의 양식과는 다른 새로운 세계를 경험하게 된다. 지금까지의 친구나 이웃 또는 자신이 처음 만나는 사람들에게까지도 결혼을 한 경우는 그렇지 않은 경우와 다른 행동 양식을 보이게 마련이다. 모든 관계를 다시 새롭게 정립해야 하는 인생의 대전환기를 마련하였다고 하여도 과언이 아닌 것이다. 결혼을 하면 여자는 호칭부터 '아가씨'에서 '아줌마'로 바뀌게 되며, 남자는 '총각'에서 '아저씨'로 바뀌게 된다. 우리말에 '어른'이란 단어는 '얼다(결혼하다) + －ㄴ(동명사형어미)'로서 '결혼한 사람'이라는 원래의 뜻을 가지고 있다. 즉, 결혼을 함으로써 드디어 우리는 성숙한 어른이 된다는 것을 의미한다고 볼 수 있다. 주위 사람들이 보는 눈도 그 이전과는 상당히 달라진다. 이 변화는 본인의 의식 속에서도 일어나는데, 그래서 주위 사람들로부터 '결혼하더니 변했네'라는 말을 흔히 듣게 된다.

이러한 변화는 대화에서도 나타나게 되는데, 특히 연인에서 부부로 바뀌는 과정을 경험한 쌍은 대화의 양상이 상당히 변한다는 것을 알게 될 것이다. 그야말로 서로 '결혼하더니 많이 변했네'라는 말을 하루에도 몇 번씩 주고받는 시기가 올 것이다. 결혼은 두 사람에게 개인적으로나 공동으로 일어나는 거의 모든 일들을 함께 공유하도록 만들어 준다. 따라서 두 사람 사이에서는 이에 대한 끊임없는 대화가 이루어지며, 식탁에서 침실에 이르기까지 논의가 되지 않는 것이 거의 없게 된다. 두 사람의 거리가 좁혀질 대로 좁혀지면서 다른 관계에서는 주고받을 수 없는 **긴밀한 대화**가 이루어질 가능성이 높게 되는 것이다. 그러나 이러한 밀접한 관계는 곧 이어 갈등 구조로 갈 가능성이 높다. 왜냐하면 인간은 본질적으로 고독한 존재이기 때문에 타인과 한없이 가까워지고 싶은 욕망이 가득하면서도, 한편 독립적인 존재로서 그로부터 간섭받지 않고 살고 싶은 욕망이 또한 존재하기 때문이다. 저 고슴도치의 이야기를 다시 생각해 보라. 서로가 상처를 받지 않는 적당한 삶의 공간이 부부에게도 절실히 요구되는 것이다.

부부 간의 갈등

누가 결혼을 '연애의 무덤'이라고 하였던가? 우리는 앞에서 사랑이란 친밀감, 열정, 책임감의 삼각형으로 이루어진 것으로 정의 내렸다. 결혼을 연애의 무덤이라고 비유할 때는 아마도 열정은 식고 책임감만 남은 관계를 말한 것일 것이다. 열정으로 가득 찬 연인 관계에서는 보이지 않던 서로의 약점이 보이고, 너무나 가까워진 관계는 필수적으로 갈등을 수반하게 된다.

대화 6

남 편 : 아내는 더 이상 옛날의 그 수줍고 보호 본능을 불러 일으키던 여자가 아니예요. 웃을 때 수줍게 배시시 웃던 미소는 오래 전에 사라졌어요. 소리 내어 웃을 때는 목젖이 다 보여요.

아 내 : 나는 아직도 여자예요. 지금도 자상한 남편의 사랑을 받고 싶고, 하얗게 쌓인 눈길을 함께 걷고 싶고, 그리곤 조용한 찻집에 들러 따뜻한 차를 함께 마시고 싶어요.

남편은 '아내가 더 이상 여자가 아니'라는데, 아내는 자기가 '아직도 여자'라는 것이다. 이쯤 되면 이들의 대화는 '화성에서 온 남자'와 '금성에서 온 여자'가 나누는 대화가 되어 버린 것이다.

우리는 앞의 연인과의 대화에서 남자가 여자보다 관계에 더 적극적이고 말도 더 많이 하는 것을 살펴보았다. 대부분이 가정에서 이루어지는 부부 간의 대화에서는 이러한 양상이 차츰 바뀌어 여자가 수다스러워지고 남자가 과묵해지는, 남녀 간 성별 차이에서 보이는 대화의 양상이 나타나기 시작한다. 실제로 부부 간에 갈등을 일으키는 최대 요소로는 남편의 지나친 과묵함이 지적되고 있다.

대화 7

아 내 : 말 좀 하세요. 밥만 먹지 말고.

남 편 : 무슨 말을 해? 당신이 해 보구려.

아 내 : 말 좀 하세요. 신문만 보지 말고.
남 편 : 신문 보면서 어떻게 말을 해?
아 내 : 말 좀 하세요. TV만 보지 말고.
남 편 : 지금 TV보고 있잖아?

— 지나치게 과묵한 남편을 둔 어떤 아내의 호소를 옮겨본 것이다.

이러한 대화는 일상의 가정에서 흔히 목격할 수 있다. 대부분의 아내들은 남편이 가정에서 말을 잘 하지 않는 것은 자기를 사랑하지 않기 때문이라고 해석하는 경향이 있다. 뿐만 아니라 대화가 이루어지더라도 연인 시절의 화제와 부부가 되었을 때의 화제는 매우 다른 경우가 많다. 어느 유머 작가는 '등산을 할 때 손을 잡고 올라가는 두 남녀는 연인이며, 따로 걸어가는 남녀는 부부'라는 우스갯소리를 만들어 냈다. 또한 아름다운 꽃을 보며, '예쁘다'라고 말하는 사이는 연인이며, '저거 비싸겠는데'라고 말하는 사이라면 부부라고 하였다.

부부 사이의 대화에서 갈등이 표출될 수밖에 없는 이유는 삶을 공유하면서 겪게 되는 다양한 현실 문제가 있기 때문이다. 이 점에서 무엇보다도 원만한 **부부 대화**가 행복한 가정을 이루는 비결이 된다고 볼 수 있는 것이다. 부부 심리학자 베크(Beck)와 존스(Jones)는 고통 받는 부부들 사이에서 생기는 가장 일반적인 문제는 '의사소통의 결여'라고 한다. 반면 행복한 결혼 생활을 하는 부부들은 공통적으로 서로에 대해 더 많이 이야기하며, 넓은 범위의 화제에 대하여 토론하고, 서로를 잘 이해하며, 중요한 결정이나 혹은 개인적인 문제 그리고 의견의 불일치 등을 자주 말하고, 토라진 감정을 덜 표현하며, 어떤 주제를 피해야 할지를 알며, 비언어적인 신호에 민감하다고 한다. 이렇듯 중요한 부부 간의 대화를 위하여, 우리는 앞에서 살펴본 여러 가지 대화의 원리나 대화의 기술을 사용하여 유익한 대화의 전략들을 잘 구사해 나가야 할 것이다. 그 중에서 유용한 전략으로 **나-전달법**을 사용하는 것이다.

대화 8

남 편 : 당신 집안사람들은 다 그래? 왜 당신은 그 모양이야?
아 내 : 당신 친구는 안 그러던데, 당신은 왜 그 정도밖에 안 돼?

위의 예들은 **너-전달법**을 사용하여 상대방을 비난하고 있다. 특히 상대방의 집안을 끌어들여 함께 비난한다든가, 친구와 비교하여 비난하는 등의 화제는 상대방에게 상처를 주는 것들이다.

대화 9

가 : 몇 달째 계속 늦게 들어오니까 나는 중요한 사람이 아닌 것 같아서 낙담이 되네요.
나 : 몇 달째 계속 늦게 들어오는 걸 보니 당신은 가정생활에 불충실한 사람이 되어 버렸어요. (그러니까 가정에 충실하세요.)

대화 10

가 : 당신이 나를 보고 눈을 부릅뜨며 소리를 지를 때는, (나는) 벌레가 된 듯한 느낌을 가져요. 자신이 왜소하고 초

라해진 것 같아요.

나 : 당신이 나를 보고 눈을 부릅뜨며 소리를 지르는 걸 보면, (당신이) 사람을 무시하고 경멸하는 것이 틀림없어요.(당신은 무시하는 습관을 고쳐야 한다구요.)

대화 11

가 : 당신이 내 말을 들으면서 딴전을 피니까, 내가 얘기를 지루하게 하는가 보다는 생각이 들어서 말을 멈추게 돼요.

나 : 내 말을 들으면서 딴전을 필 때 보면, (당신은) 상대방이 말하고 싶은 기분을 없애 주는 재주가 있네요.(집중해서 들으세요.)

— 이미나(2001), 『흔들리는 중년 두렵지 않다』에서

위의 예 중에서 '가'의 표현들은 나-전달법을 사용한 경우들이고, '나'의 표현들은 너-전달법을 사용해서 상대방에게 충고를 하고 있는 경우들이다.

부부 갈등을 최소화하고 능동적으로 대처하기 위해서 평소의 대화 문화가 중요함을 알 수 있다. 왜냐하면 **대화 문화**는 대화 참여자들의 의식을 반영할 뿐만 아니라 지속성을 갖게 되었을 때, 인간관계에 깊은 영향을 미칠 수 있기 때문이다.

3
남자와 여자가 만날 때

지구상의 인간은 남과 여로 정확하게 나눌 수 있다. 어떤 분류가 이보다 더 분명하겠는가? 그러므로 남과 여는 다르다. 생물학적으로 다르고, 문화적으로 다르다. 그러므로 그들이 나누는 대화도 다르다. 남성의 대화는 사회적 **힘**의 우열에 기초하여, 경쟁적이고, 공격적이고, 주도적이고, 권위적이고, 공적이고, 정보 전달적이다. 여성의 대화는 **유대감**에 기초하여, 상호 지지적이고, 방어적이고, 협조적이고, 사교적이고, 사적이고, 정적 공감을 중요시한다. 이렇게 다른 남성과 여성이 서로 대화를 나누는데, 어찌 이런 차이에서 오는 갈등이 없겠는가? 우리는 그 차이를 인정해야 한다. 서로가 다르다는 것을 이해하는 것만으로도 갈등을 많이 줄일 수 있다.

남편이 집에서 말이 없는 것은 **가정**이라는 공간이 그들의 **사회적 공간**에 비하여 비경쟁적이고, 비공격적이고, 비주도적이고, 비권위적이고, 사적이고, 정보 전달이 필요 없기 때문이다. 결코 아내를 사랑하지 않아서인 것은 아니다. 이와 마찬가지로 아내들이 집에서 말이 많은 것은 주로 그들이 생활하는 가정이라는 공간이 서로 이해하고, 지켜주며, 도와주고, 친밀하고, 사적이고, 정적이고, 공감이 필요한 곳이기 때문이다. 그러므로 남성과 여성이 대화에서 성공적으로 만나기 위해서는 남성은 좀더 **가정적**이어야 하고, 여성은 좀더 **사회적**이어야 한다. 그리하여 남과 여가 만날 때는 이사도라 던컨의 미모와 버나드 쇼의 두뇌로 만나야 한다. 이사도라 던컨의 텅빈 머리와 버나드 쇼의 추한 용모가 만나는 것을 우리는 결코 바라지 않는 것이다.

더 읽어보기

구현정(1995), 남성형-여성형 어휘의 형태와 의미 연구, 『국어학』 25. 국어학회.

김중술(1998), 『신사랑의 의미』, 서울대학교출판부.

민현식(1996), 성별어 연구사, 『사회언어학』 4-2. 한국사회언어학회.

이덕호(1997), 언어와 성의 연구 현황과 앞으로의 과제, 『사회언어학』 5-1. 한국사회언어학회.

Aries E.(1976), Interaction patterns and themes of male, female and mixed group(제니퍼 코트, 김희숙 1998에서 재인용).

Deborah Cameron, 이기우 옮김(1995), 『페미니즘과 언어 이론』, 한국문화사.

Ervin-Tripp S.(1972), An analysis of the interaction of language, topic and listener, in Fishman, J.(ed), *Reading in the Sociology of Language*, Mouton, The Hauge.

Jennifer Coats, 김희숙 옮김(1998), 『성과 언어』, 청주대학교출판부.

Jones D.(1980), Gossip : note on women's oral culture, *The Voices and Words of Women and Men*, Pergamom Press, Oxford.

Kalcik S.(1975) …like Ann's gynaecologist or time I was almost raped-personal narratives in women's rap group(제니퍼 코트, 김희

숙 1998에서 재인용).

Maria Yaguello, 강주헌 옮김(1994), 『언어와 여성』, 여성사.

Lakoff, Robin(1975), *Language and Woman's Place*, New York. Holt, Rinehart & Winston.

Otto Jespersen(1922), *Language : Its Nature Development and Origin*, The Norton Library W. W. Norton & Company. Inc, New York.

Sternberg R. B.(1986), A triangular theory of love, *Psych-Rev*, 93.

Stone M.(1983), Learning to say it in cup of tea language, *The Guardian*(Women's Page) 19-4-1983

제8장

가족 간의 대화

1. 가족 관계
2. 자녀와의 대화의 걸림돌
3. 성장에 따른 갈등의 차이
4. 모두가 이기는 대화

1
가족 관계

가족 관계와 언어

가족은 모든 사회에서 공통적으로 발견되는 가장 중요한 사회 집단이다. **가족**은 미국의 인류학자 머독(G. P. Murdok)의 '공동 주거, 경제적 협력, 그리고 출산의 기능을 담당하는 사회 집단'이라는 정의를 가장 고전적인 것으로 받아들인다. 이 집단에는 양성(兩性)의 부부를 포함하여 자녀로 구성된다. 그렇기 때문에 가족 관계는 크게 '부모와 자녀의 관계', '부부 관계', '형제 · 자매 관계'로 나타난다. 전통적인 가족 제도는 부모와 자식 이외에 할아버지와 할머니가 함께 거주하는 경우가 많았기 때문에 조부모와 손자의 관계, 시부모와 며느리의 관계 등이 더 포함되지만, 오늘날에는 이러한 관계는 크게 문제되지 않는 경향이 있다.

가족 관계가 대화에서 중요한 까닭은 가족간의 의사소통이라는 관점뿐만 아니라 **언어 습득**과 **언어 사용**의 측면에서도 큰 영향을 미치기 때문이다. 그렇기 때문에 한 가족 내에서 언어생활을 어떻게 하는가는 개인의 성장 발달에 중요한 영향을 미친다고 볼 수 있다. 우선 가족의 언어생활은 근본적으로 언어 습득과 관련된다. 인간의 언어 능력에 관한 고전적인 의문 가운데 하나는 '언어는 습득되는 것인가, 아니면 학습되는 것인가'라는 문제였다. 여기에 사용된 용어로 **학습**(learning)은 능동적으로 배운다는 의미를 중시하는 용어로 받아들여지는 데 비해, **습득**(acquisition)은 저절로 얻어진다는 의미를 담고 있다. 이에 대해 미국의 언어학자 촘스키(N. Chomsky)는 인간은 동물과는 달리 태어날 때 두뇌 속에 특별한 **언어 습득 장치**(LAD: Language Acquisition Device)를 가지고 태어남으로써 언어 능력을 습득할 수 있다고 주장하였다. 또한 일부 언어학자들은 이러한 언어 습득 시기를 모두 3차로 나누어 설명하기도 하는데, 1차는 4세 이전, 2차는 7세 이전, 3차는 11세 이전으로 보고 있다. 시기가 늦어질수록 불완전한 언어를 습득하게 되는데, 마지막 시기를 넘기면 아무리 많은 노력을 하여도 언어를 습득하기가 어렵다는 것이다. 이는 두뇌 속의 언어 습득 장치가 사라지기 때문이라고 한다.

어떠한 입장을 취하든 언어 습득에 가장 큰 영향을 미치는 것은 가정이며, 언어 습득 과정에서 울음과 발성 습득이 이루어진 어린이가 제일 먼저 습득하는 일상어도 가족 관계를 나타내는 '엄마, 아빠'와 같은 어휘들이다. 이는 가족 관계 어휘가 언어 습득 과정에서 가장 기초적인 어휘를 이루고 있음을 뜻하며, 이러한 가족 구성원들을 '나'와의 관계로 이름 부르기를 통하여 언어 사용을 터득해 감을 의미한다. 그렇기 때문에 우리는 가족의 언어생활이 어린이의 언어 사용 능력과 깊은 관련을 맺고 있으며, 궁극적으로 대화에 큰 영향을 미친다는 것을 중요하게 여기는 것이다. 생후 15개월에서

18개월 사이가 되면 아이는 한 단어, 혹은 두 단어씩 말을 할 수 있게 되며, 이 시기에 아이를 둘러싸고 있는 언어 환경은 그 아이의 인지 능력과 언어 사용 능력에 큰 영향을 미친다. 이러한 예로 스노우(Snow, 1972)에서는 어머니의 언어와 어린이의 언어 사이에는 깊은 상관관계가 존재한다는 사실을 보고한 바 있다. 그에 따르면 어린이에게 하는 어머니의 언어는 자녀에게 큰 영향을 미치는데, 이를 '**어머니 어투**(motherese)'라고 불렀다. 이와 같은 요소가 절대적인 것은 아니지만, 적어도 우리는 가족 구성원들의 언어생활이 어린이의 언어 사용 능력과 정서 발달에 중요한 요인이 될 수 있으며 대화하는 방식이나 태도에 영향을 미친다고 말할 수 있을 것이다.

가족 대화의 특성

우리가 얘기를 나눈다고 할 때 '나눈다'는 것은 '나'를 어떻게 표현하며, 그것을 대화 참여자가 어떤 방식으로 받아들이는가라는 차원에서 큰 의미를 찾을 수 있다. 그 가운데 가족은 '나'를 가장 자연스럽게 표현하고 받아들이는 단위가 되며, 가장 중요한 언어 사회가 되는 것이다.

사회학적으로 가족의 형성은 두 사람의 남녀가 결혼을 함으로써 이루어지며, 이윽고 자녀 출산과 양육이라는 두 사람의 공동 관심사를 만들어 낸다. 결국 가정을 이룬다는 의미는 아내로서의 역할과 남편으로서의 역할이 새로 부여되는 셈이며, 시간이 지날수록 어머니로서의 역할과 아버지로서의 역할, 그리고 아들로서의 역할과 딸로서의 **역할**이 생겨난다는 의미로 받아들일 수 있다. 이러한 역할 속에서 가족간 대화가 갖는 특징은 본질적으로 정적(情的)인 요소를 전제로 한다는 점을 들 수 있다. 이 특징은 의도적인 것이 아니라 저절로 주어진 것이다. 사랑하는 두 남녀가 부부가 되어 살아가는 모습도 정적인 요소를 특징으로 하며, 그 사이에서 태어난 자녀와의 관계 역시 천부적으로 정적인 요인을 부여 받는 셈이다. 그렇기 때문에 가족간의 대화는 정서적 친밀도를 밑바탕으로 하여 형성된다.

이러한 **정서적 친밀도**는 심리적 거리를 가깝게 하며 그것이 또한 대화에 반영된다. 우리는 일상생활에서 부부 두 사람만이 대화를 나눌 때에는 높임법을 사용하지 않는 사례를 자주 발견하게 된다. 이러한 어법은 다른 사람이 관측할 수 없는 거리에 있을 때 더 자주 나타난다. 자녀가 부모에게 높임법을 사용하지 않는 경우도 마찬가지이다. 다른 사람 앞에서의 체면을 의식할 때에는 높임법을 사용하다가도 그들만이 함께하는 편안한 장소에서는 굳이 높임법을 사용하지 않는 수도 있다. 이 모든 것이 가족 관계의 친밀함에서 오는 특징이라고 할 수 있는 것이다. 이는 대화 참여자 사이의 물리적・심리적 거리가 매우 근접해 있기 때문인 것이다.

우리는 이러한 가족 대화의 특성을 부모와 자녀 사이의 대화로 한정하여 고찰해 보고자 한다. 그 이유는 가족 대화는 부부 대화와 자녀와의 대화가 두 개의 중심축을 이루는데, 부부간의 대화는 성별 대화에 포함시켜 이미 앞 장에서 다루었기 때문이다.

2

자녀와의 대화의 걸림돌

모성애와 부성애

모성애란 어머니로서의 사랑을 말한다. 프로이드(S. Freud)에 따르면 **모성애**는 무조건적인 사랑이며, 이타적이고 비이기적인 성격을 띤다고 한다. 어머니가 자녀를 사랑하는 것은 그들이 어떤 특수한 조건을 만족시켜 주거나 특별한 기대를 충족시켜 주기 때문이 아니고 이 자녀가 자신의 아이이기 때문이며, 한 몸이었던 자녀가 자신으로부터 분리되었다는 본능적 의식이 작용하기 때문이라고 한다. 이에 비하면 **부성애**는 어느 정도의 조건이 부여되는 사랑으로 간주된다. 곧 '너는 나의 기대를 충족시켜 주기 때문에, 너는 자식으로서 네 의무를 다해야 하고, 그렇기 때문에 나는 너를 사랑한다'는 것이다. 이와 같은 심리학적 언급이 항상 진리라고 단정 지을 수는 없다. 그렇지만 적어도 우리는 자녀의 양육 문제나 교육 문제에서 어머니의 역할이 아버지의 역할보다 훨씬 더 크게 작용한다는 연구 결과를 얼마든지 접할 수 있다.

이러한 모성애와 부성애의 차이는 자녀에게도 서로 다른 반응을 가져올 수 있다. 어머니에게보다 아버지에게 격식을 차려서 얘기하는 경우가 많다든가, 어머니와 나누는 대화에서 더 친밀감이 느껴지는 화법을 구성한다. 같은 부모라 할지라도 자녀에게는 어머니와 아버지 사이에 무의식적인 거리감의 차이 즉, 사랑의 성격이 본질적으로 다름에서 오는 차이가 있다는 것이다.

그러나 부모에 대한 자녀의 사랑은 부모애와는 차원이 다르다. 프롬(E. Fromm)이 『자유로부터의 도피』에서 인간은 자연 상태였던 어머니의 몸으로부터 독립하여 개체로서 존재하게 됨으로써 본능적으로 자유에 대한 욕구를 갖게 된다는 것이다. 그리고 인간이 자연 상태에서 독립한 뒤, 죽음에 이르기 전까지는 자연으로 되돌아갈 수는 없다는 것이다. 이는 어머니의 몸에서 태어난 자녀가 어머니에게 되돌아갈 수 없는 이치와 마찬가지이다. 그렇기 때문에 부모와 자녀 사이는 본능적으로 사랑(구속)과 갈등(독립)이라는 두 요소를 동시에 포함할 수밖에 없게 되는지도 모른다.

세대 간 갈등과 대화의 걸림돌

부모와 자녀의 갈등은 본질적으로는 떨어져 나가려는 자녀의 심리와 이로부터 생겨난 상실감을 견뎌내야 하는 부모의 심리 사이에 형성되는 갈등이라고 볼 수 있다. 또한 현실적으로는 자녀가 가정 밖에서 귀속되는 또래집단과 부모세대 사이에 존재하는 세대 차이에 의한 갈등으로 나타난다. 이러한 세대 간의 갈등은 부모와 자녀, 교수와 학생, 기성세대와 젊은 세대에 걸쳐 폭넓게 존재하는 갈등이다. 이러한 갈등은 시대와 사회를 뛰어 넘어 보편적이고 필연적인 것으로 인식된다.

보통 부모들은 자녀가 부모의 뜻을 따르지 않고 제멋대로 한다고 한탄한다. 자녀들은 부모들이 자녀의 마음과 기분을 이해하지 못하고 나무라기만 한다고 불평한다. 이러한 갈등은 상호의 이해 부족에서 기인하는 경우가 대부분이다. 프로이드(S. Freud)는 청소년기에는 성호르몬이 왕성하게 분비되고 신체적인 정력이 넘치는 시기이나 충동과 욕구를 충족시키는 것이 금지된 상태에서 갈등을 일으킨다고 한다. 부모들은 자신들 역시 청소년기를 겪었음에도 불구하고 과거의 기억을 망각한 채, 자녀들의 행동을 선뜻 이해하거나 용납하지 못하는 경향이 있는 것이다.

세대 간의 갈등 문제를 연구한 이순형(1992)에 따르면 일반적으로 세대 간의 갈등이 나타나는 요인은 각 세대의 생활환경의 차이, 사회 환경이나 문화적인 차이, 그리고 대중 매체의 영향 등이 복합적으로 작용한다고 한다. 부모와 자녀의 갈등 역시 부모 세대가 성장했던 시절의 생활 방식이나 사회 환경이 자녀들이 성장해 가는 환경과 방식에서 차이를 보이기 때문이다. 그렇기 때문에 그들은 항상 다른 말을 한다.

대화 1

부 모 : 우리는 참 안 그랬었는데, 요즘 애들은 도대체 이해가 안 된단 말이야.

자 녀 : 어른들은 우리를 이해 못해요. 지금은 옛날과 다르단 말이에요.

이처럼 부모와 자녀의 갈등이 보편적이고 필연적인 것이라 할지라도 대화 속에 갈등이 내재되는 이유는 또 다른 차원에서의 이해가 필요하다. 이는 부모와 자녀의 대화가 본질적으로 동등한 입장에서 이루어지지 않는다는 점이다. 즉, 부모와 자녀의 대화 속에는 본질적으로 힘의 원리가 작용하면서 대화의 걸림돌이 존재하기 마련이다. 이러한 힘의 원리는 부모와 자녀의 대화에서 부모는 권위를 갖고 있고 자녀는 그 권위를 따라야 하는 입장으로 나타난다. 이 점은 부모와 자녀 간의 효과적인 대화 방법에 관하여 연구한 고든(T. Gorden & J. Gorden, 1976)에서 적절하게 언급된 바 있다. 곧 부모는 자녀의 말을 들을 때 부모의 판단을 앞세우는 경향이 있다. 이미 자신들의 **권위**(힘)를 전제로 자녀를 대하는 셈이다. 반면에 자녀들은 방어적인 논쟁이나 힘에 대한 반발 심리를 전제로 대화를 하게 된다. 이렇듯 맞서는 심리로 시작하는 대화가 제대로 이루어질 리가 없으며, 흔히 불공정한 싸움이 되기 쉽다.

3

성장에 따른 갈등의 차이

아동기와 설득

부모와 자녀의 갈등 양상은 자녀의 성장에 따라 달리 나타난다고 볼 수 있다. 여기서는 이를 세 시기로 나누어 아동기, 사춘기, 청년기로 나누어 고찰해 본다. 이는 부모와 자녀 사이에 발생하는 갈등이 성장 시기에 따라 서로가 기대하고 관심 두는 영역이 다름으로써 그 갈등 양상도 달라지기 때문이다.

갓 태어난 아이에게는 자아 개념이 없다. 그러므로 주위 사람들로부터 자기가 어떻게 다루어지느냐에 따라 자기의 존재가 어떤 것이라는 것을 인식하게 된다. 온정과 관심 속에서 사랑을 받으며 자란 아이와 냉정과 무관심 속에서 사랑을 받지 못하고 자란 아이 사이에는 그 아이가 자라 세상을 살아가는 데 있어서 많은 차이를 드러내게 된다. 즉, 아이에게 인식되는 주위 사람들의 태도는 아이의 가치관을 형성하는 데에 뿌리가 되는 것이다.

아이에게 세상에서 가장 먼저 다가오는 엄마에 대하여도 아이는 다음과 같은 여러 가지 엄마의 태도를 경험한다. 즉, 자기에 대한 긍정적인 태도와 부정적인 태도를 다 경험하면서 '우리 엄마는 어떤 사람'이라는 엄마에 대한 일반화가 이루어지는 것이다. 엄마의 어떤 태도를 더 많이 접하느냐는 아이의 '자아 개념' 형성에 또한 영향을 미치게 될 것이다.

대화 2

– 아유, 예뻐라.	(나를 예뻐하는 엄마)
– 그래, 참 잘했어.	(나를 칭찬하는 엄마)
– 네가, 이 세상에서 제일 좋아.	(나를 좋아하는 엄마)
– 너, 이리 안 와? (큰 소리로)	(소리 지르는 엄마)
– 너, 정말 이럴거야? (화내며)	(화내는 엄마)
– 너, 왜 그랬어? 맞을래?	(꾸중하는 엄마)

아동기의 자녀는 부모와 자녀 사이에 힘에 있어서 많은 불균형이 작용하는 시기로서 자녀가 부모를 무서워하고 부모에 대한 의존심이 많을 때이다. 자녀가 대항할 힘이 약하기 때문에 부모의 효과적인 설득 화법이 필요한 시기이다.

대화 3

아 들 :	아빠, 나 지금 밖에 나가 뛰어 놀고 싶어요.	
아 빠 :	안돼.	(금지, 명령)
	너 나가면 아빠한테 혼나.	(경고)
	넌 지금 뛰어 놀면 안돼요.	(훈계, 충고)
	넌 왜 맨날 뛰어 놀려고만 하니?	(비난)

너, 밖에 나가면 없어. −공갈, 협박
아 들 : …… (아빠는 맨날 야단만 쳐, 나를 싫어 하나봐)

위의 대화는 아빠가 아들이 왜 지금 뛰어 놀면 안 된다는 것을 설명해 주지는 않고 아빠가 갖는 힘(권위)으로 아들을 누르고 있다. 다음 대화를 살펴보자.

대화 4

아 들 : 아빠, 나 지금 밖에 나가 뛰어 놀고 싶어요.
아 빠 : 슬람아, 너는 지금 밖에서 뛰어 놀면 안돼.
아 들 : 왜요?
아 빠 : 우리 슬람이는 지금 다리가 아프잖니. 그러니 심하게 뛰어 놀면 아빠가 걱정이 되거든.
아 들 : 하지만 놀고 싶은데.
아 빠 : 그런데 네가 또 아프면 아빠 마음은 어떻겠어? 지난번 병원 갔을 때 슬람인 좋았어?
아 들 : 아니, 알았어. 밖에 나가지 않을게. (아빠는 나를 참 사랑하는구나)

이렇듯 자녀와 부모와의 대화는 대화를 통한 갈등 해소의 차원에서뿐만 아니라, 아동의 성격 형성이나 사람들과의 관계 형성, 나아가서는 삶에 대한 태도 등에도 영향을 미칠 수 있다. 그들의 자아개념이 정립되어가는 중요한 시기이므로 그들과 나누는 대화의 중요성은 매우 크다고 할 것이다. 결국 아동기의 부모와 자녀의 대화에서는 세대 차이에서 오는 갈등은 적은 편이지만 절대적 힘(권위)을 갖는 부모의 자녀 이해가 전제되지 않으면 성공적일 수 없다.

어린이들의 심리나 관심사를 이해하고 그들이 납득할 수 있는 설명을 하는 것이 필요하며, 동시에 부모가 스스로 '나-전달법'을 통하여 '자아 노출'을 하면서 아동과 솔직한 대화를 하도록 노력해야 한다.

사춘기의 갈등

자녀의 이 시기는 부모의 힘(권위)과 자녀의 자기 방어가 가장 첨예한 대립을 보이는 시기이다. 사춘기는 아동이 성인 역할을 학습하는 시기라고 볼 수 있다. 아동으로부터 성인에 이르는 중간 지점인 사춘기 시절에는 아동으로서의 생활양식에서 벗어나 성인으로서의 역할을 학습하는 과정에서 힘과 권력에 눈을 뜨게 되고 이를 가지고 있는 부모에 도전하게 되는 것이다. 이러한 변화는 고든(T. Gorden)이 말한 바와 같이, 부모의 힘과 권위에 대한 반응양식의 변화라고도 볼 수 있다. 아동기에는 부모가 신처럼 절대적인 힘을 갖고 있는 것으로 생각하였는데, 사춘기가 되면 이러한 생각에 큰 변화가 생겨난다. 그러므로 이 시기의 부모들은 자신들의 세대를 당당하게 주장하는 자녀들과 세대 차이로 대립되고, 힘에 있어서도 서로의 쟁탈전이 시작된다고 볼 수 있을 것이다.

우리의 현실적 측면을 고려해 보면, 사춘기 갈등의 핵심은 부모의 관심사가 공부인 데 비해, 자녀의 관심사는 다른 문제일 경우가 많다는 것이다. 특히 이 시기 자녀들의 생활양식에 영향을 미칠 수 있는 최대의 관심사는 **또래집단**과 **이성 관계**인 데 비해 부모는 이를 잘 이해하지 못하는 경향이 있다. 다음은 이 시기에 있는 또래들의 대화이다. 거기에 비춰진 부모 세대의 모습을 살펴보면

이들의 가치관이 부모들과 얼마나 다르다는 것을 알 수 있을 것이다.

대화 5

가 : 야, 걔 집에 전화 걸지마. 걔 엄마가 안 바꿔준대.

나 : 왜?

가 : 맨날 공부하는 애한테 <u>전화질</u>이나 한다고 욕만 먹었어.

나 : 진짜?

다 : 그렇게 <u>공부</u>시킨대?

가 : 야, 말도 마라. 저번에 몸살 걸려서 공부하다 깜빡 졸았다고 종아리 맞아가지구 다음날 종아리에 줄 가서 왔어. 그러니 그렇게 공부를 잘하지. 그래도 넌 그러고 살 수 있을 것 같냐? 나 같으면 집 나왔어.

다 : 그런 애들 많아. 내 친구는 걔네 엄마가 공부에 방해된다고 집안에서 텔레비전, 라디오 다 치워 버렸어.

나 : 야, 내 친구도 그런 애 있거든. 공부 되게 잘하는데 인간성이 완전 '싸가지'야. 뭐라는 줄 알어? '저는요, 제가 한번 싫은 건 싫구요, 친구도 골라서 사귀어요.' 왜 그러냐구 했더니 '친구도 좀 수준에 맞는 애를 사귀어야죠.' 그리고는 하는 말이 자기랑 <u>친구할 수 있는 애는 자격이 있어야</u> 된다나 뭐라나. 어렸을 때부터 전교 일등이었는데 집에서는 맨날 가둬 놓고 공부만 시키고 그러니까 몸이 너무 약해서 잘 뛰지도 못한대.

가 : 걔 애들이 <u>따돌리지?</u>

다 : 당연 빳다지.

가 : 그런 애들 엄마들은 또 얼마나 웃기는 줄 아냐? 애 친구네 집에 전화해서 자기네 남편은 ○○대 나왔는데 그쪽 남편은 ○○대 나왔다고 무시한다는 거야. 그게 뭐니? 자기가 나온 것도 아니면서. 진짜 웃기지 않냐? 그런 엄

마들 맨날 다른 애들이랑 비교하니까 애들이 미칠라고 그러지.

—『월간 우리교육』(1998. 5)에서

사춘기(청소년기)는 보통 15세를 전후하여 찾아온다. 신체적 성숙도가 빠른 요즘은 더 일찍 찾아오는 경우도 있지만 보통 중고등학교 시절에 해당하는 사춘기에는 부모와 자녀의 관심사가 매우 다르고, 대화를 이끄는 힘의 소재도 조금씩 달라진다. 더욱이 이 시기 자녀에 대한 아버지의 역할과 어머니의 역할이 명확히 달라지는 경향도 있는데, 아버지의 관심사는 '일과 경제'를 토대로 한 가족 부양의 차원에 관심이 집중되는 반면 어머니는 자녀의 성장과 교육 문제에 관심이 집중된다. 그렇기 때문에 자녀와의 대화도 주로 어머니가 도맡게 되는 경향이 있다.

결국 청소년기의 부모와 자녀 사이의 갈등은 세대 간의 **갈등** 양상을 보인다. 손승영(2001)에서는 부모 세대에 비해 자녀 세대는 사회 변화에 민감하게 반영하며, 학교와 기성 제도에 낮은 신뢰도를 갖고 있는 경우가 많다. 또한 그들은 자신이 속한 또래 집단의 문화적 압력이나 요구에 민감하게 반응하나 미래에 대한 뚜렷한 태도를 갖고 있지는 않다. 이에 비해 부모는 자녀의 인생에 대해 비교적 뚜렷한 목표를 갖고 있으며 자신이 자녀의 앞날을 주도해 가야 한다는 믿음을 갖고 있다. 이 점이 갈등의 핵이 되는 것이다. 부모와 자녀는 모두 상호 관계를 바탕으로 하고 있으나 서로의 기대가 달리 작용하는 것이다. 가족 내에서 세대 간의 갈등이라고 볼 수 있는 부모와 자녀의 갈등은 부모의 관심사인 성적, 친구 사귀기, 학교생활과 자녀의 관심사(또래 집단의 관심사)인 이성 친구, 연예인, 취미 생활, 놀이 등의 기대 차이에서 생겨난다.

더욱이 사춘기의 가장 큰 관심사인 이성에 대한 인식은 부모와 자녀의 갈등을 가장 잘 반영한다. 다음은 부모의 하소연이다.

예문 1

아이들이 연애하는 것은 대학에 들어가서 해도 되지만 대학 입시는 한 번 실패하면 끝이지요. 우리 애랑 같은 학교에 다니는 한 남자애도 공부를 잘하다가 여자애 사귀고 나서 완전히 망쳤다는 얘기가 들려요. 여자애들은 대충 공부하고 시집가면 되지만 남자는 그게 아니잖아요. 대학에 잘 가야지 사회에 나가서도 성공하고, 그러니 지금이 제일 중요한 시기지요. 그 여자애한테는 '여자애가 남자나 꼬시고 다닌다'고 전화로 혼을 내줬어요. 우리 아이랑 같은 학원에 다니고 있었는데, 학원도 바꾸라고 했어요. 그 팀은 내가 주선해서 학원에 새로 만든 반이었거든요.

— 손승영(2001), 상담사례 17

부모, 특히 어머니는 자녀가 공부를 잘하는 것이 가장 중요한 일이라고 생각하기 때문에 부모들은 흔히 '이 시기가 가장 중요한 시기'라는 점을 강조한다. 그렇지만 자녀는 그렇지 않다. 부모의 말에 순응하는 듯하면서도 본능적으로 호기심을 갖게 되고 이성에 대한 눈을 뜨기 시작한다. 그러면서 서서히 부모에 대해 저항하게 된다. 그래서 우리는 이 시기를 일컬어 '10대의 반항'이라고 부르는 것이다. 그러므로 특히 이 시기에 가족간의 대화가 원만하게 이루어져야 하는 것이다. 즉, 청소년기의 갈등을 자연스러운 현상으로 이해하고 이러한 갈등을 자연스런 의사소통 방법으로 해소해 나가야 하는 것이다.

특히 사춘기의 자녀들은 아직 스스로 독립된 개체로서 존재하지 못하고 가치관의 갈등을 스스로 느끼는 과도기적 세대이다. 그리하여 그들은 이중적인 잣대를 사용한다. 부모로부터 독립하고자 하는 욕구에서 '저를 제발 그대로 내버려 두세요'라고 하면서도 동시에 '부모님께서는 제게 무관심한 것 같아요'라며 항변한다. 그에 따라서 부모도 스스로의 역할에 혼란을 느낀다. '내가 너무 무관심한가' 혹은 '내가 너무 간섭을 하는 것일까?'

한 가지 여기서 지적하고 싶은 것은, 부모의 권위와 자녀의 반항심리가 대등하게 충돌함으로써 갈등이 증폭되는 경우에 어머니와의 대화보다 아버지와의 대화가 더 절실하다는 점이다. 그 이유는 어머니의 대화 진행이 여성으로서 감정적일 수 있다는 것이다. 이에 비해 아버지의 대화는 보다 논리적이고 이성적이어서 근원을 따지기를 좋아하는 청소년에게 효과적일 수 있다는 것이다. 무조건 설득하고 감정에 호소하기보다는 근거를 대서 논리적으로 설득하는 것이 효과적일 수 있기 때문이다. 자녀와의 갈등이 존재할 때 아버지가 대화의 마당에 들어서는 것이 필요한 이유가 여기에 있다.

청년기의 갈등

사춘기를 거쳐 청년기에 이르면 세계관이나 인생관이 뚜렷해지기 시작한다. 보통 이 시기에는 새로운 인생을 설계하기 시작하며, 직업과 결혼 등에서 자기 정체성을 갖추어 나가게 된다. 즉, 점점 부모에게서 떠날 준비를 하고 있는 것이다. 그리하여 청년기의 가장 큰 관심사는 부모 곁을 떠나 함께 살아갈 자기의 반쪽을 찾는 사랑의 문제이다. 특히 자아 정체성과 자율성이 확보되는 청년기에서 사랑의 의미는 남다르다. 이 시기는 김중술(1998)에 따르면 18~22세부터 어른이 되기 직전의 22~34세 전후까지의 시기로, 사랑을 시작하여 결실인 결혼에 도달하는 시기이다.

이 시기에는 자기가 스스로 생각하고 결정한 가치관, 목표, 능력을 통합하여 자기 것으로 정립해 나가야 할 필요가 있다. 이러한 통합 과정에서 사회적 기대 및 요구와 자신의 주관적 선택이라는 두 가지 요소가 복합적으로 작용하며, 그 과정에서 부모의 기대와 자녀의 반응이 상반될 수가 있다. 결국 이 시기에는 부모로부터 독립된 자아를 형성하게 되는데, 이러한 자녀의 **독립성**과 부모의 **기대감** 사이에 충돌이 발생할 수 있다. 이러한 문제 가운데 가장 대표적인 것이 자녀의 결혼에 대한 것이다. 다음의 대화는 결혼 적령기에 있는 자녀와의 대화이다.

대화 6

딸 : 난 정말 내가 사랑하는 사람하고 결혼할 거야.
엄마: 사랑이 뭐 밥먹여 준다니?
딸 : 엄마는 뭐 사람이 밥만 먹고 살아요?
엄마: 그럼, 사람이 사랑만 먹고 사니?
딸 : 그래도 사랑이 더 중요하지요.
엄마: 남녀간에 살다보면 다 사랑이란 생기는 법이다.
딸 : 요새 세상에 노력하면 다 밥은 먹고 살 수 있어요.
엄마: 살아봐라. 내 말이 맞을 테니까. 다 너 행복하라고 그러는 거지.
딸 : 알아요, 두고 보세요. 난 행복하게 살 거니까.

위의 대화에서 우리는 엄마와 딸이 서로 다른 자기의 결혼관을 얘기할 뿐 합치점을 찾기는 쉽지 않아 보인다. 딸은 '사랑'을, 엄마는 '밥(조건)'을 결혼에서 중요하다고 생각한다. 자녀가 이 시기가 되면 세대 차이에서 오는 가치관의 차이와 함께 힘(권위) 면에 있어서도 서로가 팽팽해서 누가 누구를 설득할 수는 없고, 서로 이해를 구해야 할 수밖에 없는 상황이 되는 것이다.

청소년기의 자녀를 둔 많은 부모의 관심이 '공부를 잘하는 것'에 있었다면, 이제 결혼 적령기의 자녀를 둔 부모들의 최대 관심사는 '결혼을 잘하는 것'이다. 여기서 확실한 것은 모든 부모가 다 자녀의 행복을 위해서라는 점이다. 그런데 왜 이런 문제로 부모와 자녀가 갈등을 겪는 것일까? 그리고 한 가지 또 확실한 것은 그 부모들도 그 시기에 똑같은 갈등을 그들 부모들과 겪었다는 것이다. 바로 이것이 세대 차이에서 오는 가치관의 차이이며, 이의 극복이 어려운 것은 인생의 시기마다 중요한 것의 순서가 다르기 때문일 것이다. 부모는 지금 세대에서 볼 때 중요한 것을 이야기하고, 자녀는 그 시기에 자기에게 중요한 것을 우선순위로 이야기하는 것이다.

청년기에서 힘의 소재는 부모에게서 성인 자녀 쪽으로 옮겨지는 상태라고 볼 수 있다. '자식 이기는 부모 없다'는 말처럼 대부분의 부모는 결국 자식의 선택을 따르게 되는데, 이는 자기 인생을 자신이 결정하고 자신이 책임을 진다는 차원에서도 바람직하다 할 것이다. 그러나 이때에도 서로 충분한 대화를 통해서 합의를 도출해 내는 과정이 필요하며, 이때 갈등을 효과적으로 치유하지 못한다면 상처가 깊게 남을 수 있다. 이러한 상처가 깊게 새겨진 말들을 우리는 흔히 듣는다.

–내 눈에 흙 들어가기 전에는 안 돼.
–너, 정 그러면, 부모 자식지간 연을 끊자.
–나, 자식 없는 셈 치면 되지 뭐.
–무자식 상팔자라는 말이 딱 맞는다니까.
–내가 너를 어떻게 길렀는데, 네가 내게 이럴 수 있냐?

이런 '말의 상처'는 극단적인 상황에서 흔히 사용하는 말이다. 서로에게 상처가 되므로 부모로서는 이러한 말을 자제해야 할 것이다. 자녀의 입장에서도 부모의 처지를 잘 들여다보고 이해하도록 하며 부모와 공감어린 대화를 통하여 상처를 최소화하도록 노력하여야 할 것이다. 더욱이 권위의 상실이 가져오는 허탈감이 부모의 심리에 작용할 경우 부모는 무기력감마저 느낄 수 있는 것이다. 그럴 때에 부모는 자녀가 더 이상 모성애나 부성애를 필요로 하지 않는 대상으로 인식되는 것이다.

이렇듯 입장 차이가 분명한 결혼 적령기의 부모와 자식 사이의 대화에는 **나-전달법**과 상대방 배려를 전제로 해야 한다. 그 방법만이 갈등과 상처를 줄이고 이해를 구해 낼 수 있는 최선의 방법인 것이다. 자신들의 생각을 부모의 입장에서, 그리고 자식의 입장에서 솔직하게 밝히고, 서로의 입장을 이해하는 진지한 대화를 하여야 할 것이다. 그런 후에 부모로서는 최종 선택은 자식이 하도록 배려해야 할 것이다. 자기의 인생을 시작하는 최초의 중요한 선택을 자신이 한다는 것은 자기 인생을 자기가 선택하고 설계해 나간다는 중요한 의미를 갖기 때문이다. 부모는 그러한 선택을 잘할 수 있도록 도와주어야 할 것이다.

연령에 따른 언어 사용

가족 간의 대화를 어렵게 만드는 요인의 하나로 **연령별 언어 사용** 양상이 다른 점도 지적할 수 있다. 이러한 현상은 사회가 발달할수록 심해지는 경향이 있는데, 연령별 언어의 차이는 인터넷을 비롯한 매체뿐만 아니라 현실 공간에서도 자주 나타난다.

대화 7

딸 : 야, 저 아저씨 대박이다.
아버지 : 대박이라니?
딸 : 그렇잖아요? 신호등 바뀐 지가 언젠데, 저기서부터 뛰어와서 건너잖아요.
아버지 : ……?

이 대화에서 아버지는 딸이 사용한 '대박'이라는 말의 뜻을 잘 몰라서 되물은 셈인데, 딸은 놀라운 상황을 다시 설명하고 있다. 이처럼 자기들 세대만 쓰는 특별한 말을 생성하거나 기성세대가 사용하는 말의 뜻을 바꾸어 쓸 경우 대화가 단절되는 경향도 있다. 김선희(1998)에서는 이러한 말을 '**요샛말**'이라고 이름 붙였는데, 요샛말은 대체로 감각적이고, 자극적이며 가벼운 우스갯소리, 말장난, 말놀음, 또는 과시, 과장 및 부풀리기 등으로 나타난다고 한다. '나 혼자만 쪽팔리잖아', '아유 닭살이야'와 같은 비인격적 표현이나 '죽여준다, 끝내준다'와 같은 과장된 감정 표현, 때로는 '조넨(매우), 메롱스럽다(난감하다, 어색하다, 우울하다), 닭질(불필요한 일, 또는 행위), 망치까다(어떤 사물을 훔치거나 음식을 먹고 돈을 안

냈을 때 쓰는 말)'과 같은 언어의 일탈 표현은 대화 단절의 일차적인 요인으로 작용한다.

이러한 언어의 변화를 주도하는 힘은 집단의식이다. 더욱이 매체가 발달하면서 현실 공간의 집단의식보다 매체 안에서의 집단의식이 더 강한 힘을 발휘하는 경향이 있는데, 그러한 경향이 이른바 '외계어 현상'을 불러온다. **외계어**란 또래집단의 결속을 확인하기 위하여 사용하는 다문자 · 다기호로 이루어진 언어를 말한다. **통신 언어** 현상이 대체로 경제성을 고려하여 간결하게 표현하거나 줄여 표현하는 형태가 일반적인데 비해, 외계어는 집단의식을 바탕으로 하기 때문에 특정 연령과 특정 집단만이 공유할 수 있는 흥미로운 표현을 중시한다. 이러한 표현은 현실 언어에서 언어의 일탈 현상으로 표출되며, 일탈 표현은 기존의 어휘로부터 연상되는 일부 특성을 부각하거나 줄여 말하기 등이 복합적으로 적용된다. 예를 들어 '훈남'은 '훈훈한 남자(못생겼지만 정이 가는 남자)'를 뜻하며, '무지개매너(매우 버릇이 없음)'는 '무지'와 '개매너'를 합쳐 만든 말이다. 이러한 말들은 기존의 어휘를 바탕으로 새로운 의미를 강조하여 만든 말들이다. 또한 '볼매(볼수록 매력 있다), 십장생(십대부터 미래를 생각해야 한다), 완소(완전 소중한)' 등은 통사 구조를 임의로 줄여 표현한 경우이다.

가족 간의 대화에서 세대에 따른 언어 차이를 어떻게 받아들여야 할까? 이 문제는 가족 대화에서 또 하나의 중요한 문제가 된다. 많은 전문가들은 세대 간의 언어 차이에 대하여 열린 마음을 가질 것을 권한다. 예를 들어 언어의 일탈 현상에 대해 지나치게 부정적인 시각을 갖거나, 또래집단의 언어를 특이한 현상으로 자각하지 말라는 것 등이다. 달리 말해, 청소년의 언어도 일상의 언어가 변화해

가는 원리와 크게 다르지 않다. 왜냐하면 언어는 일차적으로 의사소통 기능을 담당하기 때문에, 경제성과 표현성이라는 두 가지 동인에 의하여 자연스럽게 변화하기 마련이고, 청소년 언어의 일탈 현상도 때로는 그들의 의사를 효과적으로 표현하기 위해 만들어 낸 것이기 때문이다. 다만 이러한 변화가 지나치게 빠른 속도로 이루어지고 있으며, 일부는 쓰이다가 바로 소멸하는 경우도 많기 때문에 세대 간의 의사소통을 방해하는 요인으로 작용할 가능성이 높은 것은 어쩔 수 없는 현실이다. 이 점에서 우리는 가족 대화에서 세대 간의 언어 차이를 극복하는 일에도 관심을 기울여야 할 것이다.

4

모두가 이기는 대화

가족간의 대화에서 갈등의 핵은 세대 차이에서 오는 가치관의 차이와 힘의 소재와 이동이다. 자녀는 자기 정체성의 혼란과 역할 관계의 혼란을 겪으면서 갈등하고 성장해 간다고 볼 수 있으며, 이러한 전 과정을 지켜보는 부모도 이를 통하여 갈등하면서 또한 성숙된다고 할 수 있을 것이다. 결국 이러한 전 과정을 부모와 자녀는 끊을 수 없는 관계 속에서 끊임없이 대화함으로써 갈등을 해결하고 서로의 역할 관계를 재조정해 나간다고 볼 수 있는 것이다.

이와 같은 혼란과 갈등을 해결하기 위해서는 우리는 무엇보다도 서로 마음의 문을 열고 솔직하게 자기 입장을 얘기하는 것과, 서로 상대방의 입장에 서서 그들의 입장을 이해하는 것이 필요하다. 우리는 앞에서 대화의 걸림돌을 제거하는 방안으로 나-전달법을 소개한 바 있다. 이러한 '나-전달법' 이외에도 우리가 살펴본 여러 가지 대화의 전략을 총 동원하여 대화에 임해야 할 것이다. 또 한 가지, 갈등 당사자들이 누가 이기고 누가 진다는 개념을 버릴 수 있어야 한다. 상담 심리학에서는 이를 **'무패법'**이라고 부른다.

무패법은 갈등이 존재할 때 갈등 당사자들이 모두 심리적으로 만족할 수 있는 방법을 의미한다. 즉, 누가 이기고 누가 지는 이른바 '**승패법**'과 대립되는 개념이다.

대화에서 모두가 승리한다는 것은 모두가 만족한다는 뜻이다. 승패의 기본 원리는 힘의 원리이다. 부모의 권위가 대화를 이끌었든, 자녀의 독립 욕구가 대화를 지배했든 자신의 힘을 내세운 대화는 성공을 거둘 수가 없다. 가족 대화에서 갈등은 본질적으로 권위를 바탕으로 형성되며, 이 권위(힘)는 부모에서 자녀 쪽으로 점점 옮겨지기 때문에 힘의 원리인 '승패'라는 관념에 지배되기 쉽다. 그러나 가족 대화는 다른 대화와는 달리 승패가 지속될 수 없는 특징이 있다. 그것은 부모와 자식의 관계가 청산될 수 있는 것이 아니기 때문이다. 따라서 부모와 자녀 모두가 승리하는 무패법이 적용되어야 한다. 이를 위해 문제 해결 과정에서의 무패법이 어떤 단계를 거치는가를 소개한다.

■모두 이기는 방법(무패법) 적용 단계

1단계 : 부모와 자녀 사이의 문제를 확인한다.
2단계 : 나-전달법으로 자신의 욕구를 말한다.
3단계 : 자유롭게 해결책을 생각하여 본다.
4단계 : 해결책에 대한 상대방의 만족이나 불만을 알아내고, 모든 해결책을 검토한다.
5단계 : 상호 수용할 수 있는 해결책이 무엇인지 알아본다.
6단계 : 시간이 흐르면서 약속 실행을 점검하고, 해결 방안이 어떻게 적용되고 있는지 확인한다.

— 이에 대해서는 따르릉 상담소(1996)를 참조했음.

더 읽어보기

김덕호(2006), 『연령별, 계층별 언어 사용 실태 조사 연구1』, 국립국어원.

김선희(1998), 요샛말에 나타난 병폐 현상, 『사회언어학』6-1. 한국사회언어학회.

손승영 외(2001), 『청소년의 일상과 가족』, 생각의 나무.

연문희(1996), 『성숙한 부모, 유능한 교사』, 양서원.

유희정(1992), 자녀교육과 부부관계, 『한국 가족의 부부관계』, 사회문화연구소.

이미나(2001), 『흔들리는 중년 두렵지 않다』, 한겨레신문사.

이순형(1992), 세대 간의 갈등에 대하여, 『대학생활과 교양』, 서울대학교출판부.

이영자(1994), 『유아언어교육』, 양서원.

장휘숙(1995), 『가족 심리학』, 박영사.

한국여성사회연구회(1995), 『한국 가족 문화의 오늘과 내일』, 사회문화연구소.

Fromm E., 이규호 역(1982), 『자유로부터의 도피』, 삼성출판사.

Gorden T. & Gorden, J.(1976), Parent effectiveness Traing L A preventive program and it's effects on families. In M.J. Fine(ed), *Handbook on Parent Education*. New York : Academic Press Inc.

Snow C.(1972), Mother's speech to children learning languages, *Child Development* 43.

Stephen R. Covey, 김경섭 역(1988), 『성공하는 가족들의 7가지 습관』, 김영사.

제9장

친구 사이의 대화

1

사랑과 우정

외로움과 친구

인간은 본질적으로 외로움의 존재다. 사회 심리학자 프롬(Fromm)은 '인간은 자연 상태(어머니 몸)에서 독립하는 순간부터 외로운 존재'라고 한다. 그렇기 때문에 누군가 곁에 있어 주길 바라고, 또 외로움을 달랠 여러 가지 수단을 모색한다. 그것이 때로는 대인 관계로 나타나기도 하고, 때로는 놀이나 심지어 마약과 같은 일탈 행위로 나타나기도 한다. 그때 우리에게 생각나는 '말벗' — 즉, 우리가 얘기를 나눌 수 있는 친구야말로 외로움을 달랠 수 있는 가장 좋은 대상임에 틀림없다. 세상에서 마음을 터놓을 수 있는 진정한 친구 한 사람만 가지고 있어도 그 사람은 행복하다고 하지 않던가?

대인 관계에서 인간이 가깝게 의지하고 외로움을 달랠 수 있는 존재로는 가족, 연인, 친구 등을 꼽을 수 있다. 우리는 앞의 두 관계에 대해서는 앞에서 살펴본 바 있다. 이제 남은 또 하나의 존재인 '친구'와 그 관계를 규정짓는 **'우정'**에 대하여 살펴보고, 이들과의 대화는 어떻게 이루어지는가에 대하여 살펴보자.

친구(벗)란? 사전적으로 정의한다면 오래 두고 정답게 사귀어 온 두 사람을 뜻하는 말이다. 대인 관계론을 연구하는 사람들에 따르면 친구는 수용, 신뢰, 존중의 바탕 위에서 성립된다고 한다. 예를 들어 데이비스와 토드(Davis & Todd, 1985)는 250여 명의 대학생과 일반인을 대상으로 우정과 사랑의 특징을 조사한 바 있다. 그들은 우정에 대하여 '함께 있으면 즐겁다', '있는 그대로 받아들인다', '서로 깊게 신뢰한다', '서로 도와주고 믿을 수 있다', '서로 비밀이 없다', '서로 이해할 수 있다'라고 정의한다. 이제 우리의 관심사인 친구 간의 대화 특성을 이해하기 위한 전단계로 친구 관계의 형성과 발달, 친구 관계의 유형 등을 검토해 보자.

먼저 친구 관계의 형성에 관심을 보인 사람으로는 교육 심리학자 피아제(Piaget, 1965), 설리반(Sullivan, 1953) 등을 들 수 있다. 피아제는 친구 관계가 다른 인간관계와는 달리 자발적으로 형성되는 특징을 갖고 있음을 주목하고, 이 관계가 도덕성이나 사회적 기술, 유능함, 나아가 자아 존중감의 발달에 어떤 영향을 주는지에 관심을 기울였다. 또한 설리반은 친구 관계는 청소년기 발달에서 필수적이며, 친구 관계의 속성을 친구에 대한 친밀감과 친구의 욕구에 자신을 적응시키는 협응이라고 말한 바 있다. 또한 친구 관계가 형성되는 요인을 분석한 로웬탈(Lowenthal et al., 1975)의 연구 결과에 따르면 친구 관계의 본질은 흥미나 행동 그리고 태도에 있어서 **유사성**과 **공통성**을 말하는 유사성의 차원, 서로 도와주거나 지지해 주는 상호성의 차원, 친구 간의 별다른 다툼이나 갈등이 없이 잘 어울려 지낼 수 있는 양립 가능성의 차원, 친구의 질적인 문제와 상관없이 살고 있는 지역의 근접성이나 교류해 온 시간에 의한 구조성의 차원, 역할 및 행동 모델로 삼을 수 있는가의 차원에서 이루어진다고 설명한다.

친구 관계의 유형에 대하여 레이즈만(Reisman)은 친구 관계를 연합적 친구 관계, 수혜적 친구 관계, 상호적 친구 관계로 나누어 본 바 있다. 연합적이란 공간적 근접성, 유사성, 업무의 공유로 이루어진 친구 관계를 말한다. 따라서 이 관계는 이사를 하거나 직업이 바뀌면 변화할 가능성도 갖는다. 수혜적 친구 관계는 한 사람이 다른 한 사람에게 베푸는 관계를 말하는데, 두 사람의 사회적 지위나 역할의 차이가 반영되기 때문에 또 다른 사회적 관계를 형성하지 않는다면 동등한 입장에 서기 어렵다. 반면 상호적 친구 관계는 서로에 대한 이해와 신뢰에 근거한 친구 관계이다. 이러한 관계는 상대방에 대한 깊은 정서적 유대와 헌신적 관여로 인해 오래 지속되는 속성이 있다.

관계의 양면성

우리는 부부나 연인 관계에서나 부모와 자녀 관계에서 털어 놓을 수 없는 자기 고충이나 비밀 얘기를 친구 관계에서는 털어놓을 수가 있다. 자기의 기쁨도 슬픔도 모두 털어놓을 수 있다. 바로 이 점이 우리가 친구를 필요로 하는 이유이다. 그만큼 친구는 가족보다도 가깝고 친밀한 감정을 가질 수도 있는 존재이다. 그런데 한편 우리는 친구에게 양면적인 감정을 가지고 있음을 확인할 수 있다. '과연 그에게 주어지는 행운이나 성공에 대하여 사심 없이 기뻐해 줄 수 있을까?' 이런 질문을 부부나 연인 관계 , 부모와 자녀 관계에 물어 본다면 '그렇다'는 대답이 쉽게 나올 것이다. 그렇지만 친구 관계에서는 '아마, 아니다'일 것이다. 왜 그럴까?

친구와의 관계는 그렇듯 친밀하면서도 한편 은근한 질투심, 경쟁 심리, 자존심의 대결 양상이 있다. 친구 간의 갈등은 바로 이러한 경쟁 심리경쟁 심리와 자존심을 바탕으로 하고 있다고 할 수 있다. 우리는 흔히 친구의 성공에 대하여 축하하는 말을 하면서도 속으로는 '넌 참 좋겠다. 나는 어쩌지?' 하는 마음을 가질 수 있다. 특히 내가 갖지 못한 것을 친구가 갖고 있을 때 이러한 심리적 갈등은 더욱 크게 일어날 것이다. 반면, 친구가 불행한 일을 당했을 때에는 오히려 함께 슬퍼해 줄 수가 있다. 그러나 마음속으로는 '참 안됐다. 나는 다행이지' 하는 생각을 할 수 있을 것이다. 왜 그럴까? 이는 친구와의 관계가 동등 관계라고 여기는 심리적 경쟁의식에서 비롯되는 것일 것이다. 또한 친구는 이해관계를 함께하지 않는 결국 '남'이기 때문일 것이다.

이렇듯 친구 관계는 우정에 대하여 서로의 진지한 접근이 이루어지지 않는 한, 친밀성과 질투심의 **양면성**을 가지고 있다고 말할 수 있다. 그러므로 친구와 대화를 나눌 때에는 바로 이러한 심리적 기제를 잘 이해하고 대처하면서 접근해야 한다. 자기나 자기 가족의 자랑이나 성공에 대하여 화제를 삼는 것을 가능하면 자제하여야 한다. 반면, 친구 쪽에서 그러한 얘기를 해올 때에는 자기 입장을 버리고 그 친구의 입장에 서서 함께 공감해 주어야 한다. 다 터놓고 얘기할 수는 있지만 다 받아줄 수는 없는 관계 — 이것이 참으로 진실한 친구를 가질 수 없는 인간의 한계인지도 모른다.

2
친구와의 대화

소외감과 따돌림

친구 관계는 강요될 수 없고, 일정한 규칙이 정해진 것도 아니기 때문에 그들이 느끼는 **우정**의 정도가 두 사람 관계 발달과 유지에 핵심이 된다. 자연스럽게 우정이 생기고 또 그것이 쌓이면 친구 관계가 형성 유지되는 것이고, 어떤 이유로 그 친구와 멀어지고 우정에 금이 가면 자연히 친구 관계가 소멸되는 것이다. 어린 시절 선생님이 칭찬하는 아이가 있으면 다른 아이들에게 반발감을 불러일으키게 되고, 비슷한 감정을 갖는 아이끼리 자연히 친구가 되어 그 아이를 소외시키고 따돌림을 시킬 수가 있다. 혹은 자기들과 좀 다른, 혹은 열등한 아이를 지목하여 소외시키고 단체로 따돌리는 이른바 '왕따'라는 것도 있다. 이러한 관계는 우연히 형성되기도 하고, 성격이나 내부의 구조적 관계에서 형성될 수도 있다.

대화 1

복 만 : 다들 짝이 지어졌나? (둘러보는데 혼자 서 있는 유진이 보인다.) 너는 뭐야? 짝 없어? (여학생을 향해) 누구 한 명 남는 사람 일루와.

다 인 : (둘러보다가 해 주려는 듯 나서려는데)

나 영 : (다인을 잡으며) 야, 너 '따' 당할려고 그래?

다 인 : 왜?

나 영 : (다인에게 속삭이며) 재, 1학년 때 '따'였단 말야. 상대해 주다간 너까지 '따'야. 찍히지 말구 가만있어.

—KBS, <학교> 제4회

위의 대화는 '청소년 드라마' <학교>에서 다룬 '따돌림'에 관한 부분에서 인용한 것이다. 따돌림 당하는 아이와 놀면 그 아이까지 따돌림을 당하는 것으로 되어 있고 심하면 그 아이가 자살까지 하는 현실이다. 이렇듯 아동기와 청소년기는 또래집단에서의 '따돌림'이 본인에게는 죽음에 이르게까지 하는 심각한 문제이며, 이 문제는 이미 중요한 사회 문제가 되고 있다.

또한 이러한 **소외감**과 **따돌림**은 어린 시절에서뿐만 아니고 다음 사례에서처럼 성인이 되어서도 경험하는 경우도 있다.

예문 1

경순이는 대학에 와서 좋은 친구들을 사귀고 싶었다. 그런데 같은 반 학생들이 자기를 따돌리는 것 같이 느끼기 시작하였다. 여러 학생들이 같이 어울릴 경우 다른 학생들이 저희들만 서로 이야기를 주고받았고, 경순이를 끼워주지 않았다. 실은 경순이

스스로가 그 이야기에 잘 끼어들지 못했다. 그렇지만 경순이 자신은 모두 자기를 바보 취급하면서 따돌리기 때문이라고 생각했다. 그러니 화가 났고 때로는 친구들과 시비를 걸기까지 하였다.

— 원호택(1992), '심리적 건강과 적응을 위하여'에서

예문 2

철수는 시골에서 수재라는 칭찬을 받으며 대학에 진학했다. 대학에 입학하고 보니 아는 친구는 한 사람도 없었다. 새롭게 친구를 사귀어야 하는데 전혀 사귈 수가 없었다. 그렇게 2개월쯤 지나니 철수의 얼굴은 굳어지고 생기를 잃고 공부하려는 의욕도 없어지고 우울해지고 무기력해졌다. 시골에서 유학 온 관계로 대학 생활에 주눅이 좀 들었는데, 2~3주 지나면서 대학공부에는 서서히 적응하였고, 친구도 사귀고 싶은 학생이 생겼다는 것이다. 혹시나 말을 걸었다가 대수롭게 생각하지 않으면 나는 얼마나 비참해지는가 하는 생각 때문에 말을 걸지 못했다.

— 원호택, 위의 글

위의 글에서처럼 대학에서의 친구 사귀기에도 소외감과 따돌림이 작용할 수도 있는데, 이러한 심리는 자아 정체성이 뚜렷이 형성되지 못한 시기에 다양한 상황 변화를 경험하기 때문으로 볼 수 있다. 이와 같은 심리적 갈등이 생겨나는 이유를 김중술(1998)에서는 '사고의 왜곡'이라고 부르고 있는데, 사물을 흑백으로만 나누고자 하는 이분법적 사고나 단 한 번의 부정적인 사건을 끝없이 반복되는 실패의 본보기처럼 생각하는 과잉 일반화나 감정적인 판단 등에서 기인한다고 보고 있다. 이처럼 친구 사귀기는 쉬운 일만은 아니며,

이를 극복하기 위해서는 고정되지 않은 유연한 태도와 자기 정체성을 정립하려는 자세가 중요하다고 할 것이다.

자존심과 경쟁

우리에게 친구는 왜 필요한 것일까? 여기에서는 두 가지를 제시해 본다. 첫째, 자신의 고민을 함께 나누고 자신을 지지해 줄 수 있는 사람이 필요하다는 느낌 때문이다. 이를 심리학자들은 '정서적 공감자이자 지지자로서의 역할'이라고 부르고 있다. 즉, 친구가 필요한 까닭은 어떤 문제가 있을 때, 우리는 그 문제가 사소한 것이든, 심각한 것이든 자신의 이야기를 들어주고 심정적으로 지지해 줄 사람을 필요로 한다는 뜻이다. 이와 같은 상담자로서의 친구 모델은 상대방이 관심이 있거나 없거나 자신의 문제를 이야기하고 싶은 충동을 느낄 때 쉽게 찾아볼 수 있다. 그럴 때 상대방의 응답이 없거나 심드렁하면 친구 관계는 유지되기가 어렵다.

둘째, 자기 삶을 평가하는 비교의 준거가 될 사람이 필요하다는 생각 때문이다. 이때 동등관계에 있는 친구가 바로 그러한 사람이 된다. 우리는 타인과 비교를 함으로써 자신의 존재를 확인하게 되는데 그 중 친구는 가장 쉬운 비교 상대자가 되는 것이다. 그런데 바로 이 점이 친구 간의 대화에서 중요한 갈등 요소로 작용할 수도 있다. 결국 자신의 정체성을 친구를 통하여 확인하면서, 친구는 자신의 자존심을 지켜줄 수도 또한 파괴할 수도 있는 존재가 될 수 있기 때문이다. 그러므로 친구 사이에서 자존심을 건드리는 말을 사용하게 되면 갈등은 증폭된다. 예를 들어 다음과 같은 말들은 친구 사이에서 무의식적으로 사용할 수 있는 말들인데, 이러한 말들은 자존심을 건드리는 말이 될 가능성이 높다.

-야, 그것도 못하냐? (면박을 주면서 자신을 과시하는 말)
-야, 내가 친구로서 하는 말인데……
(친구임을 내세워 충고하는 말)
-넌 그래? 난 아니야. (서로 다름을 강조하는 말)

친구 사이에서 자존심에 상처를 주기 쉬운 것으로는 그 사람의 인격, 외양, 성장 환경 등에 대해 무의식적으로 말해 버리는 경우이다. 우리는 친구와 관계를 맺게 되면서 그 사람의 약점이 무엇인지도 알게 된다. 대화 중에 자기도 모르게 그 사람의 약점을 건드리지 않도록 각별히 주의해야 한다. 예를 들어 평소 적극적인 성격에 대해 부정적인 평가를 받아온 사람에게 '잘난 체 한다'고 말하거나, 결손 가정에서 성장한 친구에게 가족과 관련된 얘기를 늘어놓는 경우 등은 전형적인 자존심을 건드리는 말하기가 된다. 이러한 갈등은 쉽게 치유되기도 어렵다.

동등 관계에서 오는 경쟁 심리도 친구 사이의 갈등을 증폭시키는 요인이 될 수 있다. '친구가 잘 되면 나도 좋다'라는 생각은 우정에 대한 진지한 비판이 이루어진 사람에게만 적용되는 생각일 수 있다. 대부분의 사람들은 친한 친구이든 그렇지 않은 친구이든 친구의 성공을 자신의 성공으로 받아들이기 어렵다. 흔히 질투심을 일으키고, 무의식적으로 친구의 성공을 비아냥거리기 쉽다.

-성적 우수자에게 : 어이, 우등생!
(친구의 성공을 비아냥거리는 말)

－친구의 성공에 : 넌 참 좋겠다.

(성공을 인정하면서도 자신을 안타까워하는 말)

－친구의 성공을 제3자에게 들을 때 : 잘됐네. 나와는 별 상관없지만. (성공을 인정하면서도 자신을 위로하는 말)

친구의 성공에 대해 이와 같은 반응을 보이게 되는 기저 심리에는 '질투' 혹은 '경쟁 심리'가 자리하고 있기 때문이다. 대개의 경우 칭찬받는 친구나, 성공한 친구를 친구로서 기피하는 현상은 이러한 심리를 반영하는 것이다.

다음으로 우리에게 흥미를 가져다주는 것은 여자끼리의 친구 관계와 남자끼리의 친구 관계가 친구 관계를 유지하는 목적이나 양태에 있어서 사뭇 다르다는 점이다. 여자들은 친구 관계를 서로 공감해주는 것을 중요시하는 반면, 남자들은 자신들이 하고 있는 일에 필요한 정보 교환에 관계된 인간관계를 중요시한다. 또한 여자들은 친구 관계를 끊임없이 만나고 우정을 확인하면서 유지하지만, 남자들은 필요할 때만 만나도 스스럼이 없다. 또한 여자들은 주고받는 대화에서 서로 **맞장구치기**를 함으로써 유대감을 확인하지만 남자끼리의 대화에서는 오히려 농담으로 비아냥거릴망정 좀처럼 맞장구치기를 하지 않는다.

대화 2

여자 친구끼리의 대화

가 : 어제는 숙제 때문에 한숨도 못 잤지 뭐니?

나 : <u>그래?</u> 피곤하겠다, 얘. 나도 요새 숙제 때문에 죽을 지경이야.

가 : 어머, 너도 숙제가 많아? 너도 그럼 힘들겠구나.

대화 3

남자 친구끼리의 대화

가 : 어제는 숙제 때문에 한 숨도 못 잤지 뭐냐?

나 : 어쭈, 제법인데? 밤새고 숙제씩이나 하고.

가 : 너도 이 형님처럼 밤새워 학문을 논해봐. 인생이 달라질 테니까.

우리는 이러한 양성간의 대화법의 차이를 서로 이해해 줌으로써 이성 간의 대화에서 불필요한 오해를 줄일 수 있을 것이다.

이성 친구에 대하여

일반적으로 친구 관계는 동성 간의 친구 사이를 말한다. 왜냐하면 이성 간의 친구와 연인의 경계를 구분 짓기란 쉽지 않고, 대부분의 경우에 연인들은 한편으로는 친구로 존재하기 때문이다. 또한 아무리 친구 관계라고 하더라도 이성 친구 간에는 동성에서는 느낄 수 없는 이성 간의 감정이 조금은 개입되기가 쉽기 때문이다. 이성 간의 친구 관계와 동성 간의 친구 관계가 다른 점은 신체적 친밀감의 표현인데, 이러한 점에서 서로의 요구가 다를 때에는 관계에 영향을 미치기도 한다. 이성 친구와의 관계는 청소년기와 성인기에 따라 상당한 차이를 보인다.

보통 청소년기는 **동성 친구**에 대한 관심이 점점 이성 친구에게로 전환되는 과도기이다. 외모에 전혀 신경도 쓰지 않고, 몸도 잘 씻지 않다가 갑자기 외모에 신경을 쓰면서 달라지는 시기이다. 이는 이 시기에 증폭되는 성적 호기심과 밀접한 관련이 있으며, 아직 연인 관계를 맺을 여건이 조성되기가 어려우므로 이성 친구에 특히 관심이 많게 되는 것이다. 많은 사람들은 동성끼리의 우정은 오래 지속될 수 있으나 이성 간의 우정은 계속되기 어렵다고 본다. 그 이유는 당사자들의 요구 변화에서 기인하는 경우가 많다. 청소년기의 이성 친구 관계도 처음에는 친구 사이로 시작된 관계라고 할지라도 점차 성적인 호기심을 느끼게 되면서 연인 관계로 발전할 수가 있다.

성인기의 **이성 친구** 관계는 사회적인 편견이나 압력이 친구 관계를 유지하지 못하도록 하는 경우가 많다. 예를 들어 결혼 적령기에 놓인 사람이 이성 친구를 가지고 있으면 '너 그 사람과 어떤 관계냐?'라는 질문을 받고, 결혼을 한 사람이라면 '함부로 누구를 만나고 다녀?'라는 비난을 듣게 된다. 아무리 '그저 친구'라고 해도 '그저 친구'가 어디 있느냐고 비아냥거린다. 그렇기 때문에 이성 간의 친구가 유지되려면 만남을 성적인 것과 관련지으려는 타인의 시각과 맞서야 한다.

심리학이나 대화 분석론에서 아직까지 이성 간의 우정에 대하여 많은 연구가 진행되지는 못한 상태이지만, 흥미로운 사실은 이성 간의 우정이 존재할 경우, 그 우정은 동성에 비해 거리감이 존재하며 동시에 격식을 갖추고자 한다는 것이다. 그것은 친구 사이의 성적인 요소를 배제하지 않으면 친구 관계가 유지되지 않기 때문이다. 이것은 청소년기나 성인기에 모두 적용되며, 두 사람의 관계에 일정한 규칙이 없다면 친구 관계는 유지되기 어렵다. 그 규칙은 보통 성을 배제하는 규칙이며, 성을 배제하는 요소로는 존경심, 취미, 일 등이 있다.

동성 간의 우정에 비하여 이성 간의 우정이 갖는 특징은 희소성뿐만 아니라 친밀도, 소속감, 비교 준거 등에서 큰 차이를 보인다. 강문희 외(2001)에서는 이러한 특성을 종합하여 동성 간의 우정은 친밀하면 친밀할수록 더욱 지지적이고 보상적인데 비해, 이성 간의 우정은 그렇지 않다고 보고 있다. 이러한 연구는 엘킨스와 피터슨(Elkins & Peterson, 1993)의 연구를 바탕으로 한 것으로, 보통 이성 간의 친밀도, 돌봄, 우정의 질 등은 '여성 남성의 관계'가 '여성 여성의 관계'만큼 높지는 않지만 적어도 '남성 남성의 관계'보다는 높다는 결론을 얻기도 한다.

3

갈등 극복을 위하여

자기 개방

우리는 지금까지 친구 간의 대화에 대하여 살펴보았다. 근본적으로 동성 친구의 대화는 자존심과 경쟁 심리를 바탕으로 갈등이 형성되며, 우정에 대한 진지한 반성이 전제되기 전까지는 이러한 심리가 왜곡되어 표현될 가능성이 높다는 점도 확인하였다. 이제 우리는 우정에 대한 진지한 반성을 어떻게 해 나가야 하는가라는 문제를 고민해 볼 때가 되었다. 즉, 친구 관계의 대화에서 갈등 구조의 핵인 자존심과 경쟁 심리라는 걸림돌을 제거하고, 튼튼한 디딤돌을 놓는 방안을 강구해야 한다. 그 디딤돌 가운데 가장 좋은 것은 역시 **자아 노출**을 통한 **자기 개방**이다.

우리는 친구라고 하면서도 서로 아는 바가 없다면, 겉으로만 잘 지낼 뿐이지 속으로는 친하다는 느낌을 별로 가지지 않게 될 것이다. 상대에 대한 관심이 있고 우호적이면 우호적일수록 서로 자신에 대해 알리고 싶고 상대에 대해 알고 싶어진다. 이를 위해

'자아 노출'을 하게 되는데 자아 노출은 건강한 친구 관계의 토대가 된다. 자기를 내보이지 않으면 상대방도 자신을 내보이지 않게 되며, 자기가 나누면 나눌수록 상대방도 함께 나누게 된다. 우리는 대개 친구에게 자기의 강점을 얘기하고 싶고 약점은 얘기하고 싶어 하지 않는다. 한편, 우리는 친구의 자랑을 듣기보다는 친구의 어려움을 들을 때 동정심과 함께 우정을 느낀다.

우리는 흔히 '나의 이런 점을 얘기하면 혹시 친구가 나를 멀리하지 않을까?' 하는 의구심 때문에 자아 노출을 꺼린다. 또한 '체면 살리기'도 여기에 한몫을 한다. '자존심이 있지. 어떻게 그런 말을?' 그러나 대부분의 경우 자기의 약점을 친구에게 얘기하면 상대방 친구는 오히려 그 친구와 강한 유대감을 느끼게 된다. 그럼에도 자아 노출을 한 친구는 그것이 심리적으로 부담이 되고, 후회가 되어 다음에 이를 다시 거두어들이기도 한다. 이럴 때에는 친구와의 사이에 형성된 유대감이 손상을 받을 우려가 있다.

대화 4

가 : 그래, 요즘은 <u>별일</u> 없어?
나 : 넌 내가 꼭 <u>별일</u>이 있을 것 같니?
가 : 아니, 그게 아니고. 그저 <u>별일</u> 없느냐고?
나 : 아무래도 지난번엔 내가 좀 오버한 것 같아. <u>별일</u>도 아닌데 말이야. 누구에게나 있을 수 있는 그런 일이잖아?
가 : …… ?

그렇다면 어떻게 함으로써 우리는 효과적으로 자아 노출을 할 수 있을 것인가? 친구 사이에서 자기를 노출하는 방법은 우선 친구와 자기와의 관계를 정확히 인식하는 데서부터 출발한다. 어느 정도의, 어떤 관계인가? 나는 상대방을 어떻게 생각하고 있으며, 상대방은 나에 대해 어떻게 생각하고 있는가? 경우에 따라서는 둘 사이의 관계뿐만이 아니고 주위와의 관계 속에 둘 사이의 관계를 연관시켜 생각해 보아야 할 때도 있다. 언제, 무엇을 어떤 상황에서 얼마만큼 노출해야 하는가는 스스로 결정해야 한다. 조금씩 점진적으로, 자신의 부정적인 면보다는 긍정적인 면부터, 상대방에게 끼칠 영향을 생각하고, 또한 상대방에 대한 믿음에 확신이 있을 때 적절하게 자기를 내보여야 한다. 청자의 입장에서도 화자의 얘기를 주의 깊게 들어 주고, 상대방의 입장과 상황을 이해해 주는 자세가 필요하다. 이때 청자는 공감해주는 태도를 취해 주는 것이 중요하며 이는 결과적으로 자기 개방적인 대화의 자세에 속하는 것이다.

친구 간에 갈등의 핵으로 존재하는 자존심과 경쟁 심리도 이러한 솔직한 자아 노출로서 극복될 수 있을 것이다. 흔히 우리는 '쓸데 없는 자존심'이란 표현을 사용한다. 이는 진정한 자기 존중에서 나오는 자존심이 아닌, 오히려 열등의식이나 자기 상처에서 나오는 자기 방어적인 자존심을 말한다. '헛된 경쟁의식'이라는 말도 자기의 역할에 대한 진정한 인식이 없는 경우 발동되기 쉬운 심리이다. 이러한 것들은 자신에 대한 진정한 **자아 존중감**으로 극복할 수 있을 것이다. 자아 존중감이란 개체로서의 자기의 '자아 개념'을 존중하는 것을 말하며, 이는 자기 자신을 고정시키지 않고 상황에 유연하게 적응시킬 수 있으며, 자신의 **외적 · 내적 역할** 영역을 확보하고 있다는 것을 말하는 것이다.

대화 5

가 : 난 네가 그렇게 네 일을 뚜렷이 가지고 사는 모습이 참 보기 좋아.

나 : 그래? 난 매사를 아름답게 보며 살아가는 네 그 삶의 태도가 맘에 들어. 내 일이 있어 좋기는 하지만, 때론 힘들 때도 있거든.

가 : 그럴 거야. 그래도 보람이 있잖니? 좀 늦었지만 나도 내가 보람을 느낄 수 있는 일을 하고 싶어. 사실은 내가 요새 생각하고 있는 일이 있거든.

나 : 그래, 넌 할 수 있을 거야. 왜 있잖니, '사람의 향기' 같은 것, 너한테는 그게 있어.

위의 대화는 서로가 상대방과 자기의 역할을 인식하고 쓸 데없는 자존심이나 경쟁 심리로 갈등을 일으키지 않는다. 그럼으로써 이들은 모두가 이기는 무패법의 대화를 하고 있는 셈이다. 친구란 이렇듯 서로를 격려해주고, 힘을 주는 좋은 대상인 것이다.

우정의 규칙

대화에서뿐만 아니라 친구 관계가 건전하게 유지·발전되기 위해서는 지켜야 할 사항이 있다. 강문희 외(2001)에서는 아질과 헨더슨(Argyle & Henderson)의 연구 결과를 바탕으로 이를 제시하고 있는데, 우리는 이를 참고로 친구와의 우정을 위한 우정의 규칙을 다음과 같이 새롭게 제시해 본다.

① 친구가 필요로 할 때 그가 말하지 않아도 스스로 돕고 싶은 마음이 된다.

② 도움이 결코 상대방에게 부담이 되어서는 안 된다.

③ 친구의 사생활을 존중하고, 나와는 별도의 그의 공간을 인정한다.

④ 친구가 있을 때나 없을 때나 변함없는 신뢰를 보이고 그를 지지하는 태도를 갖는다.

⑤ 개인적인 비난이나 질투는 경쟁심과 자존심을 전제로 한 것이므로 이를 버린다.

⑥ 나와 비교할 필요가 없이 그만의 능력과 역할을 인정한다.

⑦ 그가 갖는 장점을 발견하고 평가해 줌으로써 친구의 자아 존중감을 높여 준다.

⑧ 그와 공유할 수 있는 부분만 부분적으로 공유한다. 모든 것을 함께 한다는 생각을 버린다.

⑨ 친구뿐만 아니라, 친구가 소중하게 여기는 것을 함께 소중하게 여겨 준다.

⑩ 세상의 가장 아름다운 곳에 섰을 때 친구를 떠올리고, 그에게 그리움을 전한다.

4

나와 멀어진 친구를 위하여

외로울 때 우리는 가장 먼저 친구를 떠올린다. 우리는 친구와 '기쁨도, 슬픔도, 외로움도 함께'한다. 친구와 함께라면, 가족 관계나 연인 관계에서도 나눌 수 없는 얘기도 나눌 수 있다. 그러나 이렇게 가까운 친구이기 때문에 이들 관계에서 형성되는 갈등 또한 매우 크다. '너의 ○○한 점이 좋아서' 자연스럽게 친구가 되었다가 '너의 ○○한 점이 싫어서' 자연스럽게 헤어지기도 한다. 즉, 둘 사이에 발생한 갈등을 해소하지 못하면 친구 관계는 끝나게 되는 것이다. 친구 관계에 발생하는 이러한 갈등은 우리가 친구에게 갖는 심리적 **양면성** 때문인데, **친밀감**과 동시에 갖는 **질투심**이다. 이러한 양면성은 **동등 관계**에서 일어나는 **경쟁 심리**로 해석될 수 있다. 즉, 친구에게는 '너는 그러는데, 나는 왜?'와 같은 자신과 동일시하려는 심리가 있는 것이다. 바로 이 점이 친구 관계에 긴장이 오고 갈등 구조를 형성하게 되는 이유인 것이다.

우리는 친구 관계에 이러한 파국이 오기 전에 갈등을 해소해야 하는데, 역시 대화로 푸는 수밖에 없다. 이러한 갈등 구조도 사실은 친구 사이에 주고받는 대화에서 비롯되는 수가 많기 때문이다. 그러므로 친구와 나누는 대화에도 대화의 일반적인 원리나 요건이 지켜져야 하는 것은 두 말할 필요가 없다. 너무 가깝기 때문에 흔히 격식을 갖추지 않는 **직접 화법**을 남발한다든가, 상대방의 자존심을 건드리는 말의 상처를 준다든가, 상대방을 배려한 정중 화법을 사용하지 않는다든가, 공손성의 원리를 지키지 않는다든가, 친구의 역할을 인정하지 않고 입장을 바꾸어 생각해 보지 않는다든가, 그 밖의 대화의 장애 요소가 개입될 소지가 많은 것이다. 이러한 대화의 장애 요소들은 결국 친구 관계에서 오는 갈등을 증폭시키게 되는 요인이 되는 것이다.

이럴 때 우리는 서로의 자아를 존중해 주는 마음이 필요하고, 서로의 역할을 인정해 주는 자세가 필요하다. 친구와 모든 것을 함께 하려는 마음을 버리고 그와 공유할 수 있는 부분만 함께하려는 마음을 가지면 공유할 수 있는 영역이 넓어지고 마음이 편한 진정한 친구 관계를 이루어 나갈 수가 있을 것이다. 친구 관계에서의 대화가 갖는 의미는 매우 중요하다고 할 수 있는데, 이는 성별 대화나 가족 대화 못지않게 자아 정체성 확립 과정에서 큰 의미를 갖기 때문이다. 그러므로 멀어진 친구를 위하여, 우리의 자아 정체성의 확립을 위하여 우리는 우리가 친구에게 남겼을 '말의 상처'에 대하여 조용히 반성의 시간을 가져야 할 것이다. 우리가 우리에게 '길들여진 여우' 한 마리를 잃었다는 것은 슬픈 일이니까.

더 읽어보기

강문희 · 이광자 · 박경(2001), 『인간 관계의 이해』, 학지사.

김중술(1998), 『신사랑의 의미』, 서울대학교 출판부.

김혜숙 · 박선환 · 박숙희 · 신은영 · 이주희 · 정미경(2000), 『인간관계론』, 양서원.

원호택(1992), 심리적 건강과 적응을 위하여, 『대학생활과 교양』, 서울대학교출판부.

이은해 · 고윤주(1999), 대학생 친구에 대한 만족감과 친구의 기능 및 친구 관계망의 구적적 변인간의 관계, 『교육학연구』 37-3.

주은희(2001), 청소년의 친구 관계와 가족, 『청소년의 일상과 가족』, 생각의 나무.

Davis & Todd(1985), 『우정과 사랑』(김혜숙 외 2000에서 재인용).

Elkins & Peterson(1993), (김혜숙 외 2000에서 재인용).

Lowenthal M. F., Thurnthur, M. & Chiribogal(1975), *Four stage of Life*, San Francisco : Jossy-Bass Publishers.

Piaget J.(1965), *The Moral Judgement of the Child*, New York : Free Press.

Sullivan H. S.(1953), *The Interpersonal Theory of Psychiarity*, New York : Norton.

제10장
사회적 대화

1. 사회적 자아와 대인 관계
2. 관계 형성과 지위
3. 공적 대화와 사적 대화

1
사회적 자아와 대인 관계

사회적 자아

우리가 살고 있는 현실은 결코 나의 사적인 세계만으로 이루어지는 것은 아니다. 비교적 사적이라고 볼 수 있는 나의 가족이나 친구에서부터 시작하여 회사나 학교 등 그 밖의 사회에서 만나는 다른 사람들과의 사회적 관계 속에서 의미를 형성하고 그것을 해석해 가는 과정에서 현실적인 삶이 이루어지는 것이다. 이때 현실이란 우리의 일상생활을 뜻하는 것으로, 현실의 삶을 살아가는 개개인은 사회 속에서 새로운 '자아 개념'을 획득하게 된다. 이를 우리는 **'사회적 자아'**라고 부른다.

'자아'라는 말과 '개인'이라는 말은 구분되는 용어이다. **개인**(person)은 누구나 독립된 개체로 인정할 수 있는 외적인 특성을 고려하여 붙인 이름인데 비해, 자아(self)는 자신의 존재에 대한 자각을 하는 내적인 특성을 고려하여 붙인 말이다. 사회적 자아는 결국 '사회 속에서 나는 누구인가'라는 자각을 전제로 한 개념이며, '이 사회에서 나는 어떤 가치가 있는 존재일까'를 확인하는 능력이라고 할 수 있다. 사회적 자아는 '나'와 '너'의 관계 속에서 확인된다. 우리는 앞에서 좋은 대화를 이루기 위해 **나-전달법**이 필요하다는 점을 강조한 바 있다. 이는 청자를 고려한 화자의 솔직한 노출이 대화의 성공 요건이 되기 때문에 사용한 개념이다. 그렇지만 '나'를 노출하기 위해서는 '너'를 이해하고 있지 않으면 안 된다. 이것은 가족이나 사회에 대한 자기의 역할을 자각하는 것이기도 하다. 이 점에서 경영학 이론을 전공한 코비(S. Covey, 1994)는 '자기 사명 선언'이라는 프로그램을 소개하고 있다.

예문 1

가정일과 직장일 사이의 균형을 유지하고자 하는 어떤 부인의 자기 사명 선언

가정과 직장은 나에게 모두 중요하기 때문에 나는 이 두 가지의 임무 사이에 균형을 유지할 수 있도록 노력하겠다. 나의 가정은 나를 포함한 가족, 친구, 손님들이 늘 기쁨과 평화, 안정과 행복을 누릴 수 있는 장소가 될 것이다. 나는 우리 가정을 활기차고 안락하게 하고, 집을 깨끗하게 하며, 잘 정돈하겠다. 나는 우리 가족을 위하여 먹고, 읽고, 보고, 행동하는 것들을 고를 때 지혜롭게 선택할 것이다. 나는 특히 우리 아이들이 사랑하고, 열심히 배우며, 또 웃으며 살도록 가르칠 것이다. 또한 그들이 자신만이 가진 독특한 능력을 계발할 수 있도록 도와줄 것이다. 나는 민주 사회의 권리 · 자유, 그리고 의무 등을 소중하게 여긴다. 나는 정치적인 일에도 관심을 갖고 투표권을 행사함은 물론, 여러 문제들에 밝은 여성이 되어 정치권에 나의 의견을 알려주는 국민이 될 것이다. 나는 자신의 인생 목표를 달성하는

> 데 있어서 자발적이고 적극적인 사람이 될 것이다. 나는 좋은 여건이나 기회를 위해 가만히 앉아서 기다리지 않고 적극적으로 행동하는 사람이 되겠다. 나는 중독성이 있고 건강에 해로운 습관은 멀리하도록 노력할 것이다. 나는 과거에 나를 얽매었던 습관에서 벗어나 자신의 역량과 장래성을 키워주는 새로운 습관들을 만들어 나가겠다. 나는 금전과 재산의 노예가 아닌 주인이 될 것이다. 나는 점차 경제적인 자립을 추구할 것이다. 나는 지출을 절제하고, 꼭 필요한 것만 살 것이다. 즉, 주택자금, 승용차 구입을 위한 융자 외에는 어떤 빚도 지지 않을 것이다. 나는 수입보다 적게 지출하고, 그 차액의 일부를 정기적으로 저축하고 투자할 것이다. 더 나아가 나는 어려운 사람들이 인생을 좀더 즐길 수 있도록 봉사와 자선을 할 것이다.

이 선언 속에는 적어도 자신에 대한 **반성적 삶**의 모습이 반영되어 있다. 이러한 반성은 자기 내부에 존재하는 양심과 자기 외적으로 표현되는 능력을 바탕으로 한다. 이와 같은 선언이 갖는 의미는 자신의 **정체성**(identity)을 찾아내는 데 있다. 달리 말해 자기 자신에 대한 가치를 인식하고, 사회적 자아로서의 자존 의식을 갖게 된다는 점이다.

사람은 누구나 살아가면서 하나의 생활 중심을 갖고 있다. 우리가 이 생활 중심을 항상 자각하고 있지 못할 뿐이지, 생활 중심 자체는 변함이 없다. 이러한 생활 중심은 배우자, 가족, 금전, 일, 친구, 종교 등과 관련된다. 개인이 어느 것을 더 중시하는가 하는 문제는 그 개인이 갖고 있는 가치와 정서에 의해 결정된다. 어떤 사람은 소유를 중시할 수 있고, 또 어떤 사람은 쾌락을 중시할 수도 있다. 어떤 경우는 학문이나 예술의 가치를 더 중시한다. 이처럼 생활 중심을 어디에 두는가는 그 사람의 사회적 자아가 어떠한가를 결정하는 요소가 되며, 이는 우리의 다양한 사회적 관계를 어떻게 유지해 나가는가를 결정해 주는 요인으로 작용한다.

대인 관계

'얘기 좀 할래요?' 우리는 이 책에서 끊임없이 이 문제에 대하여 관심을 가져 왔다. 이미 첫 장에서 밝힌 바 있지만, 얘기를 한다는 것은 '나눔'의 의미를 전제로 한다. '너'와 '나'는 얘기를 서로 나눔으로써 새롭게 관계를 맺어 나가는 것이다. 관계를 맺는다는 것은 두 사람 이상의 상호 작용을 전제로 하는 것인데, 생떽쥐베리의 '어린 왕자'의 다음 장면은 이러한 관계의 의미를 잘 설명하고 있다.

대화 1

(여우가 나타난 것은 그때였다.)

여우 : 안녕.

어린 왕자 : 안녕. (고개를 돌렸으나 그는 아무 것도 보지 못했다.)

여우 : 난 여기에 있어. 사과나무 밑에.

어린 왕자 : 넌 누구니? 넌 참 예뻐 보이는구나.

여우 : 난 여우야.

어린 왕자 : 이리 와서 나하고 놀자. 난 정말 슬프단다.

여우 : 난 너랑 놀 수 없어. 난 길들여져 있지 않거든.

어린 왕자 : 아! 미안해. (잠깐 생각해 본 후에) '길들인다'는 게 뭐니?

여우 : 넌 여기에서 살지 않는구나. 넌 뭘 찾고 있니?
어린 왕자 : 난 사람들을 찾고 있어. '길들인다'라는 게 뭐니?
여우 : 사람들은 그걸 너무 무시하고 있어. 그건 관계를 맺는다는 거야.
어린 왕자 : 관계를 맺는다고?
여우 : 물론 그렇지. 넌 아직 나에게 다른 수많은 꼬마들과 다를 바 없는 한 꼬마에 불과해. 그러니 나에겐 네가 필요 없어. 또한 너에게도 내가 필요 없겠지. 난 너에겐 수많은 다른 여우와 똑같은 한 마리 여우에 지나지 않아. 하지만 네가 나를 길들인다면 우리는 서로를 필요로 하게 되지. 너는 나에게 이 세상에서 하나뿐인 존재가 될 거고…….

— 생텍쥐베리, 『어린 왕자』를 대화체로 옮긴 것임.

이 대화에서처럼 '관계를 맺는다는 것'은 서로가 서로의 가치를 인정하고 필요로 하는 것을 의미한다. 이러한 관계는 부부, 연인, 친구, 부모와 자식, 스승과 제자 등의 두 사람이 맺는 경우도 있고, 이웃이나 직장, 종교 등의 불특정 다수와 맺는 경우도 있다. 사회적 자아는 이러한 관계 맺기에서 자신은 '어떤 역할 가치가 있는 존재인가?', '왜 필요한 존재인가'를 자각하는 것을 의미한다.

사회적 자아로서의 우리의 삶은 가장 가까운 거리에 있는 가족과 이웃을 통하여 이루어진다. 우리는 이미 가족과 관련된 문제를 앞 장에서 살펴본 바 있다. 그런데 오늘날 가장 심각한 문제의 하나로 대두되는 것이 이웃 간의 대화 단절이다. 이는 대화의 단절만을 의미하는 것이 아니라 인간관계의 단절을 의미하는 것이다. 이처럼 이웃 간의 대인 관계 형성이 어려운 까닭은 이웃으로서의 정체성 상실에 원인이 있다고 볼 수 있다. 따라서 우리는 다음과 같은 질문을 끊임없이 던져볼 필요가 있다. '왜 이웃이 필요한가?', '우리는 이웃에게 어떤 가치가 있는가?'

필요와 가치라는 관계 형성의 요건은 현대인으로 하여금 사회적 역할 유형의 대인 관계를 양산해 낸다. 예를 들어 환자와 의사, 변호사와 고객, 선생과 학생, 상관과 부하, 상인과 고객, 공무원과 시민, 목사와 신도 등의 사회적 역할에 따른 관계는 매우 다양하다. 그뿐만 아니라 사회적 역할은 개인의 생존을 위한 경제적 필요성이나 자아를 실현하고자 하는 가치 차원에서 점점 더 큰 의미를 지니고 있다. 입장의 차이는 생각의 차이를 낳고, 생각의 차이는 갈등으로 이어진다. 대화는 이렇게 생겨난 갈등을 증폭시킬 수도 있고, 줄여갈 수도 있다. 문제는 어떤 마음가짐으로, 어떻게 대화를 풀어갈 것인가에 있다.

2

관계 형성과 지위

관계 맺기

관계 맺기(관계 형성)는 두 사람 이상의 만남에서부터 시작된다. 그러나 모든 만남이 모두 관계를 형성하는 것은 아니다. 적어도 관계는 '주고받는 것'이 있을 때에만 형성된다. 이때 주고받는 것이 무엇인가는 매우 다양하지만, 대화에서는 화자와 청자가 서로 주고받는 **메시지**가 된다. 우리는 대화 모형에서 메시지의 성격에 대해 공부한 바 있다. 그렇지만 관계 형성의 차원에서 볼 때 메시지 내용은 거래와 협상이라는 의미를 담게 된다. 곧 화자가 주어야 하는 것이 있고, 그것을 청자는 수용하거나 거절하게 된다. 협상은 이 과정에서 대화 참여자의 견해차를 조정하는 행위라고 보면 된다.

이러한 상호 거래적인 관계 형성에 대하여 관심을 기울인 박기순(1998)에서는 '주고받는 것'이 성립되기 위해서는 자아 상태, 거래 행위, 삶의 지위가 필요하다고 말한 바 있다. 자아 상태란 관계를 형성하기 이전 개인이 갖고 있는 안정된 감정 유형을 의미한다.

불완전한 자아 상태에서는 주고받는 것이 성립될 수 없다. 또한 거래 행위는 안정적 자아 상태를 토대로 대화 참여자 사이의 주고받는 행위를 의미한다. 삶의 지위란 대화 참여자가 관계 속에서 갖는 서로의 역할이나 입장을 말한다. 서로의 역할에 대하여 정확한 인식이 필요하다. 이렇듯 주고받기를 통하여 관계가 형성되는 과정에서 대화는 중요한 역할을 담당한다.

'어린 왕자'에서 살펴보았듯이 서로의 필요에 의해 서로의 가치를 인정하는 관계를 맺고자 한다면, 우리는 첫 만남에서부터 서로가 의미를 부여해 나가지 않으면 안 된다. 그러나 이 의미부여 과정이 항상 자연스럽게 이루어지는 것은 아니다. 우리는 관계를 형성할 때 모르는 사람과 첫 대면을 하게 되면 두려움을 느끼게 되고, 대화의 실마리를 풀어가지 못하는 경우도 자주 발생한다. 이러한 문제는 대화 연구에서 다룰 수 있는 대화의 전략에 해당한다고 볼 수 있다. 왜냐하면 관계가 형성될 때 우리가 주고받은 대화를 통하여 사람들의 지위나 역할이 얼마든지 새롭게 규정될 수 있기 때문이다.

호칭어 사용

관계를 처음으로 형성해 나갈 때 우리는 **호칭어** 사용에 어려움을 느끼는 경우가 많다. 어떠한 관계인지가 규명되지 않은 상태에서 혹은 관계 속에서도 적절한 호칭어를 찾지 못하여 대화 자체가 어색하거나 성공하지 못하는 사례까지 있는 것이다. 흔히 사회에서 형성되는 관계 중에서 윗사람과 아랫사람의 관계가 형성될 때를 보면, 대화를 주고받는 입장에서 새로운 지위가 형성되고 있는 것을 볼 수 있다. 이와 같은 지위는 대화 참여자의 발화 양식에 영향을 미치는데, 좀더 구체적으로는 호칭어와 지칭어를 어떻게 사용할 것인가, 경어법은 어떻게 구사할 것인가, 업무를 행하면서 상대방을 어떻게 대할 것인가 등의 문제가 모두 지위와 밀접한 관련을 맺고 있다. 다음 대화를 살펴보자.

대화 2

경비원 : 안녕하세요? 사장님! 어디 가시나 보죠?
주　민 : 예. 참, 그런데 전 사장이 아닌데요?
경비원 : 그냥 그렇게 부르는 거죠, 뭐! 하여튼 안녕하시죠?

경비원은 실제로 그가 사장인지 아닌지 모르면서 '사장님'이라 부름으로써, 주민에 대한 경비원으로서, 즉 윗사람과 아랫사람의 관계로 지위를 형성하고 있는 것이다. 여기서 적절한 호칭어로 경비원이 선택한 것이 '사장님'이며 실제로 그 사람이 회사 사장인지 아닌지는 문제가 되지 않는 것이다. 호칭을 통하여 자신은 겸손을 최대한 드러내면 되는 것이다.

이와 같은 호칭어 사용은 대화 참여자들의 관계와 심리를 반영하는데, 처음 만난 사람에게 흔히 사용하는 호칭어로는 직책명의 '사장님, 선생님'이 일반화되어 있으며, 두 사람의 말문트기가 끝난 뒤 좀더 가까운 관계를 형성하고자 하는 의도가 작용할 때 친족어를 사용하는 경향이 있다. 예를 들어 '형님이라 부르겠습니다'라거나 '누님이라고 불러도 괜찮겠지요?'라고 할 경우 '나는 좀더 당신과 가까워지고 싶습니다'라는 의사 표시로 받아들여진다. 이러한 점에서 '아버님, 어머님'이라는 호칭어는 매우 가까운 친구나 결혼을 앞둔 연인의 부모를 부를 때에만 제한적으로 사용된다. 아랫사람이 친분 관계가 없는 어른을 부를 때는 '아주머니, 아저씨'와 같은 친족어를 사용한다. 반면 윗사람이 아랫사람을 대할 때에는 좀더 경직된 단어가 사용되는 것을 발견할 수 있는데, '학생, 어이 꼬마, 아가씨, 젊은이' 등과 같은 호칭어가 이에 속한다. 이는 윗사람과 아랫사람의 대화에서는 본질적으로 두 사람의 지위가 나이나 직책에 따라 결정되어 있다는 사실과 밀접한 관련을 맺는다.

호칭어 사용은 그 말을 듣는 사람의 기분에 상당한 영향을 미친다. 경우에 따라서는 호칭어 때문에 기분이 언짢을 때도 종종 있다. '아줌마'나 '아저씨'의 호칭도 애매한 경우가 많다. '사모님'을 기대하는데 '아줌마'로 불린다든가, 자신이 상당한 지위에 있는 사람인데 '아저씨'라고 불리는 경우, 호칭에서부터 삐거덕거리면 대화 자체에도 부정적인 영향을 미칠 수 있다. 우리는 특히 사회적 대화에서 적당한 호칭어를 찾기가 상당히 어려운 경우가 많다.

다음의 예를 보자.

예문 2

> 시어머님은 내가 새 며느리 적부터 나를 '<u>아가</u>'라고 부르시던 걸, 내 딸이 시집가서 첫애를 낳을 때까지도 여전히 '아가'였다. 동네 노인들은 나를 '<u>새댁</u>'이라고 불렀다. 이십칠 년 동안, 그 상이 외손자까지 생겨 할머니라고 부르건 말건 나는 '아가'요 '새댁'이었다. 내가 '만년 아가' '만년 새댁'인 게 얼마나 희귀한 축복이었던가를 안 건 지금 있는 아파트로 이사를 오고 나서였

다.(중략)

엘리베이터를 탔을 때였다. 젊은 엄마와 예쁜 아기가 같이 탔길래 나는 우선 아기에게 아부하기 위해 부드럽게 웃으며 말했다.

"아이고 예쁘기도 해라. 아가야 몇 살이지? 호호호……"

아이는 힐끔 쳐다만 보고 대답을 안 했다. 젊은 엄마가 슬그머니 아기를 나무랐다.

"세 살, 세 살이라고 말씀드려야지, 할머니가 물어보시는데."

'새댁'에서 별안간 '할머니'로 격상된 충격은 매우 고약했다. 가슴이 울렁이고 다리·팔에 힘이 빠졌다. 그리고 젊은 여자들만 사는 동네에 담박 정이 떨어졌다. '새댁'에서 아직 '아주머니'도 안 거쳤는데 '할머니'라니 말도 안 돼.

— 박완서, '나의 아름다운 이웃'에서

사회적 대화에서 호칭어 사용은 의외로 상대방에게 심리적 충격을 안겨다 주기도 하는 것이다. 위의 대화에서 '할머니'라는 호칭은 '충격'이었고, '담박 정이 떨어지는' 호칭어였다.

이러한 문제점을 다룬 조선일보사·국립국어연구원(1994)에서는 호칭어의 표준안을 제시하고 있다. 예를 들어 직장 상사의 아내는 '사모님, 아주머니'로 부르도록 하고 있는데, '사모님'은 원래 스승의 아내를 부르고 가리키는 말이었으나 의미 확대가 매우 일반적이므로 이를 받아들이도록 한 것이다. 직장 상사의 남편을 호칭할 때는 직함을 알고 있는 경우 직함을 사용하는 것은 자연스러운 일이며, 그렇지 않을 경우 '선생님'이 무난하게 사용될 수 있다.

경어법 사용도 호칭어와 유사한 성격을 지닌다. 보통 관계가 형성되기 이전에는 격식을 갖춘 대화를 하게 된다. 그렇지만 관계가 형성되고 지위가 부여되면서부터 경어법 사용이 달라진다. 친분 관계의 정도성이 경어법 사용을 달리하도록 하는 셈이다. 이 과정에서 우리는 친분 관계가 쌓이면 쌓일수록 높임법의 혼란이 심화되는 것을 발견할 수 있다. 예를 들어 오랫동안 친분 관계를 맺어온 관계에서 윗사람은 자연스럽게 아랫사람에게 반말을 하게 된다. 또한 아랫사람도 윗사람에게 슬그머니 높임 표현을 생략하는 경우가 많다. 그런데 이러한 표현은 시간이 지날수록 '저 분은 고압적이다'라는 느낌을 갖게 하거나, '녀석 건방져졌네'라는 반응을 불러올 수 있다. 격식이 항상 좋은 것은 아니지만, 인간관계에서 기본적인 경어법 사용은 안정적인 관계를 지속시키는 요인으로 작용할 수 있으므로, 항상 경어법 사용에 유의해야 한다.

3

공적 대화와 사적 대화

공·사 구분

사회적 대화는 공적 대화와 사적 대화가 명백히 구분되는 경향이 있다. 사회적 역할이 결정되면, 공식 석상에서는 격식을 갖추어 대화를 하지만, 사석에서는 친분 관계에 따라 대화 양상이 달라진다.

이와 같은 모습을 극명하게 보여주는 사례로는 '사내(社內) 커플'이 있다. 사내 커플은 회사 내에서 대화를 할 경우와 가정에서 대화를 할 경우 서로 다른 위치에 서게 된다. 회사에서는 동료나 상하 관계를 맺는 대신, 가정에서는 부부로서의 역할이 부여된다. 다음 대화는 사내 커플의 대화를 녹취한 것이다.

대화 3

교무실에서

주임 교사(남편) : 사회 선생님, <u>그 반 학생 가운데 김영수 있</u>

지요?

사회 교사(아내) : 예, 주임 선생님. 왜 그러시죠?

주임 교사(남편) : 그 학생 생활 지도 문제 때문에 그러는데……

사회 교사(아내) : 왜요? 무슨 일 있나요?

주임 교사(남편) : 아니, 나중에 이야기합시다.

대화 4

퇴근길에서

남편(주임 교사) : 아까, 영수 있지?

아내(사회 교사) : 왜요? 무슨 일 있었나요?

남편(주임 교사) : 실은 말이야, 그 녀석 참 안됐어. 집안 형편도 넉넉하지 않고. 그래서 그런지 요즘 녀석의 표정이 밝지 않아. 작년에 왜 내가 담임을 했잖아.

이 대화에서 교무실의 대화는 공적인 성격을 띠고 있다. 남편과 아내는 주임 교사와 사회 교사로 불리며, 동시에 서로 경어법을 사용하고 있다. 그런데 퇴근길에서의 대화는 사적인 대화로 아내(여성)로서의 대화와 남편(남성)으로서의 대화 특성이 동시에 드러난다.

어떤 관계에 있든 우리는 공적인 대화는 격식을 요구하며, 상대방의 체면을 존중해 주어야 하기 때문에 경어법을 사용하고 있음을 확인할 수 있다. 이에 비해 사적인 대화에서는 윗사람이 아랫사람에게 반말을 쓰는 경우가 많으며, 간혹은 아랫사람도 친밀도에 따라 말끝을 뚜렷이 하지 않거나 친밀감을 반영하는 어투의 반말을 사용한다. 또한 대화를 하는 사람들의 거리 역시 달라짐을 확인할 수 있는데, 보통 사적인 대화에서는 거리가 가깝고, **공적인 거리**에서는 일정한 거리를 유지하는 경향을 보인다. 보통 대화 연구가들에 따르면 **친밀한 거리**는 15~46cm의 거리로 작은 소리로 속삭일 때 사용된다고 한다. 또한 **개인적 거리**는 46cm~1.2m의 거리로 대부분 사적 대화가 이 거리에서 이루어진다. 이에 비해 **사회적 거리**는 1.2~3.6m로 여기에서는 사회적 교류나 상거래가 이루어진다. 공공적 거리는 3.6m 이상으로서 학생들 앞에서 강의하거나 청중 앞에서 연설하는 거리이다.

이처럼 사회적 대화에서 공적인 경우와 사적인 경우의 특성을 이해하는 것은 좋은 대화를 나누기 위한 필수 조건이다. 요즘 우리 사회에서 문제가 되고 있는 대화 모습은 공·사 대화를 구분하지 않는 경향 때문에 발생하는 경우가 많다. 예를 들어 공적인 자리에서 청자가 아랫사람일 때 반말 투의 호칭이나 비하하는 말을 사용하는 경우이다.

또한 우리말의 경우 존대법의 경직된 사용으로 어법에 맞지 않은 경우가 종종 있다.

- 저희 나라에서는 시민 법규를 잘 지키지 않는 경향이 있습니다.(→우리나라)
- 교장 선생님의 말씀이 계시겠습니다.(→교장 선생님께서 말씀하시겠습니다.)
- 미진한 점이 있으시면 언제라도 전화 주십시오.(→있으면)

생활 속에서 이러한 잘못된 표현은 자주 발견되는데 우리말에 존대법을 지나치게 사용하려는 심리적 기제가 있음을 알 수 있다.

또한 대화에서 공과 사를 구분하는 문제에는 사회·문화적 차이가 존재하는 것처럼 보인다. 서양 사람들은 공적인 자리에서 한국 사람들이 흔히 던지는 다음과 같은 사생활에 관한 질문에 곤혹스러워 한다. 자신의 사생활이 대화의 목적과 무슨 관련이 있는지 이해가 되지 않기 때문이다.

- 몇 살이에요?
- 어디 사세요?
- 결혼은 하셨어요?
- 아이는 몇이죠?

토론과 협상

사회적 대화는 보통 사회 집단에서의 역할과 밀접한 관련을 맺는다. 따라서 역할 수행 과정에서 다양한 **토론**과 **협상 전략**이 구사된다. 이에 대하여 피셔(Fisher, 1970)는 집단 의사 결정 과정에 '방향성 제시, 갈등, 접근, 보강'의 단계가 있으며, 사람들이 이를 구사하는 과정에서 긴장과 갈등을 해소하기 위해 다양한 조정 방식을 구사하게 된다고 말한다. 이 과정에서 제일 먼저 나타나는 것은 방향성 제시로 어떤 견해의 습득과 명료화 및 표현이 시작되는 단계이다. 이 단계에서 사람들은 행동 방침과 대인적인 이해관계를 모색하게 된다. 다음 단계는 **갈등 단계**로 서로에 대한 견해차와 태도가 달라지면서 갈등이 생겨난다. 이 단계에서 사람들은 구성원들과 논쟁을 벌이고 설득을 시도하게 된다. 이러한 노력은 다음 단계인 **접근 단계**로 이어지는데, 이 단계에서는 자신의 견해를 완화시키면서 협동에 대한 암시를 보이게 된다. 마지막 단계인 **보강 단계**에서는 의사 결정이 통합되어 새로운 해결 방식을 얻게 된다.

사회적 대화에서는 일상성을 띠고 있든 격식성을 띠고 있든 이러한 협상 전략이 다양하게 구사되며, 협상 전략도 고정적인 단계를 거치지만은 않는다. 어떤 경우는 협력이 우선시되고, 어떤 경우는 경쟁이나 갈등이 우세하게 나타나기도 한다. 특히 사회적 대화에서 토론과 협상을 어렵게 만드는 요인이 있다. 이는 집단의 효과적인 의사소통을 방해하는 장애물이라고 할 수 있는데, 이는 자신들의 요구를 집단의 요구보다 우선시하는 사람들과 관련되어 있다.

맥케이(M. McKay, 1999)는 이러한 사람들의 유형을 공격자, 패배주의자, 스타, 이야기꾼, 광대, 지배자, 도끼를 가는 자들 유형으로 나누어 설명한 바 있다. 먼저 **공격자**들은 집단 내의 다른 사람들을 이해하지 못한 상태에서 그들을 곤경에 빠뜨리고자 하는 사람들을 지칭한다. 그들은 상대방의 잘못이나 결점은 심각하게 공격하기를 좋아할 뿐만 아니라, 집단의 성공보다는 자신의 승리감을 더 중시한다. 일상의 대화에서 이러한 모습을 확인하는 일은 어렵지 않다. 이와는 달리 집단의 관심사에 냉소적이고 무기력한 태도를 보이는 사람들도 있다. 그들은 일종의 **패배주의자**들이다. 그들은 보통 '이런 일은 어쩔 수 없어. 안 될 게 뻔한데 뭐'라고 말하는 경우가 많다. 또한 나서기를 좋아하는 사람도 있다. 이런 사람들은 자신의 일이든 타인의 일이든 언제든지 끼어들 준비를 하고 있다. '아, 그것 말이지요. 나도 얼마 전에 겪어 봤는데요 ……'라며 말참견을 한다. 옆에 있는 사람의 '누가 물어 봤어? 누가 물어 봤냐구?'라는 반응에도 아랑곳하지 않는다. 일종의 스타 의식이 내재되어 있는 것이다. 아울러 집단의 문제는 상관하지 않고 자신의 경험과 관심사만을 알아달라고 보채는 사람들도 있다.

'너'와 '나'의 관계 속에서 형성해 나가는 '우리'의 자아 개념은 사회적 관계 속에서 '사회적 자아'를 확립해 나간다고 볼 수 있다. 즉, '나는 누구인가?'라는 '자기 정체성'에 대한 물음은 '나는 가치 있는 존재인가? 나는 필요한 존재인가? 나는 어떤 역할을 하는가?' 등의 물음을 사회적 관계 속에서 던져 볼 수 있다. 이러한 '사회적 자아'에 대한 인식은 우리가 사회적 대화를 성공적으로 해 나가는 데에 필요한 요소가 되는 것이다. 친밀한 사이에서 이루어지는 사적 대화로부터 친밀하지 않은 불특정 다수와 이루어지는 공적 대화에 이르기까지 이러한 '자아 개념'에 대한 인식은 필수적이라고 볼 수 있으며, 원만한 사회생활을 하기 위해서는 사회적 대화의 기법을 익혀야 할 것이다.

사회적 대화에서도 우선 자신을 정확히 이해하고 이를 드러내는 방식에 관심을 갖지 않을 수 없다. 이 문제는 성별 대화나 가족 간의 대화, 친구 사이의 대화에서 끊임없이 반복하여 살펴본 자기 개방자기 개방이나 **나-전달법**과 관련이 있다. 사회적 대화라고 해서 자아 확인과 자기 노출 방식이 달라지는 것은 아니다. 그런데 사회적 대화에서는 무엇보다도 대화 참여자의 사회적 역할사회적 역할을 이해하는 것이 필요하다. 사회적 관계 형성으로 만들어진 지위와 입장은 대화 참여자가 고려하여야 할 사항이다. 이러한 지위나 입장에 따라 대화의 태도를 결정해야 하기 때문이다. 따라서 예의 바른 태도로 적절한 상황에 맞는 화제를 선택하여 적절하게 말하는 요령이 필요하다.

또한 사회적 대화에서도 협력의 원리가 잘 지켜져야 한다는 점이다. 특히 사회적 대화에서 대화가 중단되는 이유 가운데 상당수는 윗사람의 권위 의식과 아랫사람의 대화 태도에서 비롯된다. 그렇기 때문에 윗사람이 아랫사람에게 훈계를 하거나 명령을 할 때에도 자연스럽게 수용될 수 있도록 표현하는 능력을 기를 필요가 있다. 우리는 이러한 상황에서 간접 화법이 얼마나 유용한가를 배운 바 있다. 일방적인 말하기 습관은 대화를 중단시키는 장애 요인이 되는 것이다. 아랫사람이 무의식적으로 사용하는 은어나 유행어도 윗사람과의 대화를 가로막는 경우가 있다. '짱입니다', '캡인데요', '왕입니다' 등의 사용은 말하는 사람의 품위를 떨어뜨릴 뿐 아니라 윗사람에게 좋지 않은 인상을 주게 되어 관계에 부정적인 영향을 끼치게 된다.

좋은 대화는 개방적이고 유연하며, 서로를 이해하고자 하는 바른 태도에서 시작된다. 서로를 이해하고, 예의를 갖춘 올바른 어법을 구사하도록 노력하는 것이 좋은 사회적 대화를 이루는 지름길이다. 이것은 바로 우리가 사는 사회를 한 차원 끌어 올리는 길이 되며, 그 속에서 살고 있는 우리들의 삶의 질을 향상시키는 길이 되는 것이다. 요새는 언어폭력이라는 말도 심심치 않게 듣는다. 우리가 다음 장에서 살펴볼 '드라마'나 '인터넷'에서 무책임하게 행해지는 부정적인 대화 습관이 우리의 일상생활을 부정적으로 지배하는 경우도 많다는 것에 우리는 유념하여야 할 것이다.

더 읽어보기

김태길(1997), 『직업 윤리와 한국인의 가치관』, 철학과 현실사.
박완서(1994), 나의 아름다운 이웃, 『꼴찌에게 보내는 갈채』, 한양출판.

양창삼(1997), 『인간 관계와 갈등 관리』, 경문사.
이경우(1998), 『최근세 국어의 경어법 연구』, 태학사.
이한검(1988), 『현대적 인간 관계론』, 형설출판사.
Fisher B. A.(1970), Decision Making : The Process of Decision Modification in Small Dicussion Group. *Journal of Communication* 20.
Stephen R. Covey, 김경섭 · 김원석 옮김(1994), 『성공하는 사람들의 일곱 가지 습관』, 김영사.
Stephen W. Littlejohn, 김흥규 옮김(1996), 『커뮤니케이션 이론』, 나남 출판.

제11장

드라마와 대화

1. 일상과 드라마
2. 텔레비전 드라마의 특성
3. 드라마의 갈등
4. 드라마 속의 대사
5. 드라마와 담론
6. 드라마 감상법

1
일상과 드라마

일상의 이야기

드라마는 일상의 이야기다. 그러나 일상은 드라마처럼 단순화되거나 정리되어 있지 않고, 복잡하게 모든 것이 한꺼번에 섞여 있다. 또한 일상은 드라마에 비해 자연스럽고 순차적이며 덧없이 되풀이 된다. 잠을 자고, 밥을 먹고, 일터에 나가고, 전화를 걸고, 생일을 맞고, 어쩌다 여행을 하는 것 등이 우리의 일상 속에 있다. 시험에 떨어지고, 연인과 헤어지며, 친구와 갈등하고, 사랑하는 사람을 만나는 등의 모든 일들이 우리의 일상의 이야기이다. 텔레비전 드라마는 바로 이러한 일상의 이야기에 대한 선택이며 해석이다. 텔레비전 드라마는 일상의 현실을 끊임없이 선택하고 해석하며 그 과정을 다시 일상에 돌려 버리는 힘을 가지고 있다. 그러므로 텔레비전 드라마의 시작과 끝은 되풀이되는 우리 일상의 모든 이야기 속으로 묻혀 버리고, 텔레비전 드라마는 우리와 함께 끊임없이 되풀이될 수 있는 것이다. 이 점이 바로 텔레비전 드라마가 연극이나 영화와 구별되는 점인 것이다.

텔레비전 드라마가 탄생하기 전에는 우리는 영화나 연극을 보기 위해 어두컴컴한 극장에 들어가야만 했다. 그때 우리는 잠시 일상을 버리고 극 중의 이야기 속에 우리를 맡겨 버리는 것이다. 이윽고 극이 끝나고 극장 밖을 나오면 우리는 잠시 멍해짐을 느끼는데, 그것은 우리가 연극이나 영화를 보면서 뒤로 돌려놓았던 일상을, 일상의 빛과 함께 다시 만나기 때문이다. 그러나 텔레비전 드라마는 그러한 것을 요구하지 않는다. 일상의 시공간 속에 텔레비전 드라마가 있고, 일상을 버리지 않고도 우리는 텔레비전을 시청할 수가 있다. 영화처럼 침묵을 지킬 필요도 없으며, 극에 동화되기 위해 우리를 맡기지도 않는다. 우리는 드라마 속의 인물과 현실의 자신을 끊임없이 비교하며 동화시킨다. 드라마의 이야기가 언제나 나의 이야기일 수 있으며 나의 이야기가 드라마의 이야기일 수 있다.

드라마(drama)는 일반적으로 '극, 연극' 등을 포괄하여 일컫는 말이며, 드라마의 장르도 여러 가지가 있다. 그러나 우리가 여기서 다루는 분야는 우리의 일상과 가까운 텔레비전 드라마이며, 더 정확히 말하면 텔레비전 드라마 중에서도 우리의 일상과 가장 가까운 '**홈드라마**'이다. 홈드라마는 가족을 대상으로 한 드라마로 연속극이나 단막극, 또는 시트콤(상황희극) 등이 여기에 포함된다. 우리는 이러한 드라마 속에 나타나는 인간관계와 갈등, 그리고 그들이 나누는 대화의 특성을 살펴보고자 하는 것이다. 드라마 속의 대화나 갈등은 일상의 이야기로 꾸며지지만, 일상에 비해 **의도적**이고 **전형적**인 성격을 띤다. 이는 극적 구성을 위한 것으로 이 점에서 바로 드라마의 갈등과 대화가, 일상의 것과 차이를 갖게 되는 것이다. 우리는 텔레비전 드라마를 살펴봄으로써, 의도적으로 만들어지고 정형화된 대화 속에서 갈등이 어떻게 표현되고 있는지를 들여다보면서 우리의 대화 연구를 계속하게 될 것이다.

대화 1

(동숙과 태실 거피를 마신다.)

동 숙 : 별꼴이야. 니가 뭔 돈이 있다고 비싼 커피를 사 준대?

태 실 : 엄마!(본다) 밤에 매일 늦게 들어오는 진짜 이유가 뭐야? 정말 동네 아저씨들이랑 술 먹고 춤추러 다닌 거 아냐?

동 숙 : 얘가 증말! 계모임에서 여자들끼리 딱 한번 캬바레 간 적은 있다, 왜?

태 실 : 아저씨들이랑 술 마신 건?

동 숙 : 만수랑 포장마차 몇 번 간 게 전부야. 만수도 동네 아저씨냐?

태 실 : 아니 땐 굴뚝에 연기 난 건 아니네 뭐…… 엄마! 집에 일찍 가서 밥 하구 그러는 게 그렇게 재미없어?

동 숙 : 지지배야! 니가 일찍 들어와서 기다려 봐라. 내가 늦게 가나.

— SBS, <금요일의 약속>

추궁하듯이 대드는 딸 '태실'과 이를 회피하는 엄마 '동숙'의 대화가 이렇듯 직접적으로 지체 없이 진행되는 것이 드라마에서라면 새삼스럽다고 할 수는 없을 것이다. 그렇지만 만약 이러한 갈등이 일상의 대화 속에서 진행된다면 이렇게 빠른 속도로 거침없이 이어질 수 있을까? 한정된 시간과 공간 속에서 드라마는 진행되어야 하므로 작가는 의도성을 가지고 등장인물들의 대화를 압축하여 끌고 가지 않으면 안 된다. 일상에서처럼 화가 난다고 며칠씩 말을 안 하거나, 어떤 일이 다른 많은 일들과 겹쳐 진행된다면 드라마는 이루어질 수 없다. 드라마에서는 이처럼 한정된 시간과 공간 속에서 일정한 주제를 향하여 부지런히 이야기를 주고받아야 하는 것이다. 이것이 드라마와 일상의 차이인 것이다.

족쇄의 기술

드라마는 **무갈등의 갈등**을 그려낸다고도 볼 수 있다. 이러한 성격은 홈드라마에서 특히 두드러지는데, 홈드라마의 갈등과 줄거리는 거의 뻔하다. 마치 서부극을 보는 것과도 같다. 서부 활극에서 주인공은 반드시 승리하며, 약간의 차이가 있다면 주인공이 무엇으로 악당을 물리치는가 하는 정도만 달라질 뿐이다. 홈드라마의 갈등이 무갈등의 갈등이라는 점도 이와 다르지 않다. 일상의 사소한 일을 의도적으로 확대 해석하고 갈등을 일으키며 마지막으로는 화해함으로써 정형화한다.

드라마 속의 대화가 의도적일 수밖에 없는 까닭은 작가나 연기자가 효과적으로 시청자의 눈을 잡아둘 수 있어야 하기 때문이다. 이에 대해 드라마 작가들은 '족쇄의 기술'이라는 용어를 사용한다. **족쇄의 기술**이란 드라마를 탄탄하게 조여 주고 묶어 주는 기술을 의미한다. 드라마가 너무 어려우면 시청자는 채널을 돌려버린다. 또한 너무 싱겁게 보여도 돌리게 마련이다. 외국의 어느 시나리오 작가는 '될 수 있는 한 어렵게 설정한 줄거리와 격투하라. 이것을 극복하는 것은 오로지 작가 자신의 힘이다'라고 말한다. 그렇기 때문에 드라마 속의 갈등과 그 대화는 누구나 쉽게 예측이 가능하다. 그럼에도 시청자의 눈을 돌리지 않기 위해서 필요한 것이 바로 이 족쇄의 기술이다. 만들어진 공간을 자신이 잘 이해하고 있으며, 그 공간이 현실의 공간과 일치하기를 기대하는 심리가 작용한다. 이런 기대 심리를 성공적으로 묶는 기술이 시청자를 잡아두는 족쇄의 기술이며 이는 모든 드라마에 공통적으로 작용된다. 다음 어느 제작자의 회고를 들어 보자.

예문 1

수사반장을 연출했던 어느 프로듀서의 회고

무엇보다도 문제는 '범죄 사건을 통해 현실 사회 구조 속에 나타나는 인간의 아픔을 어떻게 리얼하게 그릴 것이냐'는 거였다. 그래서 소재는 일단 실화(實話)를 모델로 쓰기로 했다. 치안국에 협조 공문을 보내 촬영에 대한 편의 제공과 수사관들을 대상으로 사건 수기를 공모해 줄 것을 부탁했다. ……(중략)…… 공모된 수사관들의 수기를 든 채 사건 현장을 뛰어다니고 범인들의 가족과 친구 등 주변 사람들을 만나면서 재미있는 에피소드를 수집해 드라마의 '꺼리'로 등장시켰다. 이렇게 50분짜리 실화극의 행간을 메워나가자 금방 시청자들로부터 반응이 왔다. 하루에 수십 통의 편지가 배달되어 왔는데, 거의가 자신들의 하소연을 털어놓는 내용이었다. 가령 집안싸움을 했는데 작은아버지가 나쁜 사람이라며 혼을 내주라는 등, 애인이 변심을 하고 도망갔는데 잡아다가 유치장에 가두어 주십사 하는 것들이었다. 어떤 범죄자가 경찰서에 붙들려 와 거짓 진술을 할 때 이를 취조하던 수사관이 "거짓말 하지 마!"라고 큰소리를 치면, "이거 왜 이러는 거야. 수사반장에서는 안 그러던데……"라고 거드름을 피는, 웃지 못할 에피소드도 있었다.

— 이연현(1990), '수사반장', 『월간방송』 11월호에서

이 회고에서 우리가 확인할 수 있는 것은 실화극일지라도 작가는 '꺼리'를 만들어서 시청자의 눈을 잡는다는 것과, '리얼하게 그려냄으로써' 시청자가 쉽게 이해할 수 있도록 한다는 점이다. 그렇기 때문에 특별한 고민을 하지 않아도 언제 어디서나 드라마를 시청하는 일은 자연스럽게 이루어진다. 그렇기 때문에 간혹은 드라마 속의 공간과 현실 공간을 구분하지 못하는 경우도 발생하는 것이다. 드라마 속의 갈등과 대화가 실제 상황의 것과 반드시 일치하는 것은 아니라는 점을 간과하게 되는 것이다.

2 텔레비전 드라마의 특성

카타르시스와 반카타르시스

아리스토텔레스는 문학 작품이나 연극의 목적은 카타르시스에 있다고 했다. 카타르시스(catharsis)란 극을 비롯한 예술작품 속에 자신을 동화시켜 몰아 경지를 체험한 뒤 새롭게 형성되는 순수한 의식의 바탕을 말한다. 우리가 한편의 극을 접하면서 황홀경에 빠지거나 아니면 펑펑 눈물을 흘리거나 실컷 웃고 난 뒤 무언가 개운한 용솟음을 경험한다면 카타르시스가 작용한 것으로 본다. 카타르시스의 성립조건은 작품에의 몰입과 작품 현실과의 동화이며, 작품 세계에 대한 감동이다. 텔레비전 드라마에서 우리가 느끼는 카타르시스는 연극이나 영화에 비하여 **반카타르시스**(semi-catharsis)적인 요소를 갖춘다고 볼 수 있다. 그것은 텔레비전 드라마가 현실과 동떨어지지 않고 시청자로 하여금 작품과 동질감을 느끼며 갈등하도록 해야 하기 때문이다. 즉, 텔레비전 드라마는 항상 시청자의 공감을 형성해야 한다. 감동과 공감은 비슷한 어휘이지만 그

지향하는 바가 다르다. 감동이란 작가나 작품이 일방적인 자기 세계로 끌어들이는 통일 작업임에 비해, 공감은 현실에 대한 등가 의식의 확립이다. 따라서 감동은 '준다', '받는다'라고 표현하지만 공감은 '형성한다'로 표현하는 것이 적절하다. '감동의 부여'와 '공감의 형성'은 그 지향하는 바가 다르다. **감동**은 나를 잊고 몰입할 것을 요구하지만 공감은 언제나 자기의식을 당당하게 보유한다. 이런 의미에서 텔레비전 드라마는 반카타르시스를 갖는다고 할 수 있는 것이다.

텔레비전 드라마는 현실과 대응하고 시청자와 대응한다. 드라마로 인해 시청자가 현실과 극 사이에서 갈등하고 현실을 바탕으로 극을 다시 바라볼 수 있을 때 비로소 시청자는 극의 내용에 공감을 하게 된다. 영화처럼 스크린에 관객을 몰입시켜 작품과의 거리를 없애는 동화작용보다는, 시청자를 텔레비전 화면에 몰입시키지 않고 일정한 거리를 유지하면서 현실 쪽에 묶어 두는 것이 텔레비전 드라마의 참모습이다. 예를 들어 의사의 오진을 묘사하는 드라마는 곧 의사협회를 자극한다. 돈 봉투를 받는 기자나 선생님을 묘사하면 기자협회나 교총에서 항의가 들어온다. 텔레비전 드라마는 이처럼 현실과 끊임없는 연계성을 유지하면서 다른 미디어가 도저히 좇을 수 없는 독특한 자기 영역을 만들어간다. 극의 내용에 동화되어 카타르시스를 느끼는 것만으로는 설명될 수 없는 특징인 것이다.

연속성

연극이나 영화가 **'일회성'**을 특징으로 한다면, 텔레비전 드라마

(특히 연속극)는 **'연속성'**을 특징으로 한다. 드라마의 시작과 끝은 주기적으로 반복되는 부분들이 총체적으로 통합되면서 완성된다. 텔레비전 드라마는 독립성과 완전성이 배제된 부분들의 연결이라는 특징을 가지고 있다. 이러한 드라마를 시청하는 시청자의 행위는 한 번의 시청으로 끝이 나는 것이 아니라 계속과 반복이 전제되는 참여 행위가 된다. 다음 회와 다음 시간을 전제한 약속에 의해 드라마가 진전되고 집성되며 시청자는 자신의 드라마 체험을 축적해 가는 것이다.

이러한 텔레비전 드라마의 연속성은 시청자가 작가의 제작을 강제할 수도 있다. 처음과 끝이 작가가 정한 순서대로 이끌리는 것이 아니라 '만들면서 보고' '보면서 만드는' 가변적인 것이다. 드라마의 주제가 바뀔 수도 있고 소재가 변할 수도 있다. 주인공을 헤어지게 할 수도 있고 맺어지게 할 수도 있으며 아예 빼버릴 수도 있다. 이러한 가변성 때문에, 드라마에서 빨리 끝날 수 있는 어떤 역이 오랫동안 연장될 수도 있다. 이는 제작자가 시청률이라는 구속에 얽매이게 되는 것을 말하는데, 이런 의미에서 시청자는 드라마의 제작에 참여하게 되는 것이다. 이는 드라마와 시청자의 현실 사이에서 공감을 형성하려는 목적이 드라마의 연속성이라는 형식을 통하여 유지되고 있음을 말한다.

동시성

텔레비전 드라마는 연속성과 더불어 **동시성**을 갖는다. 영상의 특성은 영화나 텔레비전을 막론하고 항상 현재며 현재진행형을 의식화한다는 것이다. 가령 그것이 수십 년 전에 제작된 것이라 하더라도 영상이 재현되는 순간에는 현재를 회복하게 된다. 텔레비전 드라마 역시 브라운관에 나타나는 순간 현재 진행 중인 것이 아님에도 불구하고 시청자는 무의식중에 이를 동시적인 것으로 받아들인다. 텔레비전 드라마에서 착각이 개입되는 것은 바로 이 부분에서이다. 이것이 텔레비전 드라마의 동시성이다. 즉, 동시성이란 일상성이 갖는 연속적 관성이 텔레비전 드라마의 공간과 시간을 동시적인 것으로 만들어 시청자의 의식에 흡수되는 과정을 말한다. 이러한 동시성이란 결국 영상이 갖는 특성 즉 움직임에 의한 것이다. 움직이는 것은 항상 현재로 인식하는 심리적 동시성인 것이다. 움직임이 없는 영상은 동시성을 유발하지 못한다. 예를 들어 수십 년 전의 흑백 사진을 보는 것과 수십 년 전의 시대극을 보는 것을 비교해 보라. 흑백 사진을 통해서 우리는 지나간 시간의 양을 가늠하게 되지만 시대극을 통해서는 여전히 동시성을 느끼게 된다.

텔레비전 드라마는 테마와 내용의 동시성에 의해 더욱 극적으로 되살아나게 된다. 대통령이나 고위 관직자, 천재, 재벌 등은 시청자와 동시성을 갖기 어려운 주인공들이다. 시청자의 체험과 일상 범주에 들어오기 힘든 인물이기 때문이다. 이러한 동시성이 강한 집단은 가족이며 이웃이다. 학교나 직장에서 흔히 만나며 사는 평민이나 서민들에게 우리는 강한 동시성을 느낀다. 그래서 텔레비전 드라마에는 가족이 많이 등장한다. 부모는 물론이고 할머니, 할아버지, 이모, 고모, 사촌, 장인, 장모가 끼어든다. 애인과 이웃과 친구가 모여들고 항상 전화 받는 장면이나 식탁 장면이 등장한다. 사회적 동시성을 확보하려는 텔레비전 드라마의 성격 때문이다.

3

드라마의 갈등

드라마의 갈등 구조

극(劇)이라는 한자는 '호랑이(虎)'와 '멧돼지(豚)'와 '칼(刀)'로 이루어진 것으로 '두 마리의 맹수가 서로 이를 드러내고 날카롭게 대립하여 싸운다'는 의미를 지니고 있다. 이는 드라마의 기본이 갈등이라는 것을 잘 말해 주고 있다. 드라마에서는 주인공이 갈망하는 목적과 의지를 가지고 있어야 하며 그것을 방해하는 힘이 있어야 한다. 이 상극하는 두 힘 사이의 대립과 갈등이 바로 드라마의 기초가 되는 것이다.

드라마의 갈등은 전반부에서 빨리 시작되어야 하는데 상황 설명이나 배경 묘사에만 너무 시간을 많이 들이게 되면 시청자의 관심을 붙잡기 어렵게 되기 때문이다. 드라마는 영화나 소설, 연극과는 달리 시청자가 인내력을 가지고 보지 않기 때문에 빨리 본격적인 사건과 갈등 구조로 들어가야 한다. 등장인물들의 대립을 빨리 제시해야 시청자는 앞으로 벌어질 극적인 사건들에 대해 호기심을 가지고 계속 시청할 생각을 하게 된다. 또한 갈등이 해결되면 자연히 시청자의 몰입과 관심이 떨어지게 되므로 지속적인 관심을 묶어놓으려면 마지막까지 갈등을 유지하거나 새로운 갈등을 제시해야만 한다.

이런 점에서 볼 때 우리나라 텔레비전 드라마의 소재가 대부분 가족이라는 점은 의미심장하다. 갈등을 드라마의 핵심으로 간주한다면 가족이라는 소재는 혈연관계 자체가 갈등일 수 있기 때문이다. 이 갈등은 일상생활 속에 녹아들어 드라마의 내용을 핵심화하고 전개를 촉진하게 된다. 가족 구성과 일상 모두가 갈등이 되는 셈이다. 윤석호(1990)에서는 1980년대에 6년간 방송된 '드라마게임' 300편을 통해 갈등의 유형을 분석하고 있는데 가족 갈등이 112편(37%), 부부 갈등이 106편(35%), 남녀 갈등이 38편(13%), 사회 갈등이 17편(7%)을 차지한다. 부부 갈등을 가족 갈등에 포함하면 300편 중 218편이나 된다.

이러한 갈등은 흔히 가정이 보전되고 유지되는 차원에서 비교적 원만하게 해결되는 것으로 나타나지만 1990년대 이후에는 이러한 양상도 크게 바뀌고 있다. 싫어도 참고 사는 종래의 형태에서 '내 주장'과 '네 의견'이 격돌하는 장으로 바뀌는 것이다. 이는 종래의 가족 중심에서 개인 중심으로 드라마의 초점이 이동하여, 가족 이익이 꼭 개인의 이익과 동일시될 수 없으며 전체 구성원으로서의 개인보다는 개별적인 존재로서의 개인을 강조하는 방향으로 흐르게 된 것이다. 즉, 1990년대 드라마는 세대 간의 차이와 가정환경의 차이에서 오는 갈등을 첨예하게 대립시키면서도 희극적인 화해의 길을 모색하였다. 그러나 최근에 들어서는 드라마의 갈등 해소가 굳이 화해하는 길을 택하지만은 않으며, 관계를 깨어버림으로써

갈등 해소의 길을 찾기도 하는 것이다.

드라마의 갈등과 대화

드라마는 일상의 이야기이기 때문에 드라마에서의 갈등은 현실의 갈등과 비슷한 모습을 보인다. 위의 갈등 유형에서 가족간의 갈등이나 부부간의 갈등이 대부분을 차지하듯이 우리의 일상에서도 마찬가지다. 그러나 다른 점이 있다면, 현실에서의 갈등은 그 해소를 목표로 하지만 드라마에서의 갈등은 심화를 목표로 한다. 끊임없이 갈등을 유발하고 심화시키면서 시청자를 텔레비전 앞에 잡아두어야 하는 족쇄의 기술 때문이다. 물론 드라마의 종결부에서 모든 갈등을 해소시키면서 끝을 맺는 것이 일반적이지만 드라마를 마지막까지 이끌고 나가는 힘은 역시 갈등의 심화에 있다고 할 수 있다.

드라마의 갈등 양상은 우리가 앞(제6장)에서 살펴본 갈등 구조와 유사하다. 그러나 드라마에서는 극적 갈등을 심화시키기 위해 드라마에서 주고받는 대화가 이러한 갈등을 심화시키는 데 의도적으로 사용되고 있다. 계속해서 상대방에게 말의 상처를 안겨준다든지, 대화의 걸림돌을 도처에 깔아 놓는다든지 하면서 화해를 위한 어떠한 가능성도 무시해버리기 마련이다. 다음의 예를 보자.

대화 2

#49 오피스텔 안

(벨이 울린다. 남혁은 그대로 자고 있고, 영욱이 가운 차림으로 젖은 머리를 감싸고 나온다)

영 욱 : 누구세요?

태 주 : 나야!

영 욱 : 태주 씨? (당황스럽다. 얼른 잠든 남혁을 돌아본다)

태 주 : 나라구! 안 열어 줄거니?
(영욱 가서 얼른 문을 열어준다. 태주가 들어온다)

영 욱 : 태주 씨!

태 주 : 미안했어! 어제 갑자기 본사에서 …… (들어오다가 아무렇게나 벗어둔 셔츠와 넥타이를 본다)

태 주 : (믿기지 않아서 멍하니, 침대 쪽 돌아본다. 돌아보니, 웃옷 벗은 채, 자고 있는 남혁)

태 주 : (이게 무슨 일인가 …… 감이 안 온다)

영 욱 : 태주 씨! …… 그게 아니구!

태 주 : (차게 웃는다. 그 눈에 다시 보이는 침대에도 걸려진 남혁의 옷들)

태 주 : (웃고 돌아선다)
(영욱, 남혁을 깨우러 간다)

영 욱 : 남혁 씨! 빨리 일어나 빨리!

남 혁 : 에이, 왜 그래요? (잠결에 돌아누워 버린다)

영 욱 : 남혁 씨! (하는데, 태주 낮게 쏘아 붙인다)

태 주 : 너 이거 뭐야?

영 욱 : …… 태주 씨! …… 사실은!

태 주 : 너 이럴 수 있니? 이 정도였어, 니들?
(영욱의 말은 들으려고도 않은 채, 분노로 이성을 잃은 태주의 시선)

영 욱 : (세상에 …… 나를 이런 식으로 의심하다니)

태 주 : 설명해 봐!

영 욱 : (너무 큰 실망) 무슨 설명을 어떻게 하라는 거야?

태 주 : (본다)

영 욱 : 봤잖아! 자기 지금 보구 있잖아! 자기 보구 싶은 대로 봐! 믿고 싶은 대로 믿어! 그럼 되잖아!

태 주 : 하하! …… 하!하!

영 욱 : 내가 무슨 말을 한들 무슨 상관이겠어, 자기한테. 안 그래? (하는 순간, 태주가 영욱의 뺨을 때린다)

태 주 : 끝이야!

영 욱 : 그래? (하고는 영욱도 태주의 뺨을 때린다)

영 욱 : 나도 끝이야!

(태주 꽝 문소리를 내고 나가버린다)

— MBC, <그 여자네 집>

위의 예는 갈등이 극단으로 치닫는 모습을 보여준다. '남혁'이 잠든 이유를 남편 '태주'에게 설명할 수 있었음에도 불구하고 '영욱'은 설명을 포기하고 갈등을 극단으로 몰고 간다. 이렇게 갈등을 심화시키기 위한 대화는 드라마를 이끌어나가는 하나의 힘이 된다. 이 갈등 양상이 어떻게 진행될 것인가에 대한 시청자의 호기심을 강하게 자극하는 것이다.

이렇게 갈등을 전개의 축으로 진행되는 드라마는 끊임없이 갈등을 유발하고 심화시키며 해소해 나가는 구조를 가지고 있다. 이러한 갈등 양상이 우리 주위에서 흔히 발생할 수 있는 일상의 모습을 띠고 있다면, 갈등이 심화되는 과정에서 사용된 대화의 모습을 통해 우리들 자신의 일상의 대화를 되돌아보고 반성하게 한다는 점에서 우리는 드라마의 순기능을 찾을 수 있을 것이다.

4

드라마 속의 대사

드라마의 대사는 일상의 대화를 바탕으로 하지만, 제한된 시간과 공간 속에서 극 중 의도를 전달해야 하므로 보다 효과적이고 집약적인 표현으로 대화 전략을 구사하게 된다. 그러므로 일상의 대화보다 더 의도적이고 정형화되는 특성을 지니며 또한 대화의 격률이 더 잘 지켜지는 것을 목격할 수 있다. 이는 작가가 보다 효과적으로 의미를 전달하기 위해서 여러 가지 면에서 대화의 적절성이 잘 지켜지도록 대사를 조정하는 것이라고 이해할 수 있다.

드라마 작가인 클라라 베린저는 이 점을 고려하여 드라마 대사가 일관성, 감정적 대응, 명쾌성, 간결성, 단순성, 청각적인 호소, 색깔 있는 대사, 사실성을 지니고 있다고 말한 바 있다. 이것은 우선 드라마의 등장인물들의 대사가 극중 인물들의 성격이나 감정적 상태에 부합해야 함을 말한다. 또한 양의 격률이나 순서 교대가 매우 적절하게 이루어져 특별한 상황이 아니라면 대화 참가자의 순서와 말하는 양이나 내용 등이 균형감 있게 배치됨으로써 대화의 구성이 명쾌 · 간결 · 단순하게 구성되어야 함을 말한다. 또한 대사에 일치하는 청각적 효과도 중요하며 거기에 무미건조하지 않게 '색깔' 있는 대사를 사용하여 대화의 재미를 높이고, 무엇보다도 현실 감각이 있어야 함을 말하고 있다고 할 수 있다. 그런데 드라마에서 이런 특성은 주인공들 간의 대화에서 더 두드러진다고 볼 수 있다.

대화 3

미 진 : 다녀왔습니다.
민 식 : 어, 그래 왔니? 근데 왜 그렇게 힘이 없어.
인 경 : (악보만 보면서) 몰라서 물어요. 그렇게 술을 먹고 난리를 쳤는데 피곤하지 안 피곤하겠어요. 재 아직 술이 덜 깨서 그래요. 걱정하지 말아요.
미 진 : 엄마는…….
인 경 : 내 말이 틀려. 이 놈의 기집애. 지금 생각해도 분통이 터져 죽겠어. 아주 그냥!
민 식 : 당신은 또 애를 오자마자 잡아.
인 경 : 내가 잡는 거예요? 저 기집애가 한 일이 있는데. 너 오늘 뭐했어?
미 진 : 뭐하긴……. 하루 종일 회사일에 정신없었지.
인 경 : 미리 경고해 두는데……, 족발집 그 남자는 안 된다.
미 진 : 엄마!
민 식 : 족발집이라니?
인 경 : 미진이가 좋아한다는 그 남자 집이 족발집 해요.
민 식 : (반색하는) 어? 맛있는 거 하네!
인 경 : 여보오~.
민 식 : 큼큼
미 진 : (노려보며) 어떻게 알았어?

인경 : 알기만 해? 그 남자 어머니도 봤다.

—KBS2, <며느리 전성시대>

이 장면은 딸과 어머니, 아버지가 대화를 나누는 장면이다. 일상의 대화라면 이처럼 딸의 남자 친구 문제를 화제로 올리면서 이처럼 자연스러운 대화를 나누기가 쉽지 않을 수도 있다. 그러나 드라마는 드라마만의 색깔을 드러내는 대화의 기법을 사용한다. 세 사람의 대화임에도 적절한 **순서 교대**가 이루어질 뿐 아니라, **대화의 중복**도 일어나지 않는다. 만약 일상의 대화라면 반드시 이렇게 여러 차례 어김없이 순서가 지켜지거나, 비슷한 양의 말하기가 지켜지지 않는 경우가 많다. 왜냐하면 대화가 갖는 유동성 때문이다. 그렇지만 드라마는 일정한 사건을 일관되게 이끌어가야 한다는 점에서 대화의 격률을 철저히 지켜가는 셈이다. 특히 과잉 대사나 과소 대사로 이루어진 드라마는 성공할 수 없다. 예를 들어 불필요한 미사여구를 남용하여 인물의 대화가 길어지거나, 몇 달 만에 만난 주인공끼리 무미건조하게 인사를 나누는 식이라면 시청자의 감정을 자극할 수 없다.

대화 4

과소 대사

철 수 : 영숙 씨, 오래간만이군요.

영 숙 : 어머!

대화 5

적절한 대사
철 수 : 영숙 씨!
영 숙 : (깜짝 놀라며) 어머!
철 수 : 오래간만입니다.
영 숙 : (비로소) 저도요.

이 장면에 제시된 정보와 얘기의 분량은 큰 차이가 없다. 그렇지만 과소 대사의 경우는 무미건조해 보이는 반면, 적절한 대사는 주고받기를 드러냄으로써 적절성을 보이고 있는 것이다. 이처럼 대사에 적절성을 부여하고자 하는 까닭은 드라마가 실제 생활보다도 더 사실적이어야 한다는 원리 때문이다. 드라마 속의 대사는 이야기를 이끌어 가는 역할을 하며, 싫증나지 않고 간단명료해야 하는 것이다. 이 점이 일상 대화와 드라마 대화의 차이이다.

또한 일상의 대화라면 자연스럽게 나눌 수 있는 정도의 날씨에 관한 인사말이 흔히 생략된다. 이러한 대화가 이야기의 진전에 별 도움을 주지 않기 때문이다.

대화 6

가 : 아! 상쾌한 아침이구나. 나는 아침 일찍 일어나 창에 해가 비치면 온종일 좋은 일이 있을 것 같은 기분이 든단 말이야.
나 : 나도 그래. 날씨가 좋으면 산보도 하지. 오늘 아침에도 뒷산에 갔다 왔어. 자네가 사는 서울에서는 볼 수 없는 새들도 많지.

가 : 그거 참 좋겠는데. 나도 한 번 가 보고 싶네.

— 장기오(1998), 『텔레비전 드라마 바로 보기, 바로 쓰기』에서

이러한 대화는 '가'와 '나'가 인사말처럼 주고받는 대화이다. 따라서 첫 만남에서 이루어지는 날씨 이야기나 공감하는 화제 찾기 등이 일상 대화에서는 중요한 전략이 되지만 드라마 속에서는 필요한 경우가 아니면 잘 사용되지 않는다. 대신 간단한 눈짓과 '안녕' 정도의 인사말이 사용된 뒤, 바로 본 내용으로 옮겨져 간다. 그것도 다분히 직설적인 표현으로 진행된다.

5

드라마와 담론

현실과 극적 공간

우리는 드라마 속의 대화를 살펴보면서 드라마 속의 공간이 현실 공간과 차이를 갖고 있음을 주목해 왔다. 그것은 드라마가 이루어지기 위한 조건과도 관련되는데, 현실 속에서의 인간관계나 대화는 매우 복합적이고 유동적이지만, 드라마는 **정형성**을 띠지 않을 수 없기 때문이다. 이에 대해서 평론가들은 드라마 속의 이야기는 현실보다도 훨씬 필연적이며 긴밀하다고 말한다. 다시 말하면 현실 속에서는 우연한 사건이 수없이 일어날 수 있으나, 한 편의 드라마가 되기 위해서는 우연한 사건일지라도 반드시 관련성을 부여해야만 이야기가 성립된다는 것이다. 현실에서는 잡다한 일이 한꺼번에 일어날 수 있지만 드라마에서는 이러한 것들이 서로 관련을 맺어야만 한 공간으로 들어올 수 있는 것이다. 우리가 드라마 속의 대화를 공부하면서 유의해야 할 점은 바로 여기에 있다. 즉, 드라마 속의 대화는 현실의 대화와 차이를 보이는데 우리는 그것을 극적 공간의 차이라고 부를 수 있다.

극적 공간 속의 대화에는 두 가지가 있다. 이 둘은 상반된 성격을 지니는데 하나는 극적 성격을 강조하는 드라마에서 볼 수 있는 **극적 대화**이고, 다른 하나는 이른바 **홈드라마**류에서 볼 수 있는 무갈등의 갈등이다. 전자의 대화는 오래된 고전 소설을 읽는 것처럼 정형화되어 있다. 달리 말해 갈등의 두 축을 상정하고, 그 갈등이 극적으로 해소되는 형식이다. 이 과정에서 드라마의 대화에는 **승패법**이 적용된다. 이러한 대화에서는 대화의 승리자와 패배자가 존재한다. 흥미로운 사실은 이 싸움은 이미 시청자들이 원하는 것이며 동시에 패자조차도 인정할 수밖에 없도록 승자의 승리가 보장된다. 그렇지만 현실 속의 대화는 그렇지 않다. 흔히 승자와 패자가 따로 없는 상호 배려와 이해를 토대로 한 무패법이 적용되는 것이 현실의 대화이다.

드라마 담론

드라마와 대화의 관계는 드라마 이외의 사회·문화적 영향 관계에서 좀더 논의를 진행해 볼 수 있다. 그것이 바로 '**드라마 담론**'이라는 문제이다. 드라마 텍스트는 이야기 문화를 파생시키며, 드라마 내용과 스타와 관련된 이야기는 학생들이나 성인들에게까지도 큰 영향을 미친다. 이러한 현상은 매우 일시적인 것이지만 그 영향은 매우 광범위하고 강력하다. 드라마 담론은 주로 이야기 전개와 인물간의 갈등을 반영한 것들이 많다. 이러한 갈등은 담론에 참여하는 사람들의 소망과 의식을 반영한다고 할 수 있다.

다음에서 우리 사회에 못 배운 여성의 사회적 지위와 관련된 담론을 일으킨 '아줌마'라는 드라마의 예를 살펴보자.

대화 7

진구 침실

진 구 : (침대에 걸터앉아) 미안하다.

삼 숙 : (진구의 책상 앞에 앉는다) 당신은 생각 없다 그래서 내꺼만 끓였어. 먹으면서 얘기할게.

(한 젓가락 집어 올려 후 분다) 나는 배가 고프면 머리두 안 돌아.

진 구 : 당신 괜찮아?

삼 숙 : 괜찮아 …… (후루룩)

진 구 : 나 없이 살 수 있겠어?

삼 숙 : 당신은 사랑하는 여자한테루 가면 되는데 내가 걱정이다 그거야?

진 구 : 이대루 사는 건, 당신한테도 지원이한테두, 예의가 아니야.

삼 숙 : 그딴 얘기 인제 필요 없지.(김치 집는다)

진 구 : 정말 괜찮겠니?

삼 숙 : <u>나두 전에는 당신 없인 못살 줄 알았어. 근데 인제 당신 땜에 못 살겠는 거야.</u> 만약 그때 당신이 헤어지자 그랬으면 울구불구 매달렸겠지만 인제는 아냐.

진 구 : (눈치) 아, 아직은 한국 사회가 이혼녀를 보는 시선이 곱지가 않거든.

삼 숙 : 뭐? (젓가락을 든 채 삿대질) <u>한국 사회라니, 누구네 사회? 당신네들 낄끼리 그거? …… 그렇다믄 나 겁날 거 없어. 아니, 당신을 비롯해서 그 끼리끼리들이 다 얼마나 웃기구 빠졌는지 내가 다 아는데, 다 봤는</u>

데, 뭐가 겁나? (젓가락 놓는다) 갑자기 입맛이 다 떨어지네. 증말, 재수 없게 ……

진 구 : (본다)

삼 숙 : 암튼 나는 나대루, 그눔의 한국 사회라는 거 눈치 전혀 안 보구 살 수 있으니까, 내 걱정하지 말라는 거야. 솔직히 한국 사회가 여태까지 나 사는데 뭐하나 보태준 거 있어? 나 같은 사람 속여 먹구, 주눅이나 들게 했지?

진 구 : (할 말이 없는데)

삼 숙 : 헤어지기루 결정봤으니까, 처리할 거 하구 빨리 끝내!

— MBC, <아줌마>

이 드라마는 기혼 여성뿐만 아니라 기혼 남성들에게까지 수없이 회자되었다. 이 드라마가 주도한 담론은 두 축을 중심으로 하는데, 하나는 '남성 : 여성'이고, 다른 하나는 '부패한 지식 : 선량한 무식'이다. 용기 있고, 강인하고, 선량하고, 무식한 여성에 의하여 비겁하고, 나약하고, 가증스러운 지식인 남성에게 무차별 공격이 가해진다. 드라마 작가는 이를 염두에 두고 개인의 심리를 자극하는 것에서부터 사회의식을 반영하는 주제까지 한 드라마 속에서 포괄적으로 제시하였다. 여기에 쓰인 대화법은 이러한 사회의식이 강한 드라마가 흔히 그러하듯이 당연히 승패법이다. 위의 대화에서도 '진구'는 철저한 패자이며, '삼숙'은 통쾌한 승자이다. '한국 사회 — 끼리끼리 웃기고 다 자빠진, 여태까지 나 사는 데 뭐 하나 보태준 것 없는 사회'이다. '진구' 개인에 대한 부정에서 시작하여, 그의 지식인 친구들, 그리고 한국 사회 전체의 부정으로 담론을 확대시킨 것이다. 이는 드라마가 진행되면서 시청자들이 점점 더 많이 가세하여 **사회**

적 담론을 만들어 낸 것이다.

그런데 우리가 드라마 담론을 접할 때에는 유의해야 할 점이 있다. 그것은 드라마 담론이 갖는 **생명력**의 문제이다. 우리는 지금까지 대화에 관한 공부를 하면서, 본질적인 차원의 논의를 진행해 왔다. 즉, 기본적으로 우리는 대화의 본질과 기능을 좀더 체계적으로 이해하고 이를 바탕으로 대화의 기술을 알아보는 방향을 지향해 왔다. 이에 비하여 드라마 담론은 **시사성**을 띠고 있음을 유의해야 한다. 시사성은 특정 시점에서 광범위하고 강력한 영향력을 행사하지만, 시간이 흘러가면 그에 대한 관심은 소멸되는 특성을 가지고 있다. 따라서 드라마 담론이 현실을 지배하는 것처럼 생각한다면, 그것은 현실을 제대로 이해하지 못하는 결과를 가져오게 될 것이다.

6
드라마 감상법

드라마가 제작되고 유행하는 데도 사회 문화사적인 배경이 있다. 텔레비전 드라마는 우리나라의 경우 1960년대 자리를 잡기 시작하여, 통속적인 삶을 반영하다가 차츰 대형화하는 추세를 보여 왔다. 드라마의 대형화는 주말 연속극이나 일일 연속극 형태로 장기간 방영이 가능해지면서 나타난 현상인데 시청자의 눈을 자극하면서 차츰 양적인 면이나 방영 횟수 등이 대형화되었다. 이러한 추세는 시청률 경쟁과 맞물리면서 우리들을 끌어들여 우리의 삶을 선도해 가는 형태로까지 변화되고 있다. 이와 같은 드라마 변화의 추세에 따라 드라마에서 다루는 내용도 시대별로 두드러진 차이를 보인다. 그러한 차이를 우리는 언어적인 차원이나 심리적 · 사회적 차원에서 다각도로 다루어 볼 수 있다. 그렇지만 우리의 관심사는 역시 갈등과 대화의 문제에 있으므로, 오늘날 만연되고 있는 드라마의 갈등 내용이 드라마의 대화에 어떻게 나타나는지를 살펴볼 것이다.

젊은층 중심 드라마

최근의 드라마는 이른바 젊은층 중심의 드라마이다. 이를 '젊은층 겨냥 드라마(youth marketing drama)'라고 부른다. 이러한 드라마는 허술한 극적 구조, 현실성 없는 스토리가 대부분인데도 인기를 얻고 있다. 이런 유의 드라마는 젊은이들의 유행, 말투, 그들이 좋아하는 음악 등이 중시되며 이들의 생활양식 위주로 전개된다.

대화 8

배경 – 권투 클럽

목 영 : (치고 박으며) 강성진이 기다려라. 이 최목영이가 간다 아…… 넌 내 꺼라구.

원 장 : 뭐, 누구 손 봐 줄 일 있어? 그럼 내가 좀 도와줄까?

목 영 : (건들거리는 목소리) 아님다! 혼자서도 너끈히 잡을 수 있다고 봄다.

— MBC, <내 이름은 공주>

이들의 대화는 말투에서부터 건들거리는 투로 일상화된다. 대화 자체가 의사소통보다는 멋 부리기에 치중해 있는 셈이다. 이들의 대화에는 격식이 없다. 일상생활이라면 청자를 배려한 정중 화법이 적용될 상황에서도 그것을 완전히 배제한다. 위에서처럼 음운이 축약된 줄임말(아님다, 봄다)을 쓰고 있는 것도 역시 젊은층 드라마의 대화를 반영하는 셈이다. 이러한 줄임말은 인터넷 대화에서 본격적으로 나타난다.

대화 9

경 호 : 누님 되세요?

태 희 : 물론 누님이죠. 그러다 애인도 됐다가 친구도 되구. 우리 좀 복잡하죠?

성 진 : (먹던 자장면 쓰레기통에 버리며) 알고 보면 아주 단순한 사이고.

태 희 : (경호 보며) 이 사람한테 싫증날 때도 됐는데 우리 연애나 할까요?

경 호 : 네에?

— MBC, <내 이름은 공주>

위에서 '태희'의 대화는 젊은이인 '경호'도 놀랄 만큼 파격적이다. 자기 애인 앞에서 다른 남자에게 '이 사람한테 싫증났으니, 연애나 하자'는 현실성 없는 제안을 하고 있다. 이 또한 심각할 것 없는 세대들의 세태를 반영하는 젊은층 드라마의 특성이다. '태희'와 '성진'에 대한 관계 자체가 '누님, 애인, 친구'도 되는 복잡한 사이이기도 하고 '단순한' 사이이기도 하는 유동적인 관계이다. 화법은 물론 직접 화법이 사용되고 있다.

드라마 속의 남성과 여성

드라마 속의 대화 양상은 성별에 따라 상당한 차이를 보인다. 이미 우리가 앞서 살펴본 성별 대화의 특성은 여성의 언어가 사랑이나 관계를 중시하고 감성적이며, 이에 비해 남성은 능률과 업적을 중시하고 이성적으로 말한다는 것이다. 드라마 속의 대화에서도 이러한 차이를 찾아볼 수 있으며, 특히 우리가 살펴본 드라마의 대화에서는 여성의 대화가 가족적이고 감성적인 대화를 구사하고 있는데 비하여, 남성은 이성적이고 전략적인 대화를 구사하는 것으로 나타난다.

다음에서 연인 관계의 남성과 여성의 대화를 살펴보자.

대화 10

준 상 : 넌 한 번 실수는 절대 안하는 편이니? 아니면 안해야지 하면서 똑같은 실수를 반복하는 편이니?

유 진 : 무슨 말이야?

준 상 : 예를 들어서 …… 다신 안 만나야지 하고 결심을 했다면 보고 싶어도 참겠니? 아니면 다시 만나겠니?

유 진 : 아마 나 같으면 다시 만나려고 할 것 같애.

— KBS, <겨울연가>

위의 대화는 '준상'(남)이 '유진'에게 둘 중에 하나를 선택할 것을 아주 논리적으로 물어 보면서 대답을 유도하고 있다. 그것도 정작 중요한 말은 '예를 들어서 ……'로 에둘러 말하고 있다. 이것은 '준상(남)'이 사랑을 고백하는 방식으로 계획적이고, 전략적인 대화를 선택하고 있음을 의미한다. 이러한 화법은 상대방에게 심리적 부담감을 적게 줄 뿐더러 거절당할 때 도망갈 여지를 남겨 놓는 대화법이다. 이러한 방식은 연인 간의 대화에서 자주 발견할 수 있다. 그러나 드라마 속의 대화가 항상 일정한 공식에 따라 진행되는 것은 아니다.

대화 11

희 수 : (형민을 뚫어져라 보고)
형 민 : (분위기 좀 풀어볼까 하고) 뜨거운 커피 싫어하세요? 식을 때까지 …… (하는데)
희 수 : (말자르며) 솔직히 말할게요.(당돌하지만 떨리긴 하는)
형 민 : ???
희 수 : (너무 강하진 않게) 전 돌려서 말하구 그런 거 잘 못 하거든요.
형 민 : ……
희 수 : 우리 …… (입이 마르고)
형 민 : ……
희 수 : 우리 사귀어요. (어렵게 내뱉는)
형 민 : …… (표정이 멈춰있자)
희 수 : 연애하구 싶다구요. 그쪽이랑. (진지하게)

— SBS, <그녀의 선택>

위의 대화는 '희수(여)'가 '형민(남)'에게 사랑을 고백하는 방식이다. 아주 어렵게 꺼내는 얘기이기는 하지만 화법은 '돌려서 말하지 않고' 직접 화법을 구사하고 있다. '우리 사귀어요'로도 성이 안차 '연애하고 싶다구요'라고 강한 메시지를 전달한다. 이런 경우 직접 화법은 자칫하면 상대방에게 심한 부담감을 줄 수 있고 감정적으로 흐르기 쉽다. 이에 대한 '형민'의 반응은 철저히 침묵 화법을 구사하고 있다. '형민'의 침묵의 의미는 부정적일 수도, 긍정적일 수도, 망설임일 수도 있다. 이성교제에서 여자가 주도적일 때 남자는 약간은 곤혹스러움을 느끼게 된다.

대화 12

\# 연희부모방 안(저녁)

정숙, 밥상 들고 들어오다가 기가 막힌 듯 보고, 정숙 시선 따라가면 철구가 신문지도 안 펴고, 맨바닥에 대고 발톱을 똑똑 소리 나게 자르고 있다.

(정숙, 기가 막힌 표정으로 밥상 놓으며)

정 숙 : 아니 밥 먹자는데 발톱은 왜 깎아요?

철 구 : (딴청 피우듯) 먹구 느는 건 발-톱-밖-에 없구나.

정 숙 : 아, 밥상에 튀어요 …… (발톱 주우며)
으휴! 어질르는 인간들 따루 있구 치우는 년 따루 있지.

철 구 : 잘 자란다 내 발톱, 장하다 내 발톱.

정 숙 : 여보!(소리 빽)

철 구 : (얄밉게 깐죽대며 보는) 왜 그러세요. 아주머니, 저 아세요?

정 숙 : 밥 먹으라니까요

철 구 : 사람이 밥만 먹구 사나요.

정 숙 : 왜 그래요?

철 구 : 뭘 왜 그래요? 몰라서 물으세요?

정 숙 : 뭐냐구요. …… (중략) ……

정 숙 : 돈 안 준다구 이러는 거에요 지금?

— SBS, <그녀의 선택>

위의 대화는 부부간의 대화이다. 남편은 아내에게 돈을 타기 위해 딴청을 부리고 있다. '밥 먹으라'는 말에는 '사람이 밥만 먹고 사느냐'로, '왜 그러느냐'에는 '몰라서 묻느냐'로 철저히 간접 대화를 사용하고 있으며, 아내와의 심리적 거리감을 주기 위해서 아내에게 '아주머니'라는 호칭까지 쓰고 있다. 극히 전략적인 이러한 **'딴청법(?)'** 대화는 성공하고, 자신의 입에서는 '돈'이라는 단어를 꺼내보지도 않고 드디어 아내에게서 '돈 달라는 거냐'는 대답을 끌어낸다.

자녀와의 갈등 대화

부모와 자녀와의 갈등은 사춘기로부터 시작하여 결혼할 때까지 끊임없이 발생한다. 사춘기 자녀와의 갈등의 핵은 '공부와 대학입시'인데, 이때 부모의 기대 심리는 흔히 자녀에게 심리적 부담감으로 작용한다. 결혼 적령기 자녀와의 갈등의 핵은 물론 '결혼'이다. 결혼 문제에서는 '사랑(자녀)이냐? 조건(부모)이냐?'의 갈등이다. 자녀와의 대화에서 갈등의 핵은 세대 차이와 '힘(권위)'의 존재이다. 자녀와의 대화에서 아동기에 갈등이 적은 것은 '힘'이 전적으로 부모에게 있기 때문이다. 이 '힘'은 사춘기 때부터, 떨어져 나가려는 자녀의 원심력에 의하여 차츰 자녀 쪽으로 이동하기 시작하며 결혼 무렵에는 오히려 자녀 쪽으로 무게 중심이 실리게 된다. 그때까지 부모와 자녀 간의 갈등은 끊임없이 일어난다고 보아야 할 것이다.

대화 13

경화모 : 너, 거기 서!
경　화 : (멈춰 선다)
경화모 : (흥분되지만) 너, 지금 뭐 하는 짓이니?

경　화 : (처음 하는 반항) 레슨 간다니까 왜 이러세요? 엄마가 그렇게 좋아하는 레슨 간다구요.

경화모 : 뭐? 지금 이 시간에 레슨을 간단 말야?

경　화 : (나가려는데)

경화모 : (잡으며) 갈 거 없다, 따라 들어와. (데리고 가려는데)

경　화 : (버럭) 엄마!

경화모 : ?

경　화 : (이미 격해져 있다) 엄만, 딸이 필요한 게 아니시죠? 피아니스트가 필요하신 거죠? 엄마처럼 학교가 아니라 언제까지 무대에 서있을 피아니스트가 필요한 거죠?

경화모 : (보다가 차분히) 난 피아니스트인 딸이 필요하다.

경　화 : (비실 웃으며) 근데 우리 엄마 어떡하나…… 엄만 실패하셨어요, 난 피아니스트인 딸이 아니라 바보 같은 딸이에요.

경화모 : (본다)

경　화 : 난 이제껏 엄마만을 위해서 피아노를 쳤어요, 엄마가 시키니까, 엄마가 무서워서 남들보다 더 연습했어요. 치고 또 치고…… 이번 콩쿨에서 또 일등 못하면 어쩌나……! (웃으며) 근데 말이죠, 알고 보니까 제 연주는 남을 울리지 못하는 연주였어요…… 우리 비겼어요 엄마, 제 관객은 늘 엄마 혼자니까, 엄마만 만족시켜 드리면 되니까, 제가 남의 가슴을 울리든 말든 그게 무슨 상관이에요, 그렇죠?

경화모 : (떨면서 보고 있는데)

경　화 : 레슨 갔다올게요, (비아냥) 하루라도 빠지면 큰일 나잖아요.

— KBS, <학교>

이 대화는 사춘기 모녀간의 대화이다. '경화(딸)'는 아마도 열심히 연습한 피아노 콩쿠르에 좋은 성적을 내지 못하여 매우 상심한 상황에서 극도의 자조적인 감정으로 독백에 가까운 대화를 하고 있다. 아직 자기에게 닥친 시련을 감당할 수 있을 만큼 자기 정체성이 확립되지 않은 미성숙한 시기이며, 육체적 · 정신적으로 독립적이지 못한 상태에서 반항심은 더 커질 수 있다. 자기의 실패에 어머니를 원망하며 비난하고 있다. 이는 어머니의 기대 심리가 딸에게 커다란 심리적 부담감으로 작용하고 있기 때문이다. 어머니 편에서 딸의 쓰라린 입장을 이해하면서 대화로 접근해야 한다. 우리는 삶에서 실패할 수도 있고, 또한 실패를 통하여 성장할 수 있음을 성숙한 설득 화법을 구사하여 얘기함으로써 모두가 이기는 **무패법**의 대화를 하여야 한다. 이럴 때 어머니까지 감정적 대응을 하면 사태는 더욱 악화된다. 다행히 위의 대화에서는 어머니가 차분한 태도를 보이고 있다.

대화 14

희수모 : 너 다시 말해봐,지금 뭐라구 그랬어?
희　수 : 결혼시켜 달라구요, 형민 씨랑.
희수모 : 말이면 다하는 줄 알어?
희　수 : 내가 뭐 못할 말 했어요?
희수모 : 이게 증말.
자　경 : 언니 진정해. 애 존댓말 쓰는 거 보니까 농담은 아니네. 도대체 무슨 생각인지나 좀 들어봅시다 ······
희수모 : 듣구 자시구 할 게 어딨어. 너 그 짱짱한 집안 자식들 다 마다할 땐 언제구, 뭐 결혼?
자　경 : 짱짱한 집안 자식들 마다하는 타입이니까 환경 조건

안 따지구 지 좋은 남자랑 결혼을 하겠대지. 언니는 뻔한 소릴 왜 해?

희수모 : 넌 누구 편이야? 때리는 시에미보다 말리는 시누가 더 밉다더니 니가 그래 지금.

자 경 : 나는 언니가 미워해두 겁 안나.

희수모 : 애네들이 오늘 나 쓰러지는 꼴을 볼려구 작정을 했나 왜들 이래.

희 수 : 결혼 안 시켜주면 내가 쓰러질 거야.

희수모 : 뭐야?

희 수 : 결혼 안 시켜주면 굶어 죽을 거라구~

— SBS, <그녀의 선택 >

위의 대화는 결혼 적령기의 딸과 어머니의 대화이다. 역시 '사랑이냐?', '짱짱한 집안(조건)이냐?'로 모녀 간에 심각한 갈등 구조를 형성하고 있다. '결혼시켜 달라구요'의 요구를 나타내는 존댓말로 시작해서 점점 감정이 격해져, '굶어 죽을 거라구'의 협박을 나타내는 반말로 변했다. 메시지가 강한 직접 화법을 사용하고 있으며 여기에 대한 어머니의 반응은 '나 쓰러지는 꼴 보려구'이다. 서로의 대화는 갈등을 증폭시킬 뿐 대화의 효과는 없다. 머지않아 대화는 결렬될 것이고 서로가 받은 '말의 상처'는 오래 남을 것이다. 이때 둘 사이의 '힘'의 배분은 팽팽하다. 그러나 이윽고 딸 쪽으로 힘이 이동할 것이고, 진지한 대화로 협상이 이루어질 때까지 부모는 심한 상실감 내지는 무력감을 느끼게 될 것이다. 그러므로 이 시기에는 자녀도 부모의 입장에서 부모를 이해하는 성숙함으로 대화를 이끌어, 승패법이 아닌 무패법의 대화를 하는 것이 필요하다. 결론은 자녀가 내려야 하고 또 내릴 것이니까 말이다.

친구 사이의 대화

드라마 대화의 전형성은 친구 간의 대화에서도 잘 드러난다. 일상의 대화에서 친구 관계는 자존심과 경쟁심(질투심)이 갈등의 중심축을 이룬다. 그렇지만 자존심과 경쟁은 서로의 역할을 인정하고 긍정적 자세로 유지된다면 서로를 이해하는 요소로도 작용할 수도 있다. 또한 친구 간에 갈등도 예민한 청소년기에 더욱 첨예하게 대립한다.

대화 15

지일 조교실

(지숙이 와 있고 지일은 커피 두 잔을 가지고 와 앉는다.)

지 숙 : 상인인 왜요?

지 일 : 그냥, 어떤 친군가 궁금해서.

지 숙 : (웃으며) 형, 걔한테 관심 있어요?

지 일 : (웃고) 지숙이랑 중학교 때부터 친구라며?

지 숙 : 네, 제일 친하면서 또 라이벌이구 그랬어요.

지 일 : 라이벌?

지 숙 : 우리 공부 잘 했어요. 서루 일등 안 놓칠려구 신경전이 얼마나 치열했는데. (웃는다.)

지 일 :(웃음)

지 숙 : 기집애가 좀 까탈스럽죠? 그래서 형이 신경 쓰이나 부다. 형이 이해해요. 원래 고집두 세구 자존심두 강하구 그런 애거든요.

— KBS, <새엄마>

이 대화에서 '상인'과 '지숙'의 친구 관계의 성격은 전형적인 '라이벌'과 '**자존심**'이다. 그러나 친구의 역할과 강점을 알고 존중해 주는 입장이다. 그래서 다른 사람에게 그 친구에 대해서 긍정적 평가를 하고 있다. 이 경우 '라이벌' 관계가 꼭 질투심으로 발전하지는 않음을 알 수 있다. '지숙'은 '지일'에게 '상인'에 대하여 '이해'하라고 애기해 준다. 우리가 상대방을 '이해'해 줄 때 모든 관계는 얼마든지 긍정적으로 발전할 수 있는 것이다. 특히 '지일'은 '상인'이 화제로 떠오를 때마다 '웃는'다. 이는 '상인'을 사랑하고 있음이며, 이미 '이해'하고 있음을 알 수 있다.

대화 16

연 희 : 얘기해 ……
희 수 : 사실이니?
연 희 : 뭐가?
희 수 : 너랑 최형민이 사귀는 거 맞냐구 ……
연 희 : ……
희 수 : 맞어?
연 희 : 그럴 뻔 했어.
희 수 : 그럴 뻔 했으면 이젠 아니란 뜻이야?
연 희 : 그럴 수 없는 상황이 됐잖아.
희 수 : 그게 무슨 소리야?
연 희 : 형민 씨는 승국 씨랑 제일 친한 친구구 …… 또 ……
희 수 : 또 뭐?
…… (중략) ……
희 수 : 나 땜에 니가 물러서 준다구?
연 희 : <u>너는 4년 동안 나랑 제일 친한 친구였구, 형민 씨는 이제 만난 지 며칠 안 됐으니까,</u> 너를 택해야 될 거

같애서 ……

희 수 : …… 그 말은 나두 너하구의 우정을 택해야 된다, 그 거니?

연 희 : (희수 보고)

희 수 : 난 너랑은 달라. 그건 알지?

연 희 : 그래서……?

희 수 : 솔직한 내 생각을 말할게. 너랑 최형민, 둘이 잘 돼봐야 니들 미래 뻔해. 가난한 집 아들딸이 만나봐야 인생에서 뭐가 달라지겠니? 하지만 나는 최형민 키워줄 수 있어. 우리 엄마 화랑에서 개인전두 갖게 하구, 이름 있는 화가들하구 친분두 쌓게 하구, 형민 씨가 원한다면 유학쯤이야 아무것두 아닐 거구 …… 그 남자한테는 내가 필요해. …… (중략) ……

(연희, 고개 떨구고, 희수는 연희를 당당하게 보며 승리의 표정 짓고)

— SBS, <그녀의 선택>

위의 대화는 여자 친구 간의 대화로서 사랑과 우정 사이에서 자존심과 경쟁의식이 드러나는 경우이다. 여기서 '희수'의 화법은 공격적이며, '연희'의 화법은 수용적이다. '희수'는 대화에서 '**승패법**'을 사용하고, '연희'는 '**무패법**'을 사용한다. 결국 공격적인 '희수'의 승패법의 대화가 '연희'에게 '말의 상처'를 안겨 준다. '가난한 집 딸'이라고 비하한 '희수'의 말은 '연희'의 심장에 비수로 꽂혀 영원히 아픈 상처로 남을 것이다. '희수'는 승리의 표정을 짓지만 친구 사이의 대화에서 모두가 이기는 무패법이라는 전법이 있다는 것을 모르고 하는 짓이다.

대화 17

S#22 미술 실기실(저녁)

서 원 : (어느 순간 짜증이 솟는다. 연필 툭 던져버리고, 앞머리를 신경질적으로 훅 불어넘기는데)

유 민 : (문 벌컥 열고 들어와서, 밝게) 너도 루벤스 좋아했냐?

서 원 : ? (본다)

유 민 : (같은 화가를 좋아하는 사람을 만난 기쁨에 들떠서) 말을 하지 그랬냐, 그럼 내가 먼저 루벤스 화집 빌려줬을 텐데.

서 원 : (기막히다, 다시 그리기 시작하며) 루벤슨지, 뭔지 난 관심 없어.

유 민 : (씩 웃으며) 에이, 이거 왜 이래. 다 알구 왔는데. 슬라이드 필림 다 보면 나한테 넘겨라?

서 원 : ……

유 민 : 넌 루벤스 그림 중에 뭘 제일 좋아하냐? 난 그 그림이 젤 좋더라. 왜, 프란다스의 개 마지막 장면에 나오는 그림 있잖아.

서 원 : (대꾸 없이 그림만)

유 민 : 난 그 그림 보면서 루벤스 같은 화가가 되기루 결심했거든. 만일 그런 화가가 못 되면, 네로처럼 죽어서 그 사람 그림 속으로라두 들어갈 생각이야.

서 원 : (O.L) 죽어 그럼.

유 민 : 뭐?

서 원 : (스케치북 덮고 일어나며) 넌 절대 루벤스 같은 화가가 못 될 테니까, 죽어서 루벤스 그림 속으로 들어가라구. (가방 들고 나가버린다.)

유 민 : (기분 확 상해서 쫓아나간다.)

— KBS, <학교>

위의 대화는 청소년(이성) 친구끼리의 대화이다. '유민(남)'과 '서원(여)'은 심리 상태 혹은 감정 상태가 다른 상황에서 대화를 하고 있다. 또한 서로가 서로에 대하여 갖고 있는 친밀감도 다르다. '서원'은 공격적이고 감정적인 대화를 하고 있고. '유민'은 수용적이고 어떻게 해서라도 대화를 조정해 보려고 노력하고 있다. 여러 번의 노력에도 '서원'이 대화의 협력의 원리를 지키지 않아 대화가 결렬되고 만다. 이 대화에서 가장 치명적인 '말의 상처'는 '절대 루벤스가 못 될 테니까 죽으라'는 말이다. '유민'도 더 이상은 참지 못한다. 이때, 만약 '유민'이 '서원'과의 우정을 계속하고 싶다면, '서원'의 심리적 뒤틀림의 동인을 알고 이해해주는 길밖에 없을 것이다. 그리고 이런 상황에서는 오히려 '침묵의 미학'이 필요한 대화의 상황이다. '유민'이 '서원'의 마음을 읽고 함께 침묵해 주는 것이 좋은 위로가 될 수 있다.

대화 18

이 규 : 그만해라. 그러다 사람 하나 잡겠다.
(승희, 효정 돌아본다)

이 규 : 바이올린 가지구 한몫 잡으려는 놈 같잖아. 웬만하면 조용히 살자.

승 희 : (기분 확 상한다) 강이규, 니가 뭘 안다구 나서. 이건 보통 바이올린이랑 달라! 나한테 굉장히 중요한 거란 말이야!!

이 규 : 중요하면, 재(효정) 자존심보다 중요하냐? 그깟 바이올린 때문에 재 자존심은 애들 앞에 묵사발이 돼도 된다는 거야?

승 희 : (기분 상해서) 뭐? 그깟 바이올린?

이 규 : (일어서며) 그게 얼마나 비싼지 몰라도, 내 눈엔 줄 달린 나무로 밖엔 안 보인다. (나가려는데)

승 희 : 하긴 좋은 물건도 써본 놈이나 알아보는 법이지. 싸구려 안목 가진 놈이 명품을 알아볼 리가 있겠어? 널 상대한 내가 잘못이다. (앉는다)

이 규 : (순간 멈춰서며) 너 아까 한 말 다시 한번 말해봐.

승 희 : (무시하고 바이올린만 살펴본다)

이 규 : 다시 말해봐! (한방 칠 듯 승희에게 다가서려는 순간)

— KBS, <학교>

사춘기 남자 친구 간의 대화이다. '바이올린'이 갈등을 일으키고 있는 직접적인 대상이다. '승희'는 자기가 소중하게 여기는 물건에 대하여 '그깟 바이올린'이라고 하는 말에 화가 났고, '이규'에게는 '싸구려 안목 가진 놈'이 '말의 상처'가 되고 있다. '승희'는 화가 나서 '강이규'하고 성까지 붙여 부르며, 이규는 가만 두지 않겠다는 다짐의 경고로 '다시 말해 봐', 그리고 다시 최후통첩으로 '다시 말해 봐'를 연발하며, 갈등은 점점 고조되어 '남자 : 남자', 그리고 '자존심 : 자존심'의 한판 승부가 벌어질 판이다. 사춘기 시절은 아직 자아 개념이 확고하지 않아 자기 조절 능력이 약해 자칫 대화가 극단적으로 흐르기 쉽다. 가까운 가족이나 친구 사이에서 자연스럽게 '자아 노출'과 '나-전달법'을 사용한 대화를 통하여 자기를 성숙시켜 나가야 할 것이다.

더 읽어보기

김성희(2001), 『방송드라마 창작 실기론』, 연극과 인간.

김승현 · 한진만(2001), 『한국사회와 텔레비전 드라마』, 한울.

박갑수 외(2001), 『방송 화법의 이론과 실제』, 집문당.

박인기 외(2000), 『국어교육과 미디어텍스트』, 삼지원.

오명환(1994), 『텔레비전 드라마 사회학』, 나남출판.

유동훈 · 최인수 · 한우정(1998), 『텔레비전 드라마 · 시나리오 창작기법』, 집문당.

윤석호(1990), 『드라마 게임을 중심한 갈등 유형의 분석』, 연세대학교 행정대학원 석사학위 논문.

이연현(1990), 수사반장, 『월간 방송』 1990년 11월호.

장기오(1998), 『텔레비전드라마 바로보기, 바로쓰기』, 커뮤니케이션북스.

조선일보사 · 국립국어연구원(1991), 『우리말의 예절』, 조선일보사.

클라라 베린저, 정일몽 역(1984), 『시나리오 작법』, 영화진흥공사.

제12장

인터넷상의 대화

1. 인터넷과 대화
2. 인터넷 대화의 특성
3. 인터넷상의 대화 예절

1 인터넷과 대화

일상 공간과 가상공간

오늘날 우리는 기술 문명의 발달에 따른 가상공간에 살고 있다는 말을 많이 듣는다. 이러한 말은 대화 문화나 놀이 문화에도 그대로 반영된다. 사회학자 전효관(2001)에서는 청소년 놀이 문화에서 **가상공간**이 갖는 비중에 대하여 인터뷰를 한 일이 있었다. 인터뷰에 응한 십대들의 놀이 정보는 다음과 같이 나타난다.

> 가 : 거의 대부분은 통신이나 인터넷에서 얻죠. 간혹 길 가다 붙여 놓은 포스터에서 얻는 경우도 있구요.
>
> 나 : 동호회 활동을 하는데, 관심 있는 정보는 주로 다 동호회를 통해서 얻어요.
>
> 다 : 잡지나 친구들의 말을 통해서요. 또는 인터넷에서요.
>
> 라 : 클럽 사이트를 제일 많이 이용하구요. 웹진 같은 데서 모아 놓은 정보를 얻는 경우도 많습니다.
>
> 마 : 인터넷 돌아다니는 것이 놀이예요. 정보는 있지만 특별

히 가지는 않아요.

바 : 밴드를 하기 때문에 관련 자료를 찾지만 따로 특별히 놀기 위해 뭘 하지는 않아요.

우리는 청소년들의 문화가 상당 부분 가상공간에 토대를 두고 있음을 발견하게 된다. 사전적 의미에서 '가상(virtual)'이란 형상적으로 인지되거나 허용되지는 않지만 본질적으로 효력을 미치는 것'이라고 풀이된다. 컴퓨터 그래픽이나 컴퓨터 게임은 가상공간을 가장 잘 드러내 주고 있다.

가상현실이 우리에게 미치는 영향은 인공성과 몰입, 광범위한 그물망 등으로 표현된다. 가상현실의 철학적 의미에 대하여 연구한 철학자 하임(M. Heim, 1993)은 인간의 생활이 자연과 인공의 조화에서 오로지 인공적인 것으로만 옮겨가게 된 것이 가상현실의 인공성이라고 지적한 바 있다. 이러한 실례는 인터넷만을 활용하여 생존할 수 있는 시간이 어느 정도인가를 확인하고자 한 다양한 실험을 통해서도 입증된다. 현대인은 생활 속의 여러 정보를 얻는 데에만 인터넷을 활용하는 것이 아니라, 물건을 구입하고 음식을 시켜먹는 등 일상생활까지도 인터넷에 의존하는 경향이 있다. 또한 가상현실은 시각이나 청각과 같은 인간의 모든 감각까지도 컴퓨터의 세계로 흡수해 버린다. 이를 몰입이라고 부른다. 이와 같은 대표적인 사례는 시뮬레이션 게임에서 자주 발견된다. 컴퓨터는 비행기 조종사가 실제 조종석에서 경험하는 것과 똑같은 감각 입력을 생성한다. 이러한 감각은 운전면허를 취득하기 위해서도 자주 활용된다. 몰입은 어느 정도 인간의 기계 조작 능력을 향상시켜 주는 것이 사실이다. 이와 함께 가상현실은 원격 조종으로 이루어지며, 동시에 광범위한 통신망을 전제로 한다. 따라서 가상공간의 의사소통은 언어나 몸짓 언어의 수준을 넘어서서 환상적인 특징까지 지니게 된다. 이러한 현상이 지속적으로 나타날 때, 이른바 '중독' 현상이 생겨나기도 한다. 중독이란 어떤 사물이나 사상에 젖어 있어 정상적인 판단 능력을 상실한 상태를 말한다. 이러한 중독 현상이 과거에는 약품이나 술에 한정되었으나, 오늘날은 '인터넷', '게임' 등과 같은 다양한 가상적 현실로 대상이 확장되었다.

통신 언어와 인터넷

통신 언어에는 전자 메일전자 메일(e-mail), 인터넷(internet), 문자 메시지 등이 있다. 전자 메일은 개인 PC를 사용하여 서로 편지를 주고받는 형태의 의사소통 방식을 말하며, 인터넷은 광범위한 네트워크를 구축하여 정보 및 의사를 주고받는 방식을 말한다. 또한 오늘날 휴대전화의 발달은 다양한 문자 메시지 전송을 가능하게 만듦으로써 새로운 통신 수단으로 활용된다. 이 가운데 전자 메일이나 문자 메시지는 주고받는 사람이 드러나는 경우가 많기 때문에 인터넷상의 대화와는 다소 차이가 있다. 그렇지만 불필요한 **쓰레기 우편(스팸메일)**이나 익명의 송신자에 의해 전달되는 문자 메시지 등이 존재한다는 점에서 전자 메일이나 문자 메시지도 인터넷상의 대화 양상과 크게 다르지 않다.

인터넷의 발달은 정보와 통신에 대한 우리들의 기존 관념을 획기적으로 바꾸어 놓았다. '네티즌'이라는 말이나 '월드 와이드 웹'과 같은 말은 인터넷이 우리들의 생활에 얼마나 큰 영향을 미치고 있는가를 드러내 준다. 곧 네트워크 자체가 하나의 시민 사회를 이루고 있으며, 세계가 모두 광범하게 하나로 묶일 수 있음을 의미한다. 그러나 컴퓨터가 만들어낸 사이버 세계가 인간 삶의 질을 높여 놓은 것만은 아니다. 예를 들어 수많은 정보 가운데 우리에게 필요한 정보는 어떤 것인지를 판단하지 못하여 정보의 미아가 되거나 다양한 정보를 자발적으로 수용하지 못하는 수동성 등이 대표적인 것들이다.

우리는 지금까지 언어는 의사소통의 수단일 뿐만 아니라 인간의 의식을 창조하고 변화시키는 기능을 할 수 있다는 점을 배워왔다. 그런데 오늘날 정보 혁명 시대에서의 언어는 인간의 의식과 사고를 창조하는 것이 아니라, 왜곡시키거나 혼란에 빠뜨리는 것을 자주 목격한다. 그렇기 때문에 인터넷을 부정적으로 바라보는 관점이 생겨나고 있으며, 심지어는 의도적으로 외면하는 경우까지 발생한다. 그렇지만 일부 논자들이 이를 외면한다고 해서 인터넷 문화가 소멸되지도 않을 뿐더러 오히려 우리 생활에 더 많은 자리를 차지하게 될 것이다.

우리가 이 장에서 인터넷상의 대화를 공부하고자 하는 의도도 주체적인 입장에서 정보를 얻는 능력을 기르고, 대화의 범주 속에서 인터넷이 상호 의사소통 과정에서 지켜야 할 점들이 무엇인가를 확인하고자 하는 데 있다.

2
인터넷 대화의 특성

익명성과 대면성

전통적으로 대중매체를 활용한 의사소통 방식은 **일방성**을 갖는 것으로 이해되어 왔다. 그것은 기술 문명이 발달하면서 출현한 라디오, 텔레비전 등의 매체가 일방성과 대중성을 갖고 있기 때문이다. 그러나 인터넷의 세계에서는 쌍방적인 의사소통이 이루어진다는 특징을 갖는다. 그런데 전통적인 관점에서 바라보는 **쌍방성**과 인터넷 세계에서의 쌍방성은 전혀 다른 성격을 띤다. 왜냐하면 쌍방의 의사소통은 본질적으로 **되돌림 효과(피드백)**를 전제로 하는데 비해 인터넷상의 의사소통은 피드백이 잘 이루어지지 않는다. 달리 말해 의사소통 모형에서 정해진 화자와 청자, 메시지라는 세 가지 요소가 적절한 조화를 이루어, 화자와 청자 사이의 생각과 느낌을 공유하도록 하는 것이 전통적 의사소통 모형이라면, 인터넷과 같은 의사소통에서는 세 요소가 일치하지 않아도 존재하며, 경우에 따라서는 소통 이후의 발전적 관계 형성이 존재하지 않는다.

왜 그럴까? 그것은 근본적으로 인터넷상의 의사소통이 **익명성**을 띠고 있기 때문이다.

대화 1

☆ 딸기우유(osj212) 님께서 들어오셨습니다.
s날랭이s : 난 13 ……
은비까비 : 그쪽은?
s날랭이s : 13
은비까비 : 하이
s날랭이s : 하이
하늘이 : 안녕^^
하늘이 : 헤…
s날랭이s : 안녕.
은비까비 : 6학년 언니네?
☆ 딸기우유(osj212) 님께서 나가셨습니다.
s날랭이s : 웅.
은비까비 : 잠시만 쪽지가 와서…
s날랭이s : 시러?
하늘이 : 나두 6학년인데 ……^^;
s날랭이s : 정말?
하늘이 : 안녕 …… 날랭아 ……
은비까비 : 이제 됐다.
s날랭이s : 안녕 …… 하늘이 ……
하늘이 : 언니꺼 쓰고 있다 ……
s날랭이s : 하늘이는 어디 초딩이얌?
하늘이 : 나 …… 부산아이야 ……
s날랭이s : 난 충북
은비까비 : 잠깐 ……

s날랭이s : 은비까비는 어디 초딩?
s날랭이s : 욱.
은비까비 : 난 울산
s날랭이s : 구려 ……
하늘이 : 부산이랑 가깝다.
하늘이 : 헤 ……
s날랭이s : 조컸네.
은비까비 : 또 잠깐
하늘이 : 은비는 몇살이야?
s날랭이s : 11살잉래.
s날랭이s : 이래
하늘이 : 하 …… 동생이다 …… ^^
s날랭이s : 조아?
하늘이 : 좋고 나쁘고 할꺼 엄짜나 …… 헤
s날랭이s : 하늘이는 진짜 이름이 모야?
☆ 은비까비(sykjeb0801)님께서 나가셨습니다.

이 대화는 인터넷 **대화방**에서 따온 것이다. 우리는 이 대화에서 통상적인 의사소통과는 다른 인터넷만의 대화의 특징을 확인할 수 있다. 이 대화에서 대화 참여자는 다수이며, 대화 상대자가 정해지기까지 여러 사람이 이 방에 들어왔다가 나가고 있다. 그런데 이들의 대화에서는 첫인사와 같은 말 걸기는 처음에 흔히 생략되며, 자신들의 나이부터 밝히고 그 다음 대화 상대자가 될 것 같다는 판단이 섰을 때 인사하기가 나타난다. 상대방에 대한 말 걸기 역시 격식을 갖추지 않기 때문에 높임법은 사용되지 않는다. 또한 ID가 이름을 대신하기 때문에 상대방에 대한 이름을 묻기 전까지는 '딸기우유, 날랭이, 하늘이, 은비까비'와 같이 화자가 익명화될 수 있다.

익명성은 자기의 이름을 드러내지 않는 것을 말한다. 익명성이 통용된다는 것은 이름을 밝힐 필요성이 그만큼 적다는 뜻이다. 그런데 대화상에서 이름은 대화 참여자의 정체성을 드러내는 요소이다. 좋은 대화를 위해서는 상대방의 이름을 기억해 주는 것이 중요한 일이다. 상대의 이름을 기억해 준다는 것은 그 사람을 그만큼 인정한다는 의미이기 때문이다. 또한 이름의 가치를 인식하는 사람은 자신의 존엄성과 주체성을 뚜렷이 자각할 수 있기 때문에 자신의 행동에 대한 책임을 질 수 있다. 이러한 점에서 우리는 인터넷상의 익명화된 대화가 갖는 함정을 이해할 수 있다. 달리 말해 익명화된 대화가 이루어질 때 우리는 상대방에 대한 자기 행동에 책임을 덜 느끼는 것이다. 대화방에서 무례하게 퇴장하거나 언어폭력이 난무하는 경우, 심지어는 PC통신상에서 욕설 편지를 보내는 경우, 휴대전화에 기분 나쁜 문자 메시지를 보내는 것 등은 모두 익명성을 토대로 하고 있는 것이다.

이와 같은 현상은 매체의 발달과 함께 진화하는 모습을 보인다. 예를 들어 전자 신문에 달리는 수많은 **댓글** 가운데는 특정인을 대상으로 한 인신공격이 난무하고, 이러한 정신적인 폭력을 이기지 못하여 자살하는 사람까지 나타나는 것이 오늘날의 현실이다. 이 점에서 바람직한 대화 문화를 배우고, 올바른 **정보 통신 윤리**를 확립해 가는 것이 시급한 문제라고 할 것이다.

경제성과 표현성

언어는 의사소통 기능을 수행하는 과정에서 두 가지 원리에 의하여 변화한다. 하나는 **경제성의 원리**이다. 경제성의 원리는 최소의 노력으로 최대의 효과를 거둘 수 있는 원리를 말한다. 다시 말해 같은 양의 의사를 전달하기 위해 복잡한 언어 형식과 간결한 언어 형식이 공존한다면, 우리는 간결한 언어 형식을 취한다는 뜻이다. 다른 하나는 표현성의 원리이다. 이는 지나치게 경제적인 언어 형식은 의사 전달을 정확히 하지 못할 때 언어로서의 변별 기능을 상실한다. 이때에는 부가적인 다른 요소를 덧붙여 의사 표현을 정확히 할 수 있도록 언어가 변화하는 것이다.

인터넷에서의 언어 현상도 경제성과 표현성의 원리가 반영된다는 점에서는 큰 차이가 없다. 그런데 오랜 시간을 거쳐 광범위하게 일어나는 자연스런 언어 변화와는 달리 인터넷에서의 언어 변화는 근본적으로 문제점을 안고 있다. 즉, 인터넷상의 언어 변화는 통신 공간과 시간적인 제약이 경제성을 강요하면서 빠른 시간 안에 국부적으로 일어나기 때문에 자연스런 언어 변화가 아니고 인공적인 언어 변화로 볼 수 있는 것이다.

먼저 인터넷상의 대화에서 경제성의 원리와 관련된 언어 현상을 살펴보자. 인터넷 언어에서는 소리 나는 대로 적기, 축약하기, 생략하기 등이 빈번히 사용된다. 다음은 이러한 예를 모아 놓은 것이다.

-음운 축약 : 컴(컴퓨터), 셤(시험), 겜(게임), 멜(메일), 잼(재미), 울(우리), 넘(너무), 드뎌(드디어), 암튼(아무튼), 글구(그리고), 몰겠당(모르겠다), 갈켜줘(가르쳐줘), 무쟈게(무지하게), 토욜(토요일), 앤(애인), 햇슴다(했습니다),

-음절 생략 : 퀴(퀴즈), 동(동호회), 알바(아르바이트), 초티(HOT)

-소리 나는 대로 표기하는 경우 : 잘했찌(잘했지), 맏따(맞

다), 델꾸와떠니(데리고 왔더니)

−두 낱말 이상의 축약 : 넘넘 / 넘2(너무너무), 흠글쿤(음, 그렇군), 암예기도(아무 얘기도)

이러한 표현들은 대체로 경제성을 반영한 표현이다. 통신 공간이나 시간상의 제약 조건이 음운을 축약하거나 음절을 생략한 표현, 또는 일부 모음을 바꾼 표현을 만들어 낸다. 이러한 표현은 사용하지 않는 사람에게는 생소한 느낌을 줄 수 있으며, 이것이 일상인들과의 대화 단절을 가져올 수 있는 요소가 된다.

익명의 공간에서 자신을 드러내고자 하는 표현성의 욕구는 언어 왜곡에 또 다른 영향을 미친다. **표현성**은 의사 전달 효과를 극대화하기 위한 것으로, **신조어**를 만들어 내거나, 기존의 어휘 형태나 의미에 변형을 가하기도 한다. 은어를 만들어 내는 심리도 이러한 기제가 작용한 것으로 볼 수 있다. 다음 사례를 살펴보자.

음운 교체

안뇽(안녕), 했어여(했어요)

어휘 의미 변형, 또는 은어화

잠 수 : ① 두 사람만이 들을 수 있는 귓속말, ② 채팅방에 입장한 뒤 아무 말이 없는 상황

잠수방 : 귓속말 나누는 사람들만 모이는 모임

번개(벙개) : 예상치 않은 갑작스런 모임을 주선하는 행위

초청장 : 대화방으로부터 초대하는 글

당근이지 : 당연하다는 뜻

국적 없는 신조어

리하이 : (Re Hi) 다시 안녕하세요

리방가 : ('리하이'란 말에서 생성된 어휘) 다시 반가워

아르비(알바) : 아르바이트

친근감 표현을 위한 음운 첨가

안녕하세용(안녕하세요), 빨랑(빨리), 생각나넹(생각나네), 멀어서링(멀어서), 저용(저요)

외롭당(외롭다), 있징(있지), 몇 명이얌(몇 명이야), 알아보남(알아보나), 들었쥐(들었지), 그래야쥐(그래야지)

재미를 위한 변형

그래떠(그랬어), 박뚜우(박수), 조아써(좋았어), 아 …… 그러시등가(아 그러시던가), 내가 깝에 글 올렸자너(내가 카페에 글 올렸잖아)

신종 동의어

안녕하세요 : 하2, 하이, 하이루~~ , 방가방가, 반가반가, 하뤼, 하륑, 하랑구, 하야하야~~~~^^ 하야~, 안냐세염~~^^, 안냐세여 ……, 하잇

반갑습니다 : 방가! 방갑습당, 방갑슴돠! 방가르 까꿍~ *^-^*

빵가루~ (방가, 방가루에서 생성된 말), 빵가류…

헤어질 때 : 빠빠시~~ 빠빠룽~ 안뇽… 아룽… 빠2, 빠빠~

이와 같은 표현성의 원리는 표현 효과를 극대화하기 위한 의도와 말장난(언어유희)을 하기 위한 의도를 반영한다. 말에 변형을 가하고자 하는 심리는 때로는 말을 배우는 유아를 흉내냄으로써 친근감을 표현하거나 일상의 입말보다도 더 입말스런 표현을 사용하여 친근감을 표현하기도 한다. 이와 같이 과도한 친근감을 드러내는

표현은 당사자가 아닌 다른 사람들에게는 반감을 불러일으키는 요인으로 작용하기도 한다.

채팅과 짝대화

대화가 이루어지려면 대화 참여자가 결정되어야 한다. 인터넷상의 대화 가운데 가장 널리 사용되는 것이 채팅이다. **채팅**(chatting)이란 인터넷상에서 자판으로 서로의 생각을 주고받는 행위를 말한다. 채팅을 하면서 서로의 생각을 말을 하듯이 주고받고자 하기 때문에 채팅 언어라는 독특한 언어 현상까지 생겨나게 된 것이다. 이는 글로 주고받지만 입말로 이루어지며 대화의 형식을 취하게 된다. 즉, '**인터넷 대화**'라고 할 수 있으며 그 대화가 이루어지는 공간을 '인터넷 대화방'이라고 한다.

채팅 언어도 다른 인터넷 언어가 갖고 있는 형식적인 특성을 그대로 보여준다. 그런데 대화 양식상 채팅은 대화 상대자가 결정되는 과정에서 독특함을 지닌다. 임칠성(1997)에서는 이를 '짝대화'라고 부르고 있다. 짝대화는 여러 사람의 대화 희망자들이 같은 사이버 공간인 대화방에서 접촉하지만 실제 대화가 진행되면서 대화 상대자로 결정된 사람들만이 의사를 공유하게 되는 과정이다. 이러한 장면은 일상생활에서 여러 사람이 함께 같은 공간에서 대화를 하면서 저절로 순서 교대를 하거나 화제를 공유하는 원리와도 같다. 결국 짝을 이루지 못하는 화자는 대화방에서 퇴장 당하게 되며, 경우에 따라서는 짝을 찾다가 짝이 결정되지 못한 상태에서 대화가 중단되기도 한다. 다음 대화를 살펴보자.

대화 2

쵸코우유 : 하이(안녕)

Joins : 하이루~~(하이의 부드러운 표현-안녕)

미야새되따 : 방가방가(반가워요 >반가반가 > 방가방가 : 명랑한 표현)

날사랑해줘 : 하뤼~!!(하이>하이루>하뤼 : 줄임 표현-안녕)

☆ 영혼을두드려(SBP764) 님께서 들어오셨습니다.

x바람안필께x : 하룅~(하이>하이루>하뤼>하룅 : 하뤼에서 개인이 바꾼 표현)

x바람안필께x : 찍팅하는 건강?(맘에 드는 사람 선택하는 건가요?)

추석지났다 : 어

키스바리하까 : 이제 골라잡아여!(이제 선택해요)

영혼을두드려 : 엇 나랑 똑같넹(엇 나랑 똑같네)

x바람안필께x : (크크 : 웃는 표현을 쉽게 전달하기 위해 모음을 뺀 것)

키스바리하까 : 엇 나랑 똑가타(엇 나랑 똑같다 : 발음 나는 대로 쓴 것임)

키스바리하까 : ^^(웃는 모습)

영혼을두드려 : 움직이는 켈터일꺼야 아마도(아마도 움직이는 캐릭터일 거야 : 캐릭터라는 말을 줄여서 표현함)

☆ x컴부시기x(shije5455) 님께서 들어오셨습니다.

키스바리하까 : 아마도 그럴꺼야

키스바리하까 : 자자자자

키스바리하까 : 찌거바여(찍어봐요 : 발음 나는 대로 쓴 표현)

영혼을두드려 : 그럼 내가 옷을 바꿔 입어야겠군

키스바리하까 : 바껴여(바꿔요)

미야새되따 : 그만하시져(그만하세요)

키스바리하까 : 맘에 드는 사람 욜라 찍기(맘에 드는 사람 망

설임 없이 찍기 : '욜라'라는 말은 은어적인 표현임)

키스바리하까 : 맘에 드는 사람 찍어서 이방에서 델구 나가셈 (맘에 드는 사람 선택해서 이방에서 데리고 나가요 : 데리고의 줄임 표현)

키스바리하까 : 공개적으로 해여

미야새되따 : 찌끼는 뮐 찌꼬 마음에 드르야 찍제(찍기는 뭘 찍어요. 마음에 들어야지 찍죠.)

☆ x컴부시기x(shije5455) 님께서 별명을 x민트x(으)로 바꾸었습니다.

키스바리하까 : 흐미(이런)

추석지났다 : 누가 저 좀 찍어 주세요

x바람안필께x : 와우

날사랑해줘 : ^^;;;;;;;(황당하거나 혹은 곤란할 때 쓰이는 이모티콘)

미야새되따 : 남자는 3명뿌니 없는데 머해(남자는 3명뿐이 없는데 뭘해요.)

x민트x : 앵,,,;

x바람안필께x : 몇 살인지 모르는데

추석지났다 : 누가 저 좀 찍어 주세요

키스바리하까 : (하하하하)

날사랑해줘 : ──(황당함을 나타내는 이모티콘)

x바람안필께x : 15살인 인간?

수호천사 : 저여

☆ x민트x(shije5455) 님께서 나가셨습니다.

이 대화는 중학생 대화방에서 채취한 것이다. 이 대화방에 등장하는 인물은 적어도 10여 명이 넘는다. 문자로 기록된 상황에서의 대화 진행 양상은 매우 복잡하여, 누가 누구에게 대화를 하고 있는지 확인할 수 없을 정도로 혼란스럽다. 왜냐하면 이 장면은 대화 상대자를 서로 물색하고 있는 과정이기 때문이다. 대화 상대자 물색 과정에서 대화를 적극적으로 진행하고자 하는 사람은 '키스바리하카'를 사용하는 사람이다. 그런데 대화방의 대화는 의미 있는 특정한 주제를 대상으로 하는 경우가 많지 않기 때문에 불규칙한 대화가 진행되다가 중단되는 경우도 많다. 다만 종교 사이트와 관련된 대화방에서의 대화나 직업이나 취미를 함께하는 대화방에서는 의미 있는 주제가 화제로 올라오는 경우도 있다. 그렇지만 어디까지나 대화방 내에서만의 대화일 뿐 화자와 청자 사이의 상호 존중감이나 책임 의식을 바탕으로 대화가 이루어지는 경우는 드물다.

채팅에서의 대화에도 나이나 지역에 따른 방언차가 존재한다. 이러한 방언차는 가상공간에서의 대화에서도 현실 공간과 마찬가지로 대화의 걸림돌이 존재함을 의미한다. 일반적으로 나이별로 대화의 특성을 살펴보면, 초등학생들의 채팅어 사용은 중학생들을 흉내 내는 경향이 높다. 이들은 아직 맞춤법을 잘 익히지 못한 상태에 있기 때문에 발음 나는 대로 표기하는 경향이 다른 나이보다 더 두드러지며, 중심 화제로는 친구 사귀기가 가장 큰 관심사로 떠오른다. 이에 비해 중학생의 경우는 은어 표현이 늘어나고, **이모티콘(그림문자)**의 사용이 많아진다. 말을 부드럽고 귀엽게 하고자 하는 경향이 있으며, 화제의 범위도 초등학생층보다 훨씬 늘어난다. 이러한 경향은 고등학생층까지 심화되는 경향이 있는데, 대학생층에 이르면 이모티콘이나 귀엽게 보이고자 하는 말투(이를 '**명랑어투**'라고 부르는 경우도 있는데, 말을 경쾌하고 귀엽게 변형시킨 어투를 말한다)의 사용이 줄어든다. 그러나 역시 대학생들이 사용하는 은어가 빈번히 사용된다는 점에서는 별다른 차이가 없다.

이모티콘(그림문자)

이모티콘은 감정(emotion)과 아이콘(icon, 컴퓨터 프로그램 기능 표시 형상)의 합성어로, 다듬은 말은 '그림문자'이다. 이 문자는 전자 메일 끝에 심각하지 않게 받아들이라는 뜻으로 웃는 얼굴을 덧붙여 보낸 것에서 생겨났다고 한다. 이모티콘은 컴퓨터 자판의 문자와 기호, 숫자 등을 적절히 조합해 미세한 감정이나 특정 인물, 직업 등의 의미를 전달하는 사이버 공간 특유의 언어이다. 채팅할 때나 전자 메일에서 수시로 등장하기 때문에 이를 모르면 상대방이 어떤 의사를 나타냈는지 알 수가 없다. 요즘 들어 **사이버 언어**, **사이버 수화** 등으로 불리면서 많은 사람들에게 알려졌다. 사람의 감정 표현에서 출발해서 각종 사물과 간단한 이야기까지 만들 수 있다. 이모티콘은 건조해지기 쉬운 인터넷상의 커뮤니케이션을 좀더 정감 있게 만들어 주는 유용한 의사 전달 수단이라고 할 수도 있다.

이모티콘은 1980년대에 미국 카네기 멜론 대학생인 스코트 펠만이 최초로 사용했으며 'smiley symbol'이라고 불렸다. PC통신과 인터넷 상용화 초창기에는 웃는 모습이 주류를 이루었기 때문에 **스마일리**(smiley)로 불린 것이다. 이모티콘은 국가에 따라 자주 사용하는 것이 다르고 새로운 아이디어로 계속 추가되고 있다. 현재 한국과 미국 등에서 사용 중인 이모티콘은 2천여 개에 이르는 것으로 추정되고 있다.

이모티콘이 인기를 끄는 이유는 채팅 언어에서 대화 참여자들의 감정을 서로 직접 확인할 수 없을 때 이모티콘이 이를 보완해 줄 수 있기 때문이다. 채팅은 직접 만나 이야기를 나누는 것과는 달리 상대방의 감정이나 표정을 알 수 없다. 이 같은 단점을 보완해 주는 역할을 하는 것이 이모티콘이다. 최근에는 이러한 감정 전달 수단으로 '아바타'나 '그래픽'을 사용하는 경우도 있지만 아직까지는 이모티콘의 활용도가 가장 높다. 이는 이모티콘의 기호가 미묘하고 다양한 감정 표현을 간결하게 전달할 수 있기 때문이다. 최근 우리가 흔히 접할 수 있는 이모티콘으로는 다음과 같은 것들이 있다.

^^ (은근한 눈웃음)
^^, ^^* (미소 짓는 모습)
>< (화난 모습)
^^*, ~~ (여성의 귀여움 또는 섹시함)
^-~ (윙크하는 모습)
^-^ (온화하게 웃고 있음)
:- (무표정)
(?.?) (황당함)
+_+ (할말이 없음)
ㅠ.ㅠ (슬퍼서 눈물을 흘리는 모습)
^m^ (입 막고 웃기)
♡.♡ (사랑에 빠졌어요)
(_o_) (머리를 땅에 대고 비굴하게 인사하기)

최근의 이모티콘은 문자 메시지뿐만 아니라 그래픽까지 폭넓게 활용되고 있는 실정이다. 이와 같은 이모티콘 사용 역시 인터넷 대화의 장애 요소로 작용할 수 있다. 그뿐만 아니라 이모티콘을 사용하지 않아야 될 상황에서조차 이모티콘을 남용하는 사례도 자주 발견된다. 예를 들어 문어적인 글을 써야 할 상황에서 이모티콘을 사용하는 경우가 있다. 자기의 감정을 객관화하고 이를 바탕으로 대화를 이루어가야 할 상황에서 이모티콘 속의 감정이 빈번히 드러난다면 올바른 대화는 이루어지지 못할 수가 있을 것이다.

3

인터넷상의 대화 예절

인터넷상의 대화는 전자우편(e-mail)이든, 채팅이든 대체로 익명성, 경제성, 표현성의 원리를 바탕으로 한다. 그리하여 자신을 객관적으로 노출하여 좋은 대화를 이루고자 하는 것이 아니라, 자신의 뜻대로 이루어지지 않으면 무례하게 대화를 중단하거나 슬그머니 회피하는 경우가 많다. 대화는 대화 참여자들의 의지와 인격을 반영한다. 익명성을 전제로 하는 인터넷상의 대화에서도 이러한 점에 대한 자각이 필요한 것이다.

가상공간에서의 대화는 흔히 상대방의 감정을 쉽게 상하게 만들 우려가 있다. 더욱이 **'말의 상처'**를 아무렇지도 않게 생각하는 풍토까지 조성되면서 사회 전반적인 문제로까지 비화되는 일도 생겨난다. 최근 우리 사회에서는 '나와 생각이 다르면 틀린 것이다'나 '나와 다른 생각을 갖고 있는 사람은 나의 적이다'라는 사고가 만연되어 있다는 지적이 많다. 이러한 **대화 문화**는 상대방의 감정을 아무렇지도 않게 생각하는 인터넷상의 대화 예절이 만연되는 것과도 무관하지 않다. 따라서 인터넷 언어가 갖는 여러 가지 한계를 정확히 인식하고 올바른 대화 습관을 기르도록 노력해야 한다는 사실을 강조하지 않을 수 없다. 정보 통신 시대의 다종다양한 사이버 범죄와 대화 문화의 혼란은 기술적·법적 차원의 대응 체계보다 올바른 대화 이해를 통하여 극복되어야 한다.

가상공간에서 주고받는 대화도 일상 공간에서 주고받는 대화와 그 기본적인 원리에 있어서는 다름이 없다. 그러므로 상대방과 자신의 인격을 존중하고 대화의 장애 요소들을 극복하여 원만한 의사소통이 이루어짐으로써 유익한 대화 공간이 되도록 대화 참여자들 스스로 노력하여야 할 것이다. 이러한 자정 노력은 사이버 공간의 사용이 확대될수록 더욱 요구되는 우리 현대인이 가져야 할 덕목이 되고 있다. 이 점에서 우리는 누리꾼(네티즌)이 지켜야 할 윤리에 대해서도 좀더 많은 관심을 기울여 줄 것을 권하고자 한다.

더 읽어보기

구현정(2002), 통신언어-언어문화의 포스트모더니즘, 『한말연구학회 발표 요약지』, 한말연구학회.

권연진(1998), 컴퓨터 통신어의 언어학적 특징, 『언어과학』 5-2. 동남언어학회.

노형남(2000), 한국어 채팅 표현에 관한 연구, 『사회언어학』 8-2. 사회언어학회.

박동근(2001), 통신언어의 유형에 따른 언어학적 기능 연구, 『어문학연구』10. 상명대학교.

안정근(2000), 네트워크에 나타나는 언어의 담화 분석, 『사회언어학』 8-2. 한국사회언어학회.

이정복 외(2000), 『바람직한 통신 언어 확립을 위한 기초 연구』, 문화관광부.

이진성(1999), 약자, 약어 및 통신어에 대한 고찰, 『사회언어학』 7-2. 사회언어학회.

임칠성(1997), 화법 교육의 방향 연구, 『국어교육』 94. 국어교육연구회.

전효관(2001), 10대의 놀이 문화, 『청소년의 일상과 가족』, 생각의 나무.

정태영(1997), 『사이버 스페이스 문화 읽기』, 나남출판.

Michel Heim, 이명숙 옮김(1997), 『가상현실의 철학적 의미』, 책세상.

Milroy J.(1992), *Linguistic Variation and Change*, Blackwell.

제13장

언어 장애와 언어 치료

1. 언어 장애
2. 언어 장애의 유형과 요인
3. 언어 치료와 상담

1

언어 장애

발화 장애와 심리 장애

우리는 앞의 제5장에서 **심리 언어학**에 대하여 공부한 바 있다. 심리 언어학은 언어와 말하기(발화)를 한 편으로 하고, 인간의 심리를 다른 한 편으로 하여 그 사이에 존재하는 복잡한 연관 관계를 연구하는 학문이다. 앞서 밝힌 바와 같이 심리 언어학의 중심 과제는 '언어와 사고', '언어와 의식', '언어와 기억력', '언어와 감정' 등의 문제이다. 오늘날 언어학의 발달은 인접 학문인 심리학이나 사회학과 밀접한 관련을 맺고 있을 뿐만 아니라 뇌의 구조와 관련된 의학 연구 성과에도 크게 기대고 있다. 언어 상실이나 언어 장애 문제를 인간의 뇌의 구조와 언어 능력과의 관계로 연구하는 언어학을 **신경 언어학**(neurolinguisticsneurolinguistics)이라고 부른다.

지금 여기서 다루려고 하는 '언어 장애'와 관련된 문제는 한편으로는 생리 언어학과, 다른 한편으로는 심리 언어학과 관련을 갖는다. **언어 장애**란 언어 능력이나 언어사용 능력이 자연스럽지 못한 상태에 있는 현상을 일컫는 것인데, 아직까지 이 분야에 대한 연구 성과가 충분히 쌓여 있다고 보기는 어렵다. 일반적으로 언어 장애는 생리적으로는 뇌의 구조, 발음 기관 등의 이상에서 오는 장애와 심리적으로는 불안이나 무의식, 욕망 등과 관련을 맺고 있는 장애가 있을 수 있다.

이와 같은 언어 장애를 **발화 장애**(speech disorders)와 **언어능력 장애**(language disorders)로 나누어 접근하는 경향도 있는데, 전자는 발성 기관이나 조음 기관에 이상이 있을 때 나타나는 발성 장애 · 조음 장애 · 구개열 장애 등을 말하고, 후자는 언어능력 자체에 이상이 있을 때 나타나는 언어 발달 지체 · 언어 발달 장애 · 말더듬 · 실어증 등을 말한다. 이러한 언어 장애는 뇌의 구조나 음성 기관의 이상과 관련된 장애를 대상으로 할 경우 기술적 장애라고 부를 수 있으며, 인간의 욕망이나 무의식 또는 여러 가지 심리 현상과 관련된 장애일 경우 심리적 장애라고 부를 수 있다.

행동주의와 심리주의

모든 언어 행동의 기저에는 심리적 과정이 있다. 언어의 산출과 이해, 언어 습득, 기억 등은 모두가 심리적 과정을 통해 이루어진다. 특히 언어의 사용, 즉 말의 **산출**(production)과 **이해**(comprehension)의 기저에 있는 심리적 과정에 대한 연구는 심리 언어학의 중심 과제가 되고 있으며, 언어 장애는 이와 같은 언어의 산출과 이해에 장애가 있음을 의미하는데, 결과적으로 언어 행동에 이상이 생기게 되는 것이다. 그렇다면 언어 행동에 이상이 생기는 까닭은 무엇 때문일까? 우리는 이러한 문제를 이해하기 위해 언어 행동을 어떠한 관점에서 접근할 수 있는가를 생각해 볼 필요가 있는 것이다.

언어 행동의 기저에 있는 **심리적 과정**의 현상에 대한 설명은 20세기에 와서 크게 두 가지 관점에서 이루어졌다. 그 중 하나는 행동주의적 관점이고, 다른 하나는 심리주의적 관점이다. **행동주의**(behaviourism)에 의하면 사람에게 어떤 자극(stimulus)이 주어지면 어떤 반응(response)이 나타나는데 이때 어떤 자극에 대한 반응으로 어떤 행동이 나타났다면(S→R), 그 행동은 자극이 나타내는 의미라고 생각한다. 그리하여 객관적으로 나타나는 행동만을 연구하며, 포착할 수 없고 주관적이며 분류할 수 없는 요소인 의미는 이해 대상에서 제외된다. 결국 어떤 발화체가 어떠한 객관적인 상황과 일치하는가 여부에 관심을 기울이는 입장이 행동주의적 접근인데, 이에 따르면 언어 행동은 기계적인 처리 과정과 일치하며, 언어 장애 역시 이 과정에 이상이 생겨 발생하는 것으로 보게 된다. 발화 장애와 같이 기술적 차원으로 접근하고자 하는 입장은 행동주의와 밀접한 관계를 맺고 있다.

이와는 달리 **심리주의**(mentalism)에 의하면 언어는 심적 상태와 불가분의 관계에 있으며 자극에 의해서 외부로 나타나는 반응만으로는 언어의 본질을 이해할 수 없으며 인간의 내면적 심리 과정을 이해해야 한다는 것이다. 촘스키(N. Chomsky)의 **생성 문법**은 이러한 심리주의에 기반을 두고 있으며, 그의 언어 능력, 언어습득 장치(LAD) 등의 이론이 이로부터 나온다. 이러한 입장에서 언어활동은 선천적 이성의 지배를 받으며, 아울러 인간의 보편적 심리와 관련을 맺게 된다. 이와 같은 심리주의는 인간의 정신 구조의 기능을 해명하려는 노력과 결합하여 새로운 학문 분야를 만들어 냈는데, 이 분야가

인지 과학(cognitive science)이다. 인지란 지각, 판단, 결정, 기억, 언어 사용과 이해 등 인간의 정신에 관여하는 심적 과정과 그 산물에 대한 총칭이다. 이 이론에 따르면 언어사용 능력은 인간의 인지 능력을 바탕으로 하고 있으며, 언어 구조 이외에도 추리, 기억, 의식, 개념화, 범주화, 영상화 등의 능력이 언어 구조와 밀접한 관련을 맺고 있다고 한다. 따라서 의사소통 과정으로서의 대화 활동에 원만하게 참여할 수 없는 심리적 언어 장애는 그 사람의 심적 상태, 인지 능력에 이상이 있음을 의미하는 것으로 이해할 수 있다.

정신분석학적 접근

언어활동이 제기하는 심리적 문제들이 언어학자들의 관심을 끈 것은 20세기 초부터였는데, 그 처음은 오스트리아의 정신분석 의학자 프로이드(S. Freud)의 연구에서 시작되었다. 그는 언어 기능 방식의 재현에 새로운 관점을 열었고 현대 언어과학이 의존하고 있던 이성론적 인식을 흔들어 놓았다. 정신분석은 환자의 말을 그 대상으로 삼고 있으며 정신분석학자는 화자의 의식 또는 무의식 기능 방식들을 탐구하기 위해 말과 그 구조 그리고 그것의 법칙 외에 다른 방법이나 실제를 상정하지 않는다. 정신분석학자는 화자의 말 속에서 허구적인 것과 실제적인 것 모두를 관심 있게 듣는데 이는 그것들이 모두 담화적 현실을 지니기 때문이다. 그 담화에서 그는 먼저 무의식적인 동기를 발견하고 다음으로 징후들을 초래하는 다소 의식적인 동기를 발견한다. 일단 그 동기가 드러나면 모든 신경증적 행위는 명백한 논리를 나타내고, 징후는 마침내 재발견된 그 동기의 **상징**(symbol)으로 나타난다.

프로이드는 정신세계를 잘 이해하기 위해서는 의식의 세계보다는 무의식 세계를 잘 들여다보아야 한다고 하였다. 무의식이란 작은 원과 같은 의식을 가두어 두는 큰 원과 같은 것으로 모든 의식은 무의식의 단계를 지나며 무의식은 정신 그 자체이며 정신의 본질적 현실이라고 주장한다. 만약 화자의 무의식적 동기가 추억이나 꿈 등의 화자의 과거에서 담화에 제시된다면 무의식적 동기의 탐색은 화자와 분석자의 수평적 담화 상황 속에서 실현된다. 이러한 정신분석 행위에서 우리는 화자와 청자가 연결되어 있으며 모든 **담화**는 타인과 연결되어 있다는 근본적인 사실을 재발견한다. 정신분석은 이렇듯 화자와 청자의 이중구조를 제시하는데, 화자는 언어를 사용해 담화 행위의 구조 속에서 담화의 통사 관계나 논리 관계를 구성해 낸다. 이때 사용하는 언어는 규범 언어 속에서의 주관적이고 개인적인 하나의 구체 언어가 된다. 언어는 구체적인 담화의 도구를 제공하는데 그 담화 속에서 화자의 인격은 해방되고 창조되며 타인에게 전달되고 인정받는다.

정신 분석가는 담화 속에 나타난 내용을 통해 잠재된 콤플렉스에 기인하는 무의식적 동기를 찾게 되는데, 그는 환자가 발화한 것뿐만 아니라 생각한 것을 통해서도 언어에 내재된 상징성을 넘어서 특정한 상징성을 찾는 것이다. 그러므로 정신 분석가는 담화를 또 다른 언어의 매개 수단으로 간주하게 되는데, 이 언어는 그 나름의 규칙과 상징 기호 그리고 특유의 통사를 지니고 있으며 심리적 심층구조와 통한다. 언어적 의사소통에서 무의식은 흡사 잊혀졌거나 또는 검열로 인해 왜곡되고 일그러져 버린 하나의 장을 나타낸다. 이 장(場)의 내용은 어휘의 선택과 음색을 통해서 실수와 이미지 또는 비유를 통해서 표명된다. 하지만 이러한 무의식도 라깡(Lacan)에 의하면 언어처럼 구조화되어 있다. 정신분석학자들의 관심은 바로 이 **무의식의 구조**를 파악하는 일이며, 그 가운데 우리의 관심은 무의식의 구조가 대화 장애에 어떻게 작용하는가 하는 데 있다.

2

언어 장애의 유형과 요인

말더듬과 실어증

기술적인 언어 장애는 발화 장애와 언어능력 장애의 두 유형이 있다. 전자는 호흡 기관(폐, 기관, 기관지)이나 발성 기관(후두 및 성대), 그리고 조음 기관(입술, 구강의 각 조직, 비강, 입천장 등)에 이상이 있어서 일어나는 의사소통의 장애를 말한다. 이와 같은 장애는 '**말더듬**(stuttering)'으로 나타난다.

사람들은 누구나 일상생활에서 말을 더듬을 수 있다. 머리 속에서 말하려고 하는 내용이 결정되면, 이 내용이 뇌의 언어 중추신경 부위로 가서 내용이 언어 기호들로 바뀌고, 이 기호들의 연속체가 말소리로 전환된다. 이 과정이 항상 자연스럽게 일어나는 것은 아니기 때문에 정상적인 사람의 **언어 수행**(speech performance)에서도 더듬거리는 말이 있을 수 있다. 이러한 비유창성을 '정상적인 비유창성'이라고 부른다. 이에 비해 말더듬이란 '말의 전진적인 진행이 운동신경적으로 잘못이 생긴 말소리, 음절, 또는 낱말로 인하여 방해를 받거나 이러한 말소리, 음절, 또는 낱말에 대한 사람의 반응으로 인하여 방해를 받는 것'(V. Riper, 1982)을 말한다. 즉, 말더듬은 더듬거리는 정도가 심하여 의사소통에 장애가 될 정도에 이른 상태를 말한다.

말더듬이 발생하는 원인에 대해서 학자들은 심리적인 원인과 환경적인 원인이 있을 수 있음을 주목해 왔다. 물론 일부 학자들은 기질적인 면에서 요인을 찾기도 한다. 이들은 왼뇌와 오른뇌의 청각 정보처리가 일치하지 않음으로써 말더듬이 생긴다는 입장을 취하고 있는데, 이것이 모든 유형의 말더듬을 설명할 수 있는 것은 아니다. 흥미로운 사실은 몰리(Morley, 1957), 앤드류와 해리스(Andrew & Harris, 1964)에서는 천 명의 말더듬 아동들을 연구하였는데, 대부분의 말더듬은 5세 이전에 나타나며, 11세 이후에는 발생하지 않고 대체로 2~4세에 가장 많이 나타난다고 한다. 이러한 말더듬이 많다는 사실은 말더듬의 발생 요인이 환경과 심리적인 것에서 비롯됨을 시사해 준다. 즉, 유아기의 대화 상황이 말더듬을 만들어 낼 수 있다는 뜻이다.

유아의 말하기는 발음이나, 어휘, 문장 구성 능력에 있어서나, 대화의 양이나 적절성 등에 있어서 어른에 비해 부족하다. 정확한 발음이 안 되거나, 어휘를 모르거나, 문장화에 실패하거나 하며, 같은 표현을 여러 차례 반복하기도 하고, 이렇게 말해야 하는지 또는 저렇게 말해야 하는지 판단하지 못하는 경우가 많기 때문에 말을 더듬을 수밖에 없다. 이 과정에서 말을 바꾸어 가며 청자의 반응을 살핀다. 이러한 언어 발달 과정에서 나타나는 말더듬은 정상적인 말더듬이다. 그러나 만일 이 장면을 그 어머니가 관찰하고 있다고 가정해 보자. 보통의 부모들은 자신의 자녀가 다른 아이들보다 훨씬 똑똑하고 모든 면에서 뛰어나다고 생각하는 경향이 있다. '그런데 말을 더듬다니 이게 무슨 연유인가?'라고 생각한다. 그 어머니는 자녀에게 교정을 하기 시작하며, 그러다가 뜻대로 되지 않으면 짜증을 내기도 한다. 드디어는 영문을 모르는 아이에게 야단을 치기 시작하며 심지어는 체벌을 가하기도 한다. 아이는 자기의 말에서 아무 잘못이 없다고 생각했는데 어머니의 지적으로 자기의 말에 잘못이 있음을 깨닫는다. 그리고 이것이 쉽게 교정되지 않을 때 부모의 짜증과 야단이 합쳐지면서 병적인 말더듬이가 될 수 있다는 것이다. 학자들은 말더듬의 초기 증상인 반복과 연장은 점점 심화될 경우 심각한 말더듬이가 되면서 부수적인 행동을 수반하게 되고, 좀더 심화되면 투쟁 행동까지 나타나게 된다고 말한다.

기술적 장애의 하나인 **실어증**(aphasia)은 대뇌피질의 손상으로 일어나는 언어 장애이다. 실어증에는 여러 유형이 있는데, 그 중 널리 알려진 것은 프랑스의 의학자 브로카(Broca)가 발견한 것으로 왼뇌의 브로카 영역의 손상으로 발생한다. 이 실어증은 **'브로카 실어증'**이라 하며, 일명 **비유창성 실어증**(nonfleunt aphasia), 근육 운동 실어증, 표현 언어 실어증, 또는 전위 실어증이라고도 불리는데, 말이 유창하지 못하며 우편국에서 사용하는 전보식 문장을 사용하고 문법 규칙을 잘 지키지 않는 문장을 사용한다. 이 실어증 환자들은 청각 능력에는 장애가 없으나 글을 쓰는 능력에서 장애를 보이며, 때로는 조음 기관을 의도적으로 움직이지 못하는 경향도 있다. 즉, 말의 산출(표현)에 장애를 일으키는 실어증이다.

이에 비해 독일의 생리학자인 베르니케(Wernicke)가 발견한 **'베르니케 실어증'**이 있는데, 이 실어증은 브로카 부위가 아닌 왼뇌의 상위 측두엽 뒷부분의 뇌피질이 손상되어 발생하는 실어증이다.

이를 일명 유창성 실어증, 감각 신경 실어증, 수용 언어 실어증, 또는 후위 실어증이라고 부른다. 이러한 장애를 갖고 있는 사람은 억양과 발음의 측면에서 보면 말이 유창하고 조음 장애가 거의 없다. 그런데 간혹은 의미 없는 말소리의 연속체를 마음대로 사용하기 때문에 말의 뜻을 이해하기 어렵고, 행동을 사용한 의사소통에는 지장이 없으나 말소리만을 사용한 의사소통 시에는 말뜻을 이해하지 못하는 경우가 많다. 즉, 말의 이해에 장애를 일으키는 실어증이다.

그 밖의 실어증 유형으로는 베르니케 부위와 브로카 부위의 정보 교환이 이루어지지 않음으로써 발생하는 **전도성 실어증**(conduction aphasia), 베르니케 부위의 뒷부분에 뇌 손상이 있을 때 발생하는 **연결피질 운동성 실어증**(trancortical motor aphasia)과 **연결피질 감각성 실어증**(trancortical sensory aphasia), 시각 장애를 갖는 **난독증**(alexia : dyslexia)과 글씨를 잘 쓰지 못하는 **난서증**(agraphia : dysgraphia), **건망성 실어증**(anomia, dysnomia) 등이 있다. 이러한 실어증의 유형은 '보스톤 학파'의 연구를 토대로 한 것이며, 이와 대립되는 '미네소타 학파'의 경우는 구문 실어증, 의미 실어증, 활용 실어증, 전반 실어증 등으로 유형을 나누기도 한다.

이와 같은 실어증은 뇌의 구조와 관련되어 있으며, 노화나 사고로 인한 뇌손상이 그 요인으로 작용한다. 따라서 실어증은 회복 가능한 경우도 있고 그렇지 않은 경우도 있다. 일반적으로 실어증 회복 유형을 살펴보면, 이해 능력이 표현 능력보다 먼저 회복되며, 글보다는 말의 회복이 빠르고, 말의 회복에서도 명제적 개념 회복보다 자동적인 표현(인사말, 욕, 일상생활의 습관에 사용되는 말) 등이 빨리 회복된다.

우울증

우리의 대화 연구에서 심리적 장애로서 가장 주목할 만한 것은 우울증이다. 우울증은 심리적 장애의 일종인데, 심리적 장애란 한 사람의 심리가 불안정하여 일탈성을 보이거나 부적응을 경험하고 그로 인해 주관적 고통을 느끼는 상황을 의미한다. 이러한 심리적 장애의 유형으로는 불안장애, 신체장애, 기분장애가 있는데, 우울증은 기분장애의 한 유형이다.

현대 사회는 불안의 사회라고 일컬어진다. 그로 인해 **우울증**이 증가하는 경향이 있는데, 우울증에 걸린 사람은 적어도 2주 이상 우울한 기분, 심한 절망감, 무기력감, 무가치감을 경험하게 된다. 이러한 사람이 보이는 반응은 행동 지체, 지나친 과묵, 식욕 저하, 만성 피로감, 불면증 등이다. 우울증은 성에 따라 심한 차이를 보이는데 남성의 경우에는 어느 한 시점에서 약 2~3%가 우울증을 경험하는 데 비해 여성의 경우는 5~9% 정도가 우울증을 경험한다고 한다. 이것이 심해지면 자살을 시도하는 경우도 많은데, 보통 남성보다 여성의 자살 시도율이 3배나 많다고 한다.

우울증에는 크게 세 가지가 있다. 첫째는 전형적인 우울증(주요 우울증)으로 절망감과 무기력감에 휩싸이는 우울증이며, 둘째는 양극성 우울증이라 불리는 것으로 이른바 '조울증'이다. 이 증세는 행복감, 과잉 활동성, 과대망상 등의 느낌을 갖는 조증과 이와 대립되는 느낌인 울증이 번갈아가면서 일어나는 우울증이다. 셋째의 유형은 기분 전환 장애 또는 신경성 우울증이라 불리는 것으로 사업 실패나 사랑의 실패와 같이 고통스러운 상황을 쉽게 극복하지 못함으로써 발생하는 우울증이다.

이와 같은 우울증은 좌절 경험이나 자신의 불안정한 정서 상태에서 비롯된다. 특히 인지심리학에서는 사람이 자기 자신이나 세상을 어떻게 보느냐 하는 것이 그 사람의 행동과 정서 상태를 결정한다고 본다. 그런데 우울증을 일으키기 쉬운 사람들은 자기를 부정적으로 보는 경향이 뚜렷하고 성공을 과소평가하며, 실패를 과대평가하는 경향이 있다. 이러한 경향은 전업 주부의 경우에 자주 발견된다.

다음 사례를 살펴보자.

예문 1

40대 초반의 주부 L씨는 요즘 매사에 의욕이 없고 무기력해져서 집안 살림을 하는 것도 매우 힘든 상태이다. 안정된 직장에 다니는 남편과 무럭무럭 자라는 두 아들이 있는 L씨를 주변에서는 행복하겠다고 부러워하지만, 정작 L씨 자신은 자신의 삶이 불행하다는 느낌을 지울 수가 없다. 언제부터인가 매일 쳇바퀴처럼 돌아가는 자신의 일상생활이 무의미하게 느껴졌고, 자신이 점차 무능력하고 무가치한 존재로 전락해 간다는 생각이 들기 시작했다. 한때 오붓한 애정을 나누던 남편은 진급을 하면서 점점 더 직장일이 바빠져서 저녁 늦게 귀가하는 날들이 늘어났다. 귀여운 두 아들도 중학교에 올라가면서 각자의 생활에 바쁘고 예전같이 엄마를 따르지 않았다. 뿐만 아니라, 집안에서 남편과 아들이 무심코 던진 말들이 자꾸만 자신을 무시하는 것같이 느껴지기만 했다. 이대로 집안에 눌러앉을 수만은 없다고 생각한 L씨는 멀리하던 동창회에 나가보기도 했지만, 서로 자신을 내세우는 친구들의 경쟁적인 대화가 혐오스럽게 느껴졌고 직장생활에서 성공한 친구들 사이에서 오히려 자신이 초라하다는 느낌만 받게 되었다. 뒤늦게라도 직장생활을 해보려고 일자리를 알아보았지만, 40대 초반이라는 나이에 할 수 있는 일이 없었으며 그 동안의 공백이 너무 크다는 것을 느끼게 되었다. L씨는 이제 자신이 가정에서도 무가치한 존재가 되어버렸고 사회에서도 무능한 존재로 전락해 버렸다는 생각을 지울 수가 없었다. 자신이 마치 헤어날 수 없는 깊은 수렁에 빠져 있다는 느낌이 들면서 불행감과 좌절감이 밀려왔으며 무기력감에 빠져들게 되었다.

— 권석만(2000), 『우울증』에서

주부 상담 사례에서 흔히 발견되는 이러한 예는 우울증으로 바뀌어가는 전형적인 사례이다. 이들은 자신과 외부 세계, 미래에 대해 전반적으로 부정적인 시각을 갖고 있으며 이로 인해 자아를 왜곡한다. 그런데 대화 연구를 하고 있는 우리로서는 매우 흥미 있는 관점에서 이를 바라볼 수 있다. 즉, 우리가 앞에서 다룬 남편, 자녀, 친구와의 관계와 대화에 관한 문제가 여기서 중요하게 부각되고 있다는 점이다. 남편은 직장일로 바빠, 아이들은 각자의 생활에 바빠 대화할 시간이 없으며, 그들이 무심코 던진 말들이 자신을 무시하는 것 같은 '말의 상처'가 된다. 또한 친구들과의 '경쟁적인' 대화는 자신에게 혐오스럽게만 느껴질 뿐 도움이 되지 않는다. 이쯤 되면 우리는 우리의 대화 연구에 대한 접근이 상당히 유효했음을 알 수 있을 것이다. 즉, 지금까지 우리가 관심을 가져 왔던 주제 — 자신에게 가장 가까운 남편, 자녀, 친구와의 관계와 대화를 통하여 자신의 정체성을 찾고, 자신의 역할을 인식해 나가는 일이 성공적으로 이루어진다면 이러한 우울증도 치료할 수 있을 것으로 기대된다.

자폐증

자폐증은 아동들에게 발견되는 행동 장애로서 유아 자폐증이라고 불린다. 이 증후군은 1943년 카너(Kanner)에 의해 처음 밝혀졌는데, 1960년대 초반까지는 주로 모호한 정신병적 질환, 정서 장애, 아동기 정신 분열증의 초기 증상이라고 간주되어 왔다. 그러나 1960년대 중반 이후 자폐증의 원인이나 진단 기준 등이 체계적으로 연구되어 오늘날에는 그 치료 방법도 상당히 진척된 상태에 있다.

자폐증의 특징은 사회적 상호 작용에 질적인 장애가 있으며, 음성 및 비음성 의사소통과 상상적인 활동에 장애가 있다는 점을 들 수 있다. 자폐증을 가진 아동은 다른 사람의 존재나 감정을 알아차림에 있어 결함이 현저하며, 사회적 놀이를 하지 않고 혼자 하는 놀이를 즐긴다. 아울러 친구를 사귀는 데도 결함이 발견된다. 이들의 언어사용에는 안면 표정이나 몸짓과 같은 의사소통 참여 양식이 드러나지 않으며, 말의 생산 과정도 음량이나 높이 강약 등에서 이상 현상이 발견된다. 언어적 의사소통에 기여하는 발화의 양이나 형식도 정상적이지 않으며 심한 경우 이들은 거의 벙어리처럼 지내는 경우가 많다. 이에 따라 틀에 박힌 신체 운동만을 하거나 사물의 일부에 지속적으로 몰두하는 현상이 발생하기도 한다.

다음 사례를 살펴보자.

예문 2

루시는 한 살이 되었을 때 단지 일어나 앉기는 하였지만 여전히 기어 다니지는 못했다. 모든 다른 아기들은 그때 가구에 의지해서 혼자 힘으로 일어서려 하는 단계에 있고 어떤 아기들은 첫 발자국을 내딛기도 했다. 두 살이 되었을 때, 루시는 어떤 단어도 사용하지 못했으며, 부모가 까꿍 놀이나 정원 돌기와 같은 간단한 게임을 함께 해 보려고 시도해도 아무런 반응을 보이지 않았다. 30개월째 루시는 걷기 시작하였는데 여전히 어떤 의미 있는 소리를 내지는 않았다. 그 아이가 내는 소리는 주로 혀 뒷부분으로 내는 혀 차는 소리와 여러 가지 높고 날카로운 소리였다. 더욱이 루시는 자신이 관심 있는 사물이 아니면 주의를 돌리지 않았으며, 다른 사람(부모를 포함하여)에게 관심을 갖는 경우가 없었다. 루시는 딸랑이를 갖고 놀기를 좋아했는데, 누군가 그것을 가져가면 달려가 가로채곤 방 한 구석으로 달아나곤 하였다. 일단 그것만 가지고 있으면 루시는 다른 사람을 쳐다보지도 않았으며 그것을 다른 사람에게 주지도 않았다.

— Baron-Cohen, P. Bolton(1996), 『자폐증의 진단과 치료』에서

심리학자들은 자폐증이 발생하는 요인을 심리적인 것과, 유전적인 것, 그리고 기질적인 것으로 나누어 접근해 왔다. 그 가운데 심리적인 것은 자폐 아동의 신체적 또는 신경학적 손상이 있거나, 정서 반응에 결함이 있는 부모 밑에서 성장한 경우, 저질의 가정이나 시설·병원 등에서 성장한 실조성 환경, 입원이나 동생의 출생과 같이 유아에게 자폐증을 유발하는 사건이 존재할 경우 등이 있다. 그렇지만 심리적인 것이 자폐증의 모든 요인을 설명해 주기에는 부족하기 때문에 유전적인 것에도 요인이 있다는 주장이 나오기도 했는데, 이들은 일란성 쌍생아와 이란성 쌍생아를 비교 연구한 결과 일란성 쌍생아에서 두 아이의 자폐 확률이 높다는 점을 근거로 제시하기도 한다. 기질적인 차원에서는 뇌손상 증후와 자폐 증후의 유사성을 밝히는 데 초점을 맞추고 있다.

우리가 자폐증에 관심을 갖는 것은 그것이 일종의 언어 장애에 속한다는 사실이다. 자폐 아동의 약 절반 정도가 음성언어와 몸짓언어를 사용하지 못하고, 나머지 절반 정도는 언어를 구사할 수는 있으나 다른 사람의 말을 잘 이해하지 못하고 특정 단어나 어귀를 의미 없이 반복한다고 한다. 위의 사례에서도 아이가 내는 소리는 '주로 혀 뒷부분으로 내는 혀 차는 소리와 여러 가지 높고 날카로운 소리'였다고 되어 있다. 그러므로 자폐의 경우도 언어 능력을 관장하는 뇌 부분에 손상이 있을 가능성이 높으며, 이로 인한 정상적인 언어 능력이나 언어사용 능력의 결함이 자폐의 원인이 될 수 있을 것이다. 그러므로 자폐의 원인과 치료에 언어학적인 접근이 필요한 것이다.

3
언어 치료와 상담

언어 치료와 심리 치료

언어 장애가 발생할 경우 어떻게 그것을 치료할 수 있는가? 이에 대해서는 장애의 유형과 발생 요인에 따라 다양한 접근이 가능해질 것이다. 예를 들어 기술적 장애의 경우 뇌에 대한 치료나 약물 치료와 같이 의학적인 치료 방법이 있을 수 있으며, 심리적 장애의 경우는 다양한 심리 치료나 상담, 역할 놀이와 같은 것들이 있을 수 있다. 이 가운데 우리는 언어학적 지식과 관련되고, 인간의 심리와 대화를 통한 언어 장애 치료에 관심이 있는 것이다.

먼저 기술적 장애의 하나인 '말더듬' 치료의 경우 말더듬을 수정하는 방법과 유창하게 말하도록 완성하는 방법이 개발되어 왔다. 수정법은 말소리의 반복이나 연장 그 자체보다도 말을 더듬지 않으려는 투쟁이나 회피 노력 때문에 말더듬이 더욱 악화된다는 전제에서 출발한다. 이러한 방법 가운데 라이퍼(V. Riper)의 확인・둔감화・수정 방법은 말더듬이 자신이 외현적 또는 내현적 행동을 확인하고 회피 행동이나 연장을 자발적으로 통제하면서 수정하는 방법으로 널리 활용되고 있다. 또한 블루드스타인(Bloodstein)의 긴장과 분열 수정법, 쉬한(Sheehan)의 회피 감소·역할 수용·역할 찾기 방법도 수정법으로 활용되고 있다. 유창성을 완성하는 프로그램도 다양하게 개발된 바 있는데, 라이안(Ryan)의 체계적인 프로그램 교수법, 웹스터(Webster)의 정확한 유창성 완성법, 퍼킨(Perkin)의 정상적인 말로 교체하는 방법, 골디아몬드(Goldiamond)의 새로운 말 패턴 설정하기 방법 등이 알려져 있다.

실어증의 경우도 뇌신경 치료뿐만 아니라 언어 중심 치료와 운동 감각 중심 치료법이 다양하게 연구되고 있다. 그 가운데 언어 중심 치료는 언어를 재학습 또는 재교육시키는 프로그램으로, 환자가 결함을 보이는 언어 영역에 치료의 초점을 맞추고 이에 적절한 언어 자료를 사용하여 그 능력을 되찾게 하는 프로그램이다.

우울증이나 자폐증은 심리적 치료를 요하는 증세로서, 심리적 장애 요인을 제거하거나 이를 교정하는 치료가 필요하다. 그 요인을 밝혀내고 치료하는 과정에서, 우리의 대화 연구의 관점에서는 환자 스스로의 **자아-노출법, 역할 바꾸기, 나-전달법** 등을 사용한 심리적 접근을 통하여 인간관계를 개선하고 심리적 갈등을 해소하여 정상 심리를 갖게 함으로써 이를 치료해 나갈 수 있는 다양한 '대화 요법'을 개발해 내는 것을 기대할 수 있을 것이다.

상담 치료

심리적 장애가 존재할 때 상담을 통하여 이를 치료하는 방법으로

'**대화 요법**'의 하나로 볼 수 있다. 상담이란 도움을 필요로 하는 사람(상담자)이 전문적 훈련을 받은 사람(상담원)과 대면하여, 자기가 가지고 있는 고민이나 과제의 해결을 도모하는 과정이며, 또 과거나 현재의 행동이나, 생각 및 감정을 조절하고 변화시켜서 상호간의 인간적 성장을 촉진하기 위한 과정이다. 이러한 상담은 개인적 차원이나 사회·문화적 차원에서 다양하게 이루어지고 있는데, 오늘날 심리적 장애에 대한 치료 모형으로는 코레이(G. Corey, 1995)에서는 다음과 같은 접근 방법을 제시하고 있다.

■상담 치료 접근 모형

① 정신분석적 심리 치료

성격 발달 이론과 인간성에 대한 철학에 바탕을 두고 있으며, 심리 치료의 방법으로서 행동을 동기화시키는 무의식적 요소에 초점을 두며, 후기 성격 발달을 결정짓는 요인으로서 초기 6년의 사건에 주의가 주어진다.

② 아드레리안(Adlerian)의 치료

성장 모형으로 책임을 지는 것, 자신의 운명을 창조하는 것, 삶의 방향을 제시하는 의미나 목적의 추구 등을 강조한다. 이 접근모형의 중요 개념이 현대 상담학에 대부분 적용된다.

③ 실존 치료

치료를 잘 정리된 기법들의 체계로 보는 경향에 반발하여 선택, 자유, 자신의 생애를 조성해 갈 수 있는 책임 능력 등과 같은 인간 존재에 대한 기본 전제에 따라 치료하는 것을 강조한다. 이 접근법은 인간관계를 중시한다.

④ 인간 중심 치료

인간 경험의 주관적 견해를 바탕으로 하며, 문제를 다룰 때 상담자를 더 많이 신뢰하고 상담자에게 책임을 부여하는 접근 방법이다.

⑤ 형태 치료

인식이나 통합을 강조하는 경험적 치료 방법으로 분석 치료에 대한 반발로서 신체와 정신의 통합을 강조한다.

⑥ 의사 교류 분석

인지적 · 행동적 측면을 강조하는 모형으로 상담자가 현재 적합성에 비추어 과거 결정들을 평가하도록 도와주는 방식이다.

⑦ 행동 치료

구체적 행동 장애를 해결하기 위해 학습 원리를 적용하고, 결과에 대한 계속적인 실험을 해 나가는 치료법이다. 이 기법은 현재 계속 정교화되고 있다.

⑧ 합리적 정서 치료

사고나 신념 체계를 개인 문제의 근원으로 보며, 매우 교훈적 · 인지적 · 행동지향적인 모델이다.

⑨ 현실 치료

현재에 초점을 두는 단기 치료 방법으로 개인의 장점을 강조한다. 기본적으로 상담자가 보다 현실적인 행동을 배워서 성공할 수 있도록 한다.

이와 같이 여러 가지 접근 모형이 개발되었지만, 모든 상담 치료는 상담자와 상담원의 신뢰감을 바탕으로 문제를 발견하고 해결하는 과정으로 이루어진다. 그렇기 때문에 대화를 통하여 상담자와 상담원이 자연스럽게 의사소통을 해야 하며, 이를 통하여 문제를 확인하고 점진적으로 해결해 나갈 수 있어야 한다.

다음 사례를 살펴보자.

> 상담자 : 사실, 솔직히 말해서 확신이 안 섭니다. 상담을 받으면 이 문제가 나아질지.
>
> 상담원 : 그런 의문을 말로 표현해 주어서 고맙습니다. 쉽지 않은 일인데 ……
>
> 상담자 : 이런 얘길 해도 되는 거였나요?
>
> 상담원 : 물론이지요. 이야기 안 해 주었으면 나는 아직도 당신이 상담의 효과를 믿고 있다고 생각하고 있을 거예요.
>
> 상담자 : 네 ……
>
> 상담원 : 상담의 효과에 믿음이 가지 않는 것은 제가 뭔가 제대로 이야기를 듣지 못한 면이 있는 듯하군요.
>
> 상담자 : 그런 건 아니고, 제 성격이지요. 사람을 잘 안 믿어요. 일단 의심부터 하죠.
>
> — 김계현(1995), 『카운슬링의 실제』에서

상담 치료를 위해서는 좋은 상담 기법이 필요하다. 이것은 대화의 격률과도 상통한다. 좋은 상담은 상담자의 이야기를 경청하고, 그들의 반응과 정서를 파악하여 친밀감을 가져야 이루어질 수 있다. 상담자는 보통 '내 마음 속에 있는 감정을 다 말할 수 없어요'라거나 '그 문제에 대해 아무 이유가 없어요. 그냥 싫어요'라는 반응을 보이는 경우가 많다. 그럴 때마다 상담원은 인내심을 가지고 그들의 감정을 반영하여 끝까지 들어 주어야 하는 것이다. 대화의 기법 중에서 공감적 들어주기가 가장 필요하다고 할 것이다. 상담자의 감정에 공감하고 문제를 명료하게 하는 것이나, 열린 질문을 하도록 하는 것 또한 상담자가 익혀야 할 대화 기술 가운데 하나이다.

심리 치료와 역할 부여

심리적 장애 치료법과 관련하여 몇 가지 전문적인 치료 방법이 알려져 있다. 그 가운데 음악을 이용한 치료 방법이나 언어를 이용한 치료법은 비교적 널리 활용되고 있다. 음악 치료는 자폐증을 가진 아이나 우울증에 시달리는 사람들을 위해 활용하는 방법이다. 이 방법은 리듬과 멜로디를 활용하여 환자에게 자극을 줌으로써 긍정적인 정서 변화를 유도하는 방법인데, 때로는 자폐증 아동에게 잠재되어 있는 음악적 재능을 이끌어 낼 수 있는 계기가 되기도 한다. 언어 치료는 학교 및 전문 기관에서 자주 활용하는 방식인데, 자폐증을 가진 아동에게 말과 유사한 소리를 내도록 격려해 주고 말할 수 있는 분위기를 조성하여 스스로 대화에 참여할 수 있도록 유도하는 방법이다. 그러나 이 방법은 자발적이고 적절하게 대화에 참여하도록 하는 것이 쉽지 않으므로 이에 대한 적절한 프로그램을 개발하여야 할 필요성이 있다. 또한 오늘날 관심 있게 대두되는 심리 치료 방법 가운데 하나가 **놀이 치료**이다. 놀이 치료는 특히 자폐증 아동 스스로가 놀이를 하게 함으로써 불안을 스스로 통제하고 더욱 창조적으로 놀이를 할 수 있도록 유도해 주는 치료법이다. 이 과정에서도 놀이의 뜻을 이해시키려고 애쓰게 되면 오히려 혼란이 야기된다.

이와 함께 정서적 불안감이나 우울증을 치료하기 위한 다양한 기법도 개발되고 있다. 그 가운데 하나가 역할 부여이다. 특히 우울증이나 미약한 대인 기피증은 환자 스스로 자아 존중감을 갖지 못하기 때문에 발생한다. 따라서 대화의 마당으로 환자를 이끌어 냄으로써 스스로 가치 있는 존재라는 사실을 자각시키는 방법이다. 최근에는 환자까지는 아니어도 수동적인 피학습자에게 역할을 부여함으로써 자신의 존재 가치를 인식시키는 방법이 모색되고 있는데, 대표적인 학습 방법으로는 '**모의재판**'이나 '**배심원 토론 방식**'을 활용하여 소극적인 학생에게 적극적인 역할을 맡기는 방식이다.

다음의 예를 살펴보자.

예문 3

심청전 모의재판 대본

때 : 1997. 10.

곳 : 제5호 법정

등장인물 : 재판장, 검사, 변호사, 원고, 피고(심청), 서기, 심봉사, 배주인, 유모 귀덕어미

(서기가 무대 중앙으로 나오며)

서　기 : 일동 기립(재판장 등장)
신성한 법정이 되도록 조용히 하시고 잘 들어주시기 바랍니다. 일동 착석!(서기 자리에 앉는다.)

재판장 : 변화하는 세계화 시대에 심청에 대한 재판을 하게 된 것을 매우 뜻 깊게 생각합니다. 지금부터 피고 심청에 대한 '부모 공양 직무 유기죄'에 대한 재판을 시작하겠습니다.

(땅땅땅) 원고! 피고의 잘못이 무엇인지 자세히 말씀하시오.

…… (중략) ……

검　사 : 피고는 아버지께 효도하는 것이 그 길밖에 없었습니까?

피고(심청) : 그렇습니다.

검　사 : 눈보다 자식이 더 중한데 자식을 죽이고 눈 떴을 때의 아버지의 심정을 생각해 보셨습니까?

피　고 : 아닙니다. 아버지가 세상의 밝은 빛을 보고 아름다운 산천을 보며 살게 해 드리는 것이 효라고 생각했습니다.

= 모의재판 수업을 마치고

끝이 났다. 모의재판을 한다고 했을 때 나는 심청이 역을 맡았다. 착하고 효성이 지극한 청이에 비해 나는 내세울 만한 게 하나도 없었다. 그저 고개만 숙여지는 것을 느꼈다. 이런 내가 심청이 역을 한다는 것은 나로서는 기대가 컸다. 열심히 연습을 했는데 아이들 앞에 서 있으니 말문이 막혔다. 마음을 차분히 하고 잘해야겠다는 생각을 했는데 왜 이렇게 웃음이 나오는 걸까? (이하 생략)

—『함께 여는 국어 교육』 1997년 겨울호에서

이와 같은 역할 학습은 자신과 처지가 비슷한 역할에 대해서는 공감을, 그렇지 않은 역할에서 대해서는 새로운 역할의 의미를 배우게 됨으로써 심리적 장애를 갖고 있는 사람이 자아 존중감을 갖도록 한다. 우울증에 시달리는 사람에게 적절한 소설을 읽히거나 연극 공연에 참가시키는 등의 치료 방법이 관심 있게 대두되는 것도 이와 같은 이치 때문이다. 그러나 역할 학습의 긍정적 가치에도 불구하고 이러한 기법을 동원하는 데는 많은 기술적인 노력이 필요하다. 그것은 심리적 장애를 갖고 있는 사람에 대한 올바른 이해와 배려가 전제되어야 적절한 배역을 찾아 줄 수 있으며, 동시에 배역이 적절하더라도 그들이 그 배역을 맡아 역할을 수행할 수 있는지는 쉽게 결론을 내릴 수 없기 때문이다. 이 점에서 심리 치료는 다양한 실험과 모델을 요구하는 것인데, 우리나라의 경우 아직까지 이러한 모형에 대한 연구 성과가 충분히 축적되지 못한 아쉬움이 남는다.

더 읽어보기

권석만(2000), 『우울증』, 학지사.

김계현(1995), 『카운슬링의 실제』, 학지사.

김승국(1996), 『자폐아동교육』, 양서원.

전정례(1999), 『언어와 문화』, 박이정

한국 언어 병리학회(2001), 『말더듬 치료』, 군자출판사.

________________(2001), 『실어증-환자의 말 : 언어 치료』, 군자출판사.

Aaron T. Beck, 원호택 외 역(1997), 『우울증의 인지치료』, 학지사.

Andrews, G. &M. Harris(1964), The Syndrome of Stuttering, London : Heinemann.

Erich Fromm, 호연심리센터 역(2000), 『정신분석과 듣기 예술』, 범우사.

Gerald Corey, 조현춘 · 조현재 역(1996), 『심리상담과 치료의 이론과 실제』, 시그마프레스.

Julia Kristeva, 김인환 · 이수미 옮김(1997), 『언어, 그 미지의 것』, 민음사.

Morley, M. E.(1957), *The Development and Disorders of Speech in Childhood*, Edinburgh : Livingstone.

Peter Dejong & Insoo Kim Berg, 허남순 · 노혜련 공역(2000), 『해결을 위한 면접』, 학문사.

Simon Baron-Cohen & Patrick Bolton, 강영심 역(1996), 『자폐증의 진단과 치료』, 특수교육.

Van Riper, C.(1982), *The Nature of Stuttering. Englewood Cliffs*, N. J. : Prentice-Hall.

찾아보기